UNIVERSITY OF CALIFORNIA

Los Angeles

Un primer intento de bibliografía crítica de Miguel de Unamuno

A dissertation submitted in partial satisfaction of the requirements for the degree Doctor of Philosophy in Hispanic Languages and Literatures

LETICIA GOSSDENOVICH FELDMAN Ed.D., Ph.D

The dissertation of Leticia Gossdenovich Feldman is approved.

Rubén A. Benítez

Franco Betti

J. Rubia Barcia, Committee Chairman

University of California, Los Angeles

1976

Psicografía de Unamuno

> A José Rubia Barcia
> y a la memoria de
> Manuel García Blanco

'Ente de ficción'
en la realidad
metafísica de la muerte
Contemplador
de la muerte
en el paisaje de mi 'agonía'.

Escrutador
de todos los misterios
y del sentimiento congojoso
de nuestra Identidad.

Viajero
de eternidad
Sediento
de infinito
Buscador
de la verdad en la vida . . .
'niebla' sobre 'niebla'.

"Veritas primus pace'
tal es tu divisa
Cristo de la paz
en la guerra
Agonista
de categoría universal
Luchador
trágico de la vida.

'Intra-hombre'
enorme poeta universal
sub-specie aeternitatis
ansioso de fe y verdad
Hombre de Cristo interior

Sentidor
entrañable de Dios
Comentador
del pensamiento divino
'Sueño' de Dios
y 'Dios' de tus criaturas.

'Pensador en alta voz'
cuando callado sueñas
Ventrílocuo universal
Monologando . . .
estás en la constelación
de mi cerebro.

Soñador
del 'no-morir'
Dios te inmortalizó
salvándote de la Nada
al 'desnacimiento'

Ciudadano de la Vida
vamos averiguando
de la Muerte
para juntos mirar
como crece la vida
Podremos caminar
siempre descalzos . . .
cara a Dios
preguntando
¿qué es la Vida?
Vivir . . . 'desnacernos'

cada instante un poco
inmortalizándonos
en el infinito
que nos envuelve
y nos huye . . .

Aquí . . .
Anónimo habitante de tus horas
'Dulce Niebla de Ensueños'
destinada
a tomar mi vida
y mi muerte . . . a solas.
¿Acaso polvo perdido
en este deleznable universo?

Unamuno . . . aquí
en mi Diario
con notas
de dolor resumido
si no fuéramos
evasión constante
porque en verdad
éramos un instante
de los giros eternos,
pero . . .
SIEMPRE LA VIDA
desde la gruta del 'sueño'
sólo nos ata
el nunca terminar
EL SER SIEMPRE
y adquirir
el principio substancial
de la piedra . . .

¡UN INSTANTE . . .
de los giros eternos!

Leticia Gossdenovich Feldman

Copyright © 1976, 2005 by Leticia Gossdenovich-Feldman

Library of Congress Number: 2004104961
ISBN: Softcover   1-4134-3758-3
       Hardcover 1-4134-5868-8

All rights reserved. No part of this book may be reproduced or transmitted in any form or by any means, electronic or mechanical, including photocopying, recording, or by any information storage and retrieval system, without permission in writing from the author.

This book was printed in the United States of America.

INDICE

Abreviaturas y Lista de Periódicos y Revistas 11
Abstract of the Dissertation 19
Prefacio: Esbozo biobibliografico de Miguel de Unamuno y Jugo 21
Prologó 25

Primera Parte
LA OBRA DE UNAMUNO

Capítulos:

I. La obra mayor por orden de aparición 31
II. Colecciones y selecciones 52
III. Cartas 59
IV. Cuentos 64
V. Articulos en *La Nación* 67

Segunda Parte
TRABAJOS SOBRE UNAMUNO

VI. Estudios 77

Apéndices:

I. Indice de los Cuadernos de la Cátedra de Unamuno
Universidad de Salamauca (1948-1973) 214
II. Indice temático de los Cuentos (1886-1934) 221
III. Indice temático de autores 225

Abreviaturas y Lista de Periódicos y Revistas

ABC (Madrid)
Abside (México)
Accent (Urbana, Ill.)
ACer   Anales Cervantinos (Madrid)
ACF   Annali di Ca' Foscari (Venezia)
AEAtl   Anuario de Estudios Atlánticos (Madrid)
Ahora (Madrid)
Alcántara (Madrid)
Alfar (La Coruña)
Americas   The Americas (Washington)
Annali (Nápoles)
Arbor   Revista General de Investigación y Cultura (Madrid)
Archivum   Revista de la Facultad de Filosofía y Letras (Oviedo)
Asomante (San Juan)
Arriba (Madrid)
Atlante (Londres)
Atlántico (Madrid)
AtlM   Atlantic Monthly (Nueva York)
Augustinus (Madrid)
AvT   Annalen van Thijmgenootschap
BBL   Boletín Bibliográfico (Lima)
BBMP   Boletín de la Biblioteca Menéndez y Pelayo (Santander)
BEG   Boletín de Estudios Germánicos (Mendoza)
BHi   Bulletin Hispanique (Bordeaux)
BHS   Bulletin of Hispanic Studies (Liverpool)
BIAEV   Boletín del Instituto Americano de Estudios Vascos (Buenos Aires)
BIFE   Bulletin de l'Institut Français en Espagne (Madrid)
BILE   Boletín de la Institución Libre de Enseñanza (Madrid)
BINC   Boletín del Instituto Nacional (Santiago de Chile)

BISDP	Boletín Informativo del Seminario de Derecho Político (Salamanca)
Bohemia	(La Habana)
Bolívar	(Bogota)
BRAE	Boletín de la Real Academia Española (Madrid)
BRSVAP	Boletín de la Real Sociedad Vascongada de Amigos del País (San Sebastián)
BSCC	Boletín de la Sociedad Castellonense de Cultura (Castellón)
BSFP	Bulletin de la Societé Française de Philosophie (París)
BSRSR	Le Bulletin de la Semaine Politique, Sociale et Religieuse (París)
BSS	Bulletin of Spanish Studies (Liverpool)
BT	Berliner Tageblatt (Berlin)
BUSC	Boletín de la Universidad de Santiago de Compostela (Santiago)
CA	Cuadernos Americanos (México)
CCL	Cuadernos del Congreso por la Libertad de la Cultura (París)
CCU	Cuadernos de la Cátedra Miguel de Unamuno (Salamanca)
CdS	Le Cahiers du Sud
CeS	Cultura e Scuola
CHA	Cuadernos Hispanoamericanos (Madrid)
ChC	Christian Century
Ciclón	(La Habana)
CL	Cuadernos Literarios (San Salvador)
Clavileño	(Madrid)
CLit	Cuadernos de Literatura (Madrid)
CLO	Comparative Literature (Oregón)
CLSI	Comparative Literature Studies (Illinois)
CoL	Correo Literario (Madrid)
Colosseum	
Comentario	
Convivium	(Torino)
Correo	El Correo (Valencia)
Criterio	(Buenos Aires)
Criterión	(Barcelona)

Crítica	(Buenos Aires)
CU	Cultura Universitaria (Caracas)
Cuadernos	(París)
Cultura	(San Salvador)
CyC	Caras y Caretas (Buenos Aires)
CyR	Cruz y Raya (Madrid)
DA	Dissertation Abstracts (Michigan)
DChW	Die Christliche Welt
DdH	El Diario de Hoy (San Salvador)
Destino	(Barcelona)
DH	Diario Hierro (Bilbao)
DHR	Duquesne Hispanic Review (Pittsburgh)
Día	El Día (Madrid)
DNY	El Diario de New York
DubR	The Dublin Review (Londres)
DV	El Diario Vasco (San Sebastián)
Eco	(Madrid)
English	
Esfera	La Esfera (Madrid)
Español	El Español (Madrid)
EstLit	La Estafeta Literaria (Madrid)
Estudiante	El Estudiante
ET	Expository Times
Ethics	
Euterpe	(Buenos Aires)
Extracts	(Pennsylvania)
FMLS	Forum for Modern Language Studies (Universidad de St. Andrews)
Fomento	El Fomento (Salamanca)
Gids	De Gids (Amsterdam)
GLit	La Gaceta Literaria (Madrid)
GN	La Gaceta del Norte (Bilbao)
GR	Gaceta Regional (Salamanca)
Gregorianum	(Roma)
GRM	Germanische Romanische Monatschrift (Neue Folge)
HC	Hannovercher Courier
HibJ	The Hibbert Journal (Londres)
Hispania	(Baltimore)

Hispania	(Madrid)
Hispania	(Appleton)
Hochland	(Munich)
HR	Hispanic Review (Philadelphia)
Humanidades (Madrid)	
IA	Ilustración de Alava
IAL	Indice de Artes y Letras (Madrid)
Iberia	(Bordeaux)
IEA	La Ilustración Española y Americana (Madrid)
Imparcial	El Imparcial (Madrid)
Indice	(San Juan, Puerto Rico)
Insula	(Madrid)
Justicia	La Justicia (Madrid)
KFLQ	Kentucky Foreign Language Quarterly (Lexington)
LA	Lingüística Antverpiensia
LAg	The Living Age (Boston)
LanM	Les Langues Modernes (París)
Lectura	La Lectura (Madrid)
L"I"	Los Lunes de "El Imparcial" (Madrid)
LitR	The Literary Review (Fairleigh Dickinson University)
LJGG	Literaturwissenchaftliches Jahrbuch der Gorre Gesellschaft
LNL	Les Langues Néo-Latines (París)
LQR	London Quarterly Review (Londres)
Luminar	(México)
Madrid	(Madrid)
Marcha	(Montevideo)
MC	Madrid Cómico (Madrid)
MdS	Mar del Sur (Lima)
MEcc	Monitor Ecclesiasticus (Roma)
Mercurio	El Mercurio (Santiago de Chile)
Mercurio	(Nueva Orleans)
MG	Mundo Gráfico (Madrid)
MH	Mundo Hispánico (Madrid)
ML	Modern Languages (Londres)
MLF	Modern Language Forum (Los Angeles)
MLJ	Modern Language Journal (Menasha, Wisconsin)
MLN	Modern Language Notes (Baltimore)

MLR	Modern Language Review
ModA	Modern Age (Chicago)
ModCh	Modern Churchman
MP	Mercurio Peruano (Lima)
MV	Mercantil Valenciano (Valencia)
Myricae	(Ferrara)
Nación	La Nación (Buenos Aires)
NacC	La Nación (Santiago de Chile)
Nacional	El Nacional (Caracas)
Nation	The Nation (Nueva York)
Nazione	(Roma)
NB	Noticiero Bilbaíno (Bilbao)
ND	La Nueva Democracia (Nueva York)
Nervión	El Nervión
NM	Nuevo Mundo (Madrid)
NMQ	New Mexico Quarterly (Alburquerque)
NMQR	New Mexico Quarterly Review
NortM	El Norte (Monterrey, México)
Nosotros	(Buenos Aires)
NRep	The New Republic (Nueva York)
NRFH	Nueva Revista de Filología Hispánica (México)
NRP	Nueva Revista Peruana
Ns	New Scholasticism
NsM	Die Neuren Sprachen (Marburgo)
NU	El Noticiero Universal (Barcelona)
Orígenes	(La Habana)
País	El País (Madrid)
Pedagogía	Revista del Colegio de Pedagogía (Universidad de Puerto Rico)
Pensamiento (Madrid)	
Personalist	The Personalist (Los Angeles)
PeS	Pensiero e Scoula
PHUV	La Palabra y el Hombre. Revista Unamuniana de Veracruz
PLL	Papers on Language and Literature
PMCL	Periódica de re morali, canónica, litúrgica (Roma)
PMLA	Publication of the Modern Language Association of America

PPR	Philosophy and Phenomenological Research (Baltimore)
Prensa	La Prensa (Buenos Aires)
Progreso	El Progreso (Madrid)
PS	The Pacific Spectator (Stanford, California)
PSA	Papeles de Son Armadans (Palma de Mallorca)
PyLE	Pensamiento y Letras de la España del Siglo XX
QIA	Quaderni Ibero-Americani (Torino)
Quarterly	(Toronto)
RA	Revista Annali (Nápoles)
RAmer	Revista de América (Bogotá)
RAPE	Revista de la Associación Patriótica Española (Buenos Aires)
RB"S"	Revista Bilbaína "Sarico"
RCF	Revista Cubana de Filosofía (La Habana)
RCM	Revista Contemporánea (Madrid)
REH	Revista de Estudios Hispánicos (Nueva York)
REP	Revista de Educación (La Plata)
RepAm	Repertorio Americano (San José, Costa Rica)
RevCu	Revista Cubana (La Habana)
RevInd	Revista de las Indias (Bogotá)
RF	Romanische Forschungen (Erlangen)
RFC	Revista Filosófica (Coimbra)
RFCR	Revista de Filosofía (Universidad de Costa Rica)
RH	Revue Hebdomadaire (París)
RHi	Revue Hispanique (París-Nueva York)
RHM	Revista Hispánica Moderna (Nueva York)
RI	Revista Iberoamericana (Albuquerque, New Mexico)
RJ	Revista Javeriana (Bogotá)
RJahr	Romanistisches Jahrbuch (Hamburg)
RL	Revista de Letras (Saõ Paulo)
RLit	Revista de Literatura (Madrid)
RM	Revista Moderna (México)
R"M"	Revista Mapocho (Biblioteca Nacional de Santiago)
RNC	Revista Nacional de Cultura (Caracas)
RNM	Revista Nacional (Montevideo)
RO	Revista Ocidente (París)
ROcc	Revista de Occidente (Madrid)
RomN	Romance Notes (North Carolina)

RP	Revue de Paris
RPh	Romance Philology
RR	Romanica Review (Nueva York)
RUA	Revista de la Universidad de Ayoama (Tokio)
RUBA	Revista de la Universidad de Buenos Aires
RUM	Revista de la Universidad de México
RyF	Razón y Fe (Madrid)
Saitabi	(Valencia)
Salesianum (Roma)	
Salmanticensia	
SAQ	South Atlantic Quarterly
Síntesis	(Buenos Aires)
Sol	El Sol (Madrid)
SP	Studies in Philosophy
ST	The Sheffield Telegraph
Sur	(Buenos Aires)
Symposium (Syracuse, Nueva York)	
SyU	Symposium Unamuno
SyS	Santo y Seña (Madrid)
SZ	Stimmen der Zeit
TI	Tribuna Israelita
Tiempo	El Tiempo (Bogota)
Torre	La Torre (Puerto Rico)
TQ	Texas Quarterly (Austin, Texas)
UC	Unamuno en Colombia (Bogotá)
UChU	Universidad de Chile a Unamuno
UCS	Unamuno a los Cien Años (Salamanca)
UCST	Unamuno Centennial Studies (Austin, Texas)
Universidad (México)	
USC	Universidad de San Carlos (Guatemala)
UyB	Unamuno y Bilbao. Publicaciones de la Junta de Cultura de Vizcaya
VF	Voprosy Filologii
VI	La Vie Intellectuelle (París)
VN	Vida Nueva (Madrid)
VR	Vox Románica (Zurich)
VU	Vida Universitaria (Monterrey, México)
WS	Welt Stimmen

WL	Wissen und Leben (Leipzig)
WWV	Wort und Wahrheit. Monatsschruft für Religion und Kultur (Viena)
YR	The Yale Review (Washington)
ZVL	Zeitschrift für Vergleichende Literatur-geschichte (Berlin)

Abstract of the Dissertation

Un primer intento de bibliografía crítica
de Miguel de Unamuno

by

Leticia Gossdenovich Feldman
Doctor of Philosophy in Hispanic Languages and Literatures
University of California, Los Angeles, 1976
Professor J. Rubia Barcia, Chairman

This essay is inspired by the need of systematically presenting the appearance of Miguel de Unamuno's work and a preliminary partial evaluation of the variety of studies about him scattered in books, magazines, and newspapers, as a guide to researchers of the Unamuniana. Contents: Preface, *The Chronological Biography*, adds indispensable data for inmediate reference. First Part, *Unamuno's Works*: Chapter I, *The Work in Chronological Order*; Chapter II, *Collections and Selections*; Chapter III, *Letters*; Chapter IV, *Short Stories*; Chapter V, *Articles in La Nación*. Second Part, *Works on Miguel de Unamuno*: Chapter VI, *Studies*. It also contains *Appendixes*.

Chapter I, *Unamuno's Works in Chronological Order*. Deals with the work of Miguel de Unamuno: novels, essays, theatre, and poetry. Unamuno's works are examined and its contents described with the purpose to reveal Unamuno's unifying thoughts and the progression of his creative work.

Chapter II, *Collections and Selections*. It contains Unamuno's publication during his life and after his death. Summary, Prologue, and Notes, mostly due to the diligence of the former professor of Salamanca Manuel García Blanco.

Chapter III, *Letters*. Unamuno's letters dealing with all subjects, from the very personal to those of a greater spiritual, literary, and political scope. Some of them are true essays. He bares his soul in these letters that are a documentary of the ideas, yearning, and concerns prevailing in the first half of the century in Spain and the rest of the world.

Chapter IV, *Short Stories*. In chronological order (1886-1934).

Chapter V, *Articles in La Nación*. Chronological order of almost 300 contributions dealing with a great variety of topics published in *La Nación* of Buenos Aires for a quarter of a century. Thanks to these articles Miguel de Unamuno became the voice of Spain and Europe in Spanish America.

Second Part, *Works on Miguel de Unamuno*: Chapter VI, *Studies*. Is concerned with works about Miguel de Unamuno: criticism, tributes, doctoral dissertations, bibliographies, biographies, iconographies, translations, and so forth. It includes the appraisal of Miguel de Unamuno's life and works by various critics, in alphabetical order. Efforts have been made to capture the core of their different interpretations of Unamuno, their basic grasp of him, their approach to the subject.

Appendixes. They include I: *Index of Short Stories in Thematic Order*; II: *Index of Cuadernos de la Cátedra de Unamuno*, Universidad de Salamanca, 1948-1973; y III: *Index of Authors in Thematic Order*.

Prefacio

ESBOZO BIOBIBLIOGRAFICO DE MIGUEL DE UNAMUNO Y JUGO

1864 (29 de septiembre). Nace en Bilbao en la calle de Ronda 16; suceso que había de dejar honda huella en su espíritu, pues Vizcaya fue para él "mi mundo, mi verdadero mundo, la placenta de mi espíritu embrionario, la que fraguó la roca sobre la que mi visión del universo se posa".

1875 Empieza el bachillerato en el "Instituto Vizcaíno" de Bilbao.

1880 (21 de julio). Obtiene el grado de bachiller en el mismo Instituto.

(septiembre). Pasa la Peña de Orduña con harta nostalgia, llega a Madrid y se matricula en la Facultad de Filosofía y Letras. Vive en una pensión de la calle de la Montera, donde lleva una vida muy austera. Acude al Ateneo y al círculo Vasconavarro. Durante este tiempo abandona sus creencias y prácticas religiosas.

1883 (21 de junio). Obtiene la licenciatura en Filosofía y Letras. Su profesor de Metafísica, catedrático Ortí y Lara, ha dejado muy poca influencia en él. No así ocurrió con el krausismo que entonces imperaba en el ambiente cultural español.

1884 Obtiene el grado de doctor con una tesis sobre el vascuence. Regresa a Bilbao.

1884-91 Vive en Bilbao, donde da clases particulares y prepara oposiciones a cátedras de Lógica y Latín, en institutos de 2a enseñanza y de Metafísica en la Universidad. En ninguna de ellas logró obtener plaza. Sus amigos de esta época son: Pedro Jiménez Ilundáin y Enrique Areilza, con los que funda el semanario *La lucha de clases*. Su ideal político por aquel entonces era el socialismo.

1884-86 Durante este período sufrió una "crisis de retroceso" en su fe católica analizada por A. Sánchez Barbudo en "Una conversación 'chateaubrianesca' a los veinte años", que el propio Unamuno describe en la novela *Paz en la guerra* como sufrida por su alter-ego Pachico Zabalbide.

1891 Boda con Concepción Lizárraga, su "Concha", modelo de esposas y de madres.
(junio). Ganó la cátedra de Lengua y Literatura Griega de la Universidad de Salamanca, a la que añadióse más tarde por acumulación la de Historia de la Lengua Castellana. Formaban parte del tribunal Juan Valera y Menéndez y Pelayo. Conoció por entonces a otro opositor a la misma asignatura Angel Ganivet, con el que le unían inquietudes análogas sobre un pensamiento español auténtico. Pasa ya este curso en Salamanca, ciudad que fue para él más que un destino administrativo, un descubrimiento incesante de sí misino, de sus posibilidades y también de sus limitaciones. El verano lo pasa en Bilbao, algunos días en Somorrostro, donde se ambienta para su primera novela; tiene también por esta época su primer hijo.

1895 Se recrudecen sus preocupaciones religiosas. Publica *En torno al casticismo*.

1897 Publica *Paz en la guerra*. Sufre una profunda crisis religiosa provocada en gran parte por la experiencia de la muerte de un hijo anormal.

1900 Se le nombra Rector de la Universidad de Salamanca. Vive en la casa rectoral de la calle de los Libreros. Publica los *Tres ensayos*.

1902 Publica *Amor y pedagogía*.

1905 Publica *Vida de don Quijote y Sancho*.

1907 Se revela como poeta con el tomo *Poesías*.

1909 Se estrena *La Esfinge*, drama en tres actos, en Las Palmas (Gran Canaria) el 24 de febrero.

1910 Se estrena *La Difunta*, sainete, en el Teatro "La Comedia" de Madrid, el 27 de febrero.

1913 Publica *Del sentimiento trágico de la vida en los hombres y en los pueblos*.

1914 El Ministro de Instrucción Pública—entonces señor

Bergamín— lo destituye por supuestos insultos a la autoridad real de la rectoría de la Universidad. Traslada su domicilio a la calle de Bordadores. Publica *Niebla*.

1917 Publica *Abel Sánchez*. Durante estos años viven en Salamanca reintegrado de nuevo a sus tareas universitarias. Ejerce el vicerrectorado en la Universidad y explica sus clases. Colabora en las más importantes publicaciones españolas e hispanoamericanas. En esta época escribe por la noche en el despacho de su casa de la calle de Bordadores. Por la tarde pasea por la carretera de Zamora, solo o en compañía de unos pocos amigos. Después de comer suele ir a tomar café al "Novelty" de la Plaza Mayor. Alguna vez acude a la tertulia del Casino.

1918 Se estrena *Fedra*, tragedia en tree actos, en el Ateneo de Madrid, el 28 de marzo de 1918.

1920 Publica el *Cristo de Velázquez* y *Tres novelas ejemplares y un prólogo*.

1921 Escribe su drama *Soledad*, que no se estrenará ni publicará hasta mucho después de su muerte. El estreno tuvo lugar en en el teatro María Guerrero de Madrid, el 16 de noviembre de 1953.

1923 Se estrena *El pasado que vuelve*, drama, en el Teatro Español de Madrid (13 de setiembre). Don Miguel Primo de Rivera y Orbaneja, Capitán General de Cataluña, da un golpe de Estado e implanta la Dictadura.

1924 Tras algunas campañas contra las Dictadura, el 21 de febrero se le comunica una orden de destierro. El 10 de marzo llega a Fuerteventura, en las islas Canarias. El 9 de julio se evade de Fuerteventura en la pequeña embarcación "L'Aiglón". Fuga preparada por Mr. Henry Dumay, director de *Le Quotidien*, y por el hijo mayor de Unamuno. El 11 de Julio arriban a las Palmas. El 21 embarcan en el "Zeelandia". A últimos de agosto desembarcan en Cherburgo. La prensa internacional da una gran importancia política al acto. Se establece en París en una modesta pensión de La perouse donde pasa horas angustiosas. Acude diariamente a una tertulia de españoles del café de la Rotonde. Se entrevista con Blasco Ibáñez.

1925 Publica *De Fuerteventura a París*, *La agonía del Cristianismo* y *Cómo se hace una novela*. Se estrena *Todo un hombre* en el Teatro Infanta Beatriz, de Madrid, el 19 de diciembre.

1926 Se estrena *Raquel*, drama en tree actos, en el Teatro Tívoli de Barcelona, el 7 de setiembre.

1927 Se traslada a Hendaya para estar cerca de España, en su País Vasco—sea francés o español. Tertulias en el Grand Café. Entrevistas, rebeldía, paseos.

1930 (9 de febrero). La Dictadura ha caído y Unamuno atraviesa la frontera en compañía de algunos amigos.

(11 de febrero). Llega a Bilbao y en seguida a Salamanca donde la muchedumbre lo recibe entusiásticamente, y él emocionado exclama "Ya estoy aquí, entre vosotros, en mi Salamanca".

Se estrena *Sombra de sueño*, drama en cuatro actos, en el Teatro del Liceo, de Salamanca, el 24 de febrero.

1932 Se estrena *El otro*, misterio en tres jornadas y un epílogo, en el Teatro Español de Madrid, el 14 de diciembre.

1933 Publica *San Manuel Bueno, mártir y tres historias más*. Se representa en el mes de junio y en el Teatro Romano de Mérida, su adaptación de *Medea*, la tragedia de Séneca.

1934 Muere su 'Concha", golpe del que no pudo rehacerse totalmente hasta el día de su muerte. Se le restituye en el cargo de Rector de la Universidad con carácter vitalicio.

(30 de setiembre). Dio su última lección profesoral en el Paraninfo de la Universidad de Salamanca.

1935 Se le nombra Ciudadano de Honor de la República.

1936 (23 de agosto). El gobierno de Madrid lo destituye del cargo de Rector por su adhesión al Alzamiento Nacional. El gobierno de Burgos lo repone entonces en el cargo.

(12 de octubre). Un incidente durante la celebración del acto académico de apertura de curso motiva su definitiva deposición del cargo rectoral y el confinamiento en su hogar de la calle de Bordadores.

(31 de diciembre). Muere en su hogar sentado a la mesa de camilla.

Prólogo

LA OPINION Martes 12 de Julio de 1983
Por Octavio R. Costa

Instantáneas

Los Angeles Newspaper

Sobre la poetisa ecuatoriana Leticia F. Gossdenovich

CONOCI a la doctora Leticia Feldman Gossdenovich en la Casa de España cuando aquellos recitales poéticos que organizó María del Aguila Tepper. Llegó al lugar invitada por su amiga Rosario Caparó Tucker. Y lo que entró en la sala fue casi un fenómeno meteorológico. Tal es la fuerza de su personalidad, asentada sobre una poderosa figura de innegable belleza.

No sé si es una llamarada que arde o un viento que puede acariciar o sacudir. No había que conocerla para adivinar que era una triunfadora de la vida y una mujer de singular inteligencia. Muy segura de sí misma. De inmediato me sentí envuelto por calidez de un afecto que se inauguró de repente, porque la vida está presidida por misteriosos fluidos. Y los hay negativos que apartan. Y los hay positivos que acercan.

Leticia volvió alguna vez más y hasta participó en algunos de los recitales. Recuerdo con toda seguridad el del mes de noviembre de 1981, dedicado a la muerte. Y en medio de todos estos encuentros me envió un volumen de versos, titulado "Sinfonía del amor y su nostalgia", publicado en Guayaquil, en 1971. Me lei de inmediato este cuaderno, pero nunca llegué a escribir sobre el mismo. ¿Cómo aprisionar en una breve crónica todo el mundo interior que la poetisa reveló en estas líricas composiciones? Ella será muy inteligente, pero no es la inteligencia la que presidió la creación de estos versos. Estos versos brotaron de su corazón, que es una fragua de pasión.

En esta situación Leticia me invitó a un almuerzo para entregarme un nuevo libro suyo, *The Tide of Love*. El volumen primorosamente editado, en ingles, está ilustrado con muy buenos dibujos de Surine Fontcuberta. Y una vez más prometi escribir, pero nunca cumplí con la poetisa, a la que hice saber cual es mi situación con las obras que me mandan. Tantas que podría dedicarme únicamente a esa área periodística.

Pero aún quedaba algo pendiente. Entonces la doctora Gossdenovich me invitó a un desayuno. Después fuimos a su casa y puso ante mis ojos un grueso volumen. Era la tesis que ella escribió para obtener su doctorado en la Universidad de California en Los Angeles.

Tomé el libro. Leí el título: *Un primer intento de bibliografía crítica de Miguel de Unamuno*. Está fechado en 1976. Hace ya una década. El trabajo aparece aprobado por los doctores Rubén Benítez, Franco Betti y José Rubia García. Leticia me contó todo cuanto tuvo que trabajar. Y como tuvo que pasar por las severidades de éste último, a quien tanto admira y para el que conserva al cabo de los años una inalterable devoción llena de gratitudes. —Fue tremendamente riguroso conmigo. Entonces yo pensé que eran caprichos profesorales. Pero con el tiempo he comprendido que estaba en lo cierto. No cabe duda que es un hombre muy sabio y espectacularmente recto . . .

El texto aparece precedido por un poema de Leticia a don Miguel. Basta leer esta "psicografía" del pensador para ver que llegó hasta las entrañas del recio vasco aposentado en Salamanca. Busco la última página para ver cuantas tiene el volumen. Nada menos que trescientas cuarenta y cuatro. Me asomo al índice. Y ahora veo que la tesis tiene dos partes. La primera es sobre la obra de Unamuno, es decir, sus libros, las colecciones y selecciones publicadas al margen de los mismos, sus cartas, sus cuentos, sus artículos en "La Nación" de Buenos Aires entre 1899 y 1923. Nada menos que doscientos setenta y cinco. Pero si esto tiene sesenta y cinco páginas, doscientas diez páginas ha necesitado la autora para enumerar todo lo escrito sobre aquel gran sentidor que vivió siempre en nostalgia de eternidad. Qué tremendo esfuerzo de investigación. Para que se tenga una idea de esto bastará con decir que para enumerar las abreviaturas a utilizar y las listas de periódicos y revistas la investigadora ha necesitado diez páginas.

¿Cómo es posible que una muchacha como era entonces Leticia pudiera hacer esto? Porque una cosa es crear y otra es investigar. Y esta tesis es obra de investigación, con toda la tremenda sequedad del dato. Pero es el caso que en esta obra hay mucho más que el dato, porque la joven ecuatoriana no sólo se concreta a la información, sino que entra en la glosa del contenido. Y esto quiere decir que tuvo que leerse íntegramente a Don Miguel. En fin estamos ante un esfuerzo exhaustivo para ordenar todo lo que él escribió y todo lo que se ha escrito sobre él. Y como la tesis fue después del centenario de Unamuno, en 1964, en la misma aparece lo mucho que entonces se produjo sobre el gran rebelde que fue aquel profesor de griego que acabó siendo el más tenaz denunciador de todo lo malo que pudo ver en la España de su tiempo.

Para que se tenga una idea de la investigación hecha por la doctora Gossdenovich basta con decir que las obras completas de Unamuno suman casi diecisiete mil páginas. Y a esto hay que añadir lo hecho por ella en cuanto todo lo que de él se escribió, que abarca en su tesis tres veces más páginas que lo anterior. Con la agravante que lo publicado por el autor estaba accesible, por lo escrito sobre él se hallaba tan disperso como sumergido no pocas veces en cierta inaccesibilidad.

¿Para que queria Leticia mostrarme esta tesis suya sobre don Miguel de Unamuno, concretada a su bibliografía? Pues para decirme que salía hacia el Ecuador, donde se le va a publicar. En consecuencia, deseaba que yo le escribiera el prólogo? ¿Yo prologuista? ¿Por que me ha pedido tantos prólogos en estos últimos años para sucesivos libros publicados en España? ¿Qué es un prólogo? Para mi el prólogo es todo un género literario que no debe envolver ninguna apología, sino ser una evaluación o una incitante orientación para el lector antes de entrar en el texto. Pero aquí no paró la cosa. Había otro libro con igual designio. Y esto quedará para mañana.

PRIMERA PARTE

LA OBRA DE UNAMUNO

Capítulo I

LA OBRA MAYOR POR ORDEN DE APARICIÓN[1]

"En torno al casticismo", en *La España Moderna*. Números de febrero, marzo, abril, mayo y junio(?)[2] de 1895.
—Buenos Aires: Espasa-Calpe, 1943, 152 págs.
Contenido: "La tradición eterna". "La casta histórica Castilla". "El espíritu castellano". "De mística y humanismo". "Sobre el marasmo actual de España".
Comentario: "En torno al casticismo" se publicó, por primera vez, en la revista *La España Moderna*, Madrid, 1895; después en la *Biblioteca moderna de ciencias sociales*, vol. IV, Barcelona, 1902; fue recopilado en *Ensayos*, I, Madrid, 1916, y después reapareció varias veces ya como obra aislada o ya incorporada a otras colecciones de ensayos. Ensayos sobre la tradición y el alma de España, en los que se advierte aún el entusiasmo por la cultura europea. Tomará posición en el debatido tema de la Regeneración, y sobre todo de la europeización de España.

*Paz en la gue*rra. Novela. Madrid: Fernando Fe, 1897, 336 págs.
—Madrid: Espasa-Calpe, 1956.

---

[1] He limitado la mención de las obras a una o dos ediciones. La primera, y a veces única, referida a la edición original; y la segunda, normalmente vista y utilizada por mí y, en general, de fácil acceso.

[2] Añado un signo de interrogación en aquellos casos en que la cita aparezca incompleta (en lo referente a página[s], fecha o lugar de publicación), por no haber podido ver un ejemplar de la obra o por no haberla hallado citada, en forma completa, en ninguna otra fuente.

Contenido: Obra distribuída en cinco capítulos, sin título, y precedida de un prólogo.

Comentario: Novela en torno a la vida de Bilbao en la época de la segunda guerra Carlista, que él presenció siendo niño. "Aquí, en este libro—que es el que fui—encerré más de doce años de trabajo; aquí recogí la flor y el fruto de mi experiencia de niñez y de mocedad; aquí está el eco y acaso el perfume, de los más hondos recuerdos de mi vida y de la vida del pueblo en que nací y me crié; aquí está la revelación que me fue la historia y con ella el arte . . . . Esta obra es tanto como una novela histórica una historia anovelada. Apenas hay en ella detalle que haya inventado yo. Podría documentar sus más menudos episodios" (pág. 5 del prólogo).

La esfinge (1898). <u>Teatro completo</u>. Madrid: Aguilar, 1959, págs. 201-206.

Contenido: Drama en tres actos.

Comentario: Esta su primera obra dramática, es como un gran monólogo en el que el autor hace una exposición de su pensamiento. Tal es nuestra vida, tal es el alma del protagonista de *La esfinge*.

*Tres ensayos**. Madrid: Rodríguez Serra, 1900 (?).
 —*Ensayos*, II, Madrid, 1916.
Contenido: "Adentro". "La ideocracia". "La fe".

Amor y pedagogía. Novela. Barcelona: Heinrich, 1902.
 —Espasa-Calpe, 1959, 169 págs.
Contenido: "Prólogo". "Amor y Pedagogía". "Epílogo". "Apuntes para un tratado de cocotología". "Apéndice".
Comentario: Para algunos críticos una especie de pre-nivola. Acerba crítica de la pedagogía positivista. Sátira antipedagógica y anticientífica. Contra la falsa ciencia y la pedante pedagogía.

Paisajes. Salamanca: Est. Tipología Colón, 1902 (?).
 —Madrid:Afrodisio Aguado, 1950.
Contenido: "La flecha": I. "El sentimiento de la Naturaleza", II. "El paisaje", III. "La paz del campo". "Brianzuelo de la Sierra"(Notas de

---

*Los libros y artículos consignados en esta tesis que no he podido leer, consultar o ver personalmente, van señalados con un asterisco (*).

viaje). "Puesta de Sol" (Recuerdo del 16 de diciembre de 1897). "Fantasía crepuscular". "Humilde heroísmo".

Comentario: Opúsculo de pocas páginas, que contiene cinco trabajos de la juventud del autor.

De mi país. Descripciones, relatos y artículos de costumbres*. Madrid: Fernando Fe, 1903, 155 págs.
—Buenos Aires: Espasa-Calpe, 1943.
Contenido: "Prólogo". "Guernica. Recuerdos de un viaje corto". "Los Gigantes". "Solitaña". "Un partido de pelota". "La Romería de San Marcial en Vergara". "En Alcalá de Henares. Castilla y Vizcaya". "Bilbao al aire libre. Sartas sin cuerda". "Las procesiones de Semana Santa". "La sangre de Aitor". "Del Arbol de la Libertad al Palacio de la Libertad, o sea, el Cuartito del Vino". "Chimbos y chimberos". "San Miguel de Basauri en el Arenal de Bilbao". "Antón el del Pueblo"."Mi Bochito". "La Casa-Torre de los Zurbaran".

Vida de don Quijote y Sancho según Miguel de Cervantes Saavedra.
Explicada y comentada. Madrid: Fernando Fe, 1905 (?). *Ensayo*
1.*Obras completas*. Prólogo, edición y notas de Manuel García Blanco.Madrid-Barcelona: Vergara, 1959-64, vols. 1-16.
Contenido: "El sepulcro de Don Quijote". "Primera parte:Capítulos: I al LII". "segunda parte: Capítulos I al LXXIV".

Comentario: Es un apasionado comentario del Quijote en la que se exalta la figura del protagonista, tomándole como símbolo del espíritu español y del anhelo de inmortalidad, frente al racionalismo europeo. El autor rehace aquí (1905) la historia del ingenioso hidalgo glosando sus más importantes capítulos, de acuerdo con su particular punto de vista.

Poesías. Bilbao: Rojas, 1907, 356 págs.
—Barcelona: Labor, 1957, 337 págs. (edición, prólogo y notas de Manuel Alvar, Colección *Textos Hispánicos Modernos*.).
Contenido: Noventa y siete poemas distribuídas bajo los siguientes títulos: "Introducción". "Castilla". "Cataluña". "Vizcaya". "Cantos". "Salmos". "Brizadoras". "Meditaciones". "Narrativas". "Reflexiones, Amonestaciones y Votos". "Incidentes afectivos". "Incidentes domésticos". "Cosas de niños". "Caprichos". "Sonetos". Los mejores

poemas son: "Credo poético", "Para después de mi muerte", "Tú me levantas, tierra de Castilla", "Salamanca", "L'aplec de la protesta", "Arbol solitario", "La hora de Dios", "Al niño enfermo", "El buitre de Promoteo", "La vida es limosna", "Elegía a la muerte de un perro", "Beso de muerte", "Sísifo", "En la muerte de un hijo", "Yo quiero vivir solo", "Al Destino".

Comentario: Su primer Libro de versos nos otrece la dimensión esencial de su poética y de sus temas más importantes. Unamuno va a ser fiel, en adelante, a aquel "Credo poético", "Piensa el sentimiento, siente el pensamiento, algo que no es música es la poesía", del que arrancan todos los poemas del primer libro. Es una obra personal, para dejar constancia de sí y conquistar la eternidad con sus canciones. "Cuando yo ya no sea", leemos en el poema titulado "Para después de mi muerte", "serás tú, canto mío!" Encontramos aquí la fórmula trascendental de su poética. El arte es la eternización de la momentaneidad. Poemas como el ya citado "Credo poético", o los titulados "A la corte de los poetas", y algunos otros señalan la rebelión del poeta contra la tónica dominante de su tiempo. En el diario *La Nación* de Buenos Aires publicó Rubén Darío, autor de *Azul*, el 2 de mayo de 1909, un ensayo sobre las poesías unamunianas, que más tarde va a utilizar el escritor vasco para el prólogo de su libro *Teresa*. "El canto quizá duro de Unamuno me place tras tanta meliflua lira que acabo de escuchar . . . Y ciertos versos que suenan como martillazos, me hacen pensar en el buen obrero del pensamiento que, con la fragua encendida, el pecho desnudo y transparente el alma, lanza su himno, o su plegaria, al amanecer, a buscar a Dios en lo infinito" (*OC*, Madrid-Barcelona: Vergara, 1959-64, Tomo XIV, págs. 257-264)*. He aquí los temas que sobresalen: El anhelo de regresar a la niñez, la manifestación del dolor, la repetición de las quejas, la angustia del tiempo, el sueño de la vida, el deseo de recuperar la fe de la infancia, el sentimiento del hogar, el espectro de la muerte, sus paisajes del alma, el problema de Dios.

La difunta. Sainete, 1909. *Teatro completo*. Madrid: Aguilar, 1959.
Contenido: Sainete.
Comentario: A la nueva modalidad dramática que por entonces cultiva don Miguel de Unamuno corresponde esta obra, cuya primera noticia la encontramos en una carta suya a Juan Arzadún, del 24 de noviembre de 1909, en la que se lee "Un día de éstos enviaré a

Lara un sainete, *La difunta*, que es un viudo que a los cuatro meses de enviudar se casa con la criada. No sé si me lo rechazarán por lo crudo, Es realmente feroz, aunque muy cómico; los que lo han oido leer se ríen a mandíbula batiente, diciendo: '¡Qué barbaridad!" (pág. 73 del prólogo de esta obra).

Recuerdos de niñez y de mocedad. Madrid: Fe-Suárez, 1909, 223 págs.
—Madrid: Espasa-Calpe, 1958.
Contenido: "Primera Parte". "Segunda Parte". "Moraleja". "Estrambote".
Comentario: Memorias de infancia y de bachillerato. Es un libro de paisajes del alma. En 1926, desde Hendaya, le hará saber a su amigo Jean Cassou lo que sigue: "En mis *Recuerdos de niñez y de mocedad* verá usted del primer acto de mi drama, el más intenso, la tragedia de la adquisición del conocimiento propio y del mundo. Ese libro que parece tan ligero es el de mi más intenso drama" (Carta a Cassou de 1926).

Fedra (1910). En *La Pluma*, revista literaria. Madrid, año II, vol. II, 1921, números 8, 9 y 10, correspondientes a los meses de enero, febrero y marzo de dicho año, págs. 1-15; 65-78 y 129-139.
—*Teatro completo*. Madrid: Aguilar, 1959, págs. 389-464.
Contenido: Tragedia desnuda, en tres actos.
Comentario: Modernización de la de Eurípides y de Racine. Añade el autor "que no queda de ella sino el argumento inicial escueto, la madrasta que se enamora del hijastro, lo solicita, es repulsada, y en su furor pasional denuncia a su marido que es el propio hijo de éste quien la solicita, encizaña a padre e hijo provocando la ruptura, el mozo se va de casa y ella se suicida. Fuera de esto, lo demás es nuevo en mi tragedia. Mis personajes son de ahora, y mi Fedra una Fedra Cristiana. He querido hacer un drama de pasión, y de pasión rugiente, donde hoy se hacen casi todos de ingenio. Y un drama desnudo. Un mínimo de personajes, no más que seis y solo tres capítulos, la misma decoración para los tres actos. Una pasión en carne viva" (págs. 15 y 16 de *Teatro completo, op. cit.*). Hay edición suelta, publicada en Madrid en 1924.

"*El pasado que vuelve*" (1910). *Teatro completo*. Madrid: Aguilar, 1959.
Contenido: Drama.

Comentario: En carta de 10 de enero de 1910, a Teixeira de Pascoaes, Unamuno señala que "en éste tiene el protagonista veinticinco años en el primer acto, cincuenta en el segundo, y setenta en el tercero, Al llegar a sus setenta años se ve reproducido en un nieto de veinticinco, y es poner a un hombre frente a un yo pasado, hacer que uno se entreviste consigo mismo tal como era hace cuarenta y cinco años. Porque cada día renacemos enterrando al de la víspera. ¡Cuántos hemos sido! . . . Es el drama de cuatro generaciones. Un usurero tiene un hijo generoso y noble, que, horrorizado de su padre, huye de casa; este hijo tiene a su vez un hijo en quien se reproduce el abuelo y que le hecha en cara su prodigalidad, con la que quiere borrar los crímenes del primero; a su vez, este tercero tiene un hijo, que es generoso y noble como el abuelo, y el viejo excita y azuza a su nieto contra su padre. Es el drama de cuatro generaciones alternantes" (pág. 76, prólogo).

Mi religión y otros ensayos breves. Madrid: Renacimiento, 1910, 168 págs.
 —Buenos Aires:Espasa-Calpe, 1945.
 Contenido: "Mi religión". "Verdad y vida". "De la correspondencia de un luchador". "El Cristo español". "El resorte moral". "La envidia hispánica". "Ibsen y Kierkegaard". "Los escritores y el pueblo". "Política y cultura". "La civilización es civismo". "Glosas a la vida. Sobre la opinión pública". "Tres generaciones". "Sobre la lujuria". "Sobre la pornografía". "Sobre Don Juan Tenorio". "A un literato joven". "El canto de las aguas eternas". "El pórtico del templo". "Berganza y Zapirón". "Naturalidad del énfasis". "Cientificismo". "Escepticismo fanático". "Materialismo popular".
 Comentario: Ensayos breves de diversa índole. El que da el título a la obra, expone sus conceptos personales sobre la interpretación del sentimiento religioso. Confiesa sinceramente que las supuestas pruebas racionales—la ontológica, la cosmológica, la ética, etc.—de la existencia de Dios, no le demuestran nada. A él intelectual, le basta con sentir en su corazón el Dios interior de los hombres puros. "Y si creo en Dios, o por lo menos creo creer en El es ante todo porque quiero que Dios exista, y después porque se me revela por vía cordial, en el Evangelio y a través de Cristo y de la historia. Es cosa de corazón. Mi religión es buscar la verdad en la vida y la vida en la verdad, aún a sabiendas de que no he de encontrarlas mientras

viva; mi religión es luchar incesante e incansablemente con el misterio" (pág. 12).

Por tierras de Portugal y de España. Madrid: Renacimiento, 1911, 296 págs.
—1930.
Contenido: "Eugenio de Castro". "La literatura portuguesa contemporánea". "Las sombras', de Teixeira de Pascoaes". "Epitafio". "Desde Portugal". "Las ánimas del purgatorio en Portugal". "La pesca de Espinho". "Braga". "O Bon Jesús do Monte". "Guarda". "Un pueblo suicida". "Alcobaça". "Barcelona". "Guadalupe". "Yuste". "La gloria de Don Ramiro". "Avila de los Caballeros". "Excursión". "De Oñate a Aitzgorri". "San Miguel de Excelsis". "Grandes y pequeñas ciudades". "Por Galicia", "La Gran Canaria". "La Laguna de Tenerife". "Trujillo". "El sentimiento de la Naturaleza".
Comentario: Veintiséis relatos de excursiones por ciudades y campos de la Península Ibérica y de las Islas Canarias. Libro de paisajes. El sentimiento de la naturaleza constituye como un credo de lo que Unamuno vio en el paisaje. Llegó a hacer del paisaje un estado de conciencia.

Rosario de sonetos líricos. Madrid: Imprenta Española, 1911, 291 págs.
Contenido: Ciento vientiocho sonetos, precedido de números románicos, distribuídos bajo los siguientes títulos: "Los sonetos de Bilbao". "De vuelta a casa". "En casa ya". "Asturias y León". "De nuevo en casa". Los mejores poemas son: "La vida de la muerte", "El fin de la vida", "Al azar de los caminos", "Mi vieja cama", "Ni mártir ni verdugo", "Fue tu vida pasión en el desierto", "La oración del ateo", "Mi Dios hereje", "Al Dios de España", "Señor, no me desprecies", "Sit pro ratione voluntas!", "Todo pasa", "Nihil novum sub sole".
Comentario: Son unos sonetos esquemáticos, en síntesis de idea. La contemplación de la muerte, partiendo de un verso en boca de Shakespeare: "¡Morir ... dormir ... dormir ... soñar acaso!" da pábulo a una meditación enjundiosa, considerando al hombre "sueño de un dios", y a su fallecimiento "parto de desnacer" y "aurora de otro mundo". Fe, piedad, resignación, fortaleza son los temas a través de los cuales la voluntad se ejercita en "querer-creer-poder", para acabar propugnando la "fe en la fe misma, inacabable aurora" (p. 21).

Soliloquios y conversaciones. Madrid: Renacimiento, 1911, 284 págs.
   —Madrid: Espasa-Calpe, 1956.
   Contenido: "Conversación I". "Conversación II". "Conversación III". "A mis lectores". "Soliloquio". "Divagaciones de estío". "Desahogo lírico". "El escritor y el hombre". "Malhumorismo". "Confidencia". "La sima del secreto". "Al Sr. A. Z. autor de un libro". "En defensa de la haraganería". "Reputaciones hechas". "El pedestal". "El desdén con el desdén". "Vulgaridad". "Público y prensa". "Nuestras mujeres". "A una aspirante a escritora". "A la señora Mab". "Los antipolicistas". "Don Quijote y Bolívar".
   Comentario: Artículos periodísticos, comenzando con los titulados "conversaciones", en los que abunda una chispeante lucha de paradojas. Sirvan como ejemplo: "Jamás repetiré una conversación; pero una idea, a menudo" (pág. 7). "Un pensamiento es original, a menudo, aunque lo hayamos expresado cien veces" (pág. 21). "Yo hablo lo mismo con la lengua que con la pluma en la mano" (pág. 35).

Contra esto y aquello. Madrid: Renacimiento, 1912, 257 págs.
   —Madrid: Espasa-Calpe, 1957, 149 págs.
   Contenido: "Advertencia previa". "Algo sobre la crítica". "Leyendo a Flaubert". "La Grecia de Carrillo". "José Asunción Silva". "La imaginación en Cochabamba". "De cepa criolla". "Educación por la historia". "Sobre la argentinidad". "Un filósofo del sentido común". "La vertical de Le Dantec". "El Rousseau de Lemaitre". "Rousseau, Voltaire y Nietzsche". "Isabel o el puñal de plata". "La ciudad y la patria". "La epopeya de Artigas". "Taine, caricaturista". "A propósito de Josué Carducci". "Sobre el ajedrez". "Arte y cosmopolitismo". "Sobre la carta de un maestro". "Historia y novela". "Literatura y literatos". "Prosa aceitada".
   Comentario: Selección de artículos, publicados los más de ellos en *La Nación*, de Buenos Aires, en la que colaboró por 25 años y publicados en 1912, bajo el común título engañador de *Contra esto y aquello*. Unamuno al releer por primera vez estos ensayos (después de 16 años, en 1928), se percató de que "hay aquí más elogios y alabanzas que vituperios y denigraciones, y de lo equivocado por tanto, del título que dí a este libro. Título que ha contribuído a cuajar y corroborar en torno mío, envolviéndome y deformándome al conocimiento de los demás, una cierta leyenda que yo, tantos como

los otros, he contribuido a formar" (*Ensayos*, Madrid: Aguilar, 1942, pág. 1026).

El porvenir de España. Madrid: Renacimiento, 1912, 170 págs.
Contenido: "Aclaraciones previas", por Miguel de Unamuno. Primera parte: "De Miguel de Unamuno a Angel Ganivet" (I-II-III). "De Angel Ganivet a Miguel de Unamuno" (I-VI). Segunda parte: "De Miguel de Unamuno a Angel Ganivet" (I-V) y "De Angel Ganivet a Miguel de Unamuno" (I-VI).
Comentario: En 1897 dos pensadores de la talla de Angel Ganivet y Miguel de Unamuno, se entrecruzaron las cartas recogidas en este libro y publicadas ese mismo año en el periódico *El Defensor de Granada*.

La princesa doña Lambra. Madrid: Colección *El Libro Popular*, núm 24, 17 junio 1913, págs. 653-668.
—*Teatro completo*. Madrid: Aguilar, 1959, págs. 327-359.
Contenido: Farsa en un acto.
Comentario: Constituye una forma original de plantearse dos problemas: El de la muerte y el de la relatividad del tiempo. Señala Unamuno que encuentra "la poesía mejor en lo cómico que en lo trágico, entra mejor la melancolía en ella. Como dice en mi comedia un poeta loco, enamorado de la estatua de la princesa (de un túmulo del siglo XII) haciéndole el amor a la luz de la luna: "¿Cómo decís, corazones de carne, que ha muerto? ¿Y esa eterna sonrisa con que liba los rayos impalpables de la luna? La muerte llora, la muerte ríe, pero no sonríe la muerte, ¡no!. Y tanto me he enamorado de lo cómico, de un cómico algo triste que anda buscando la tragedia bufa" (pág. 17, prólogo del *Teatro completo*). Se publicó en esta colección, conjuntamente con *La venda*.

La venda. Madrid: Colección *El Libro Popular*, núm.24, 17 junio 1913, págs. 641-652.
–*Teatro completo*. Madrid: Aguilar, 1959, págs. 299-308.
Contenido: Drama en un acto y dos cuadros.
Comentario: La venda es simbólica de su crisis de 1897. Plantea la crisis en su fondo mismo: la lucha entre la razón y la fe. El problema planteado en *La venda* es más religioso que metafísico—está el valor

humano, pues sus personajes no son meras representaciones ideológicas, sino hombres de carne y hueso. Se publicó en esta colección, conjuntamente con *La princesa doña Lambra*. Fue publicada también en *Cuadernos de Lectura*, Junta para Ampliación de Estudios, Centro de Estudios Históricos, Cursos para Extranjeros (Madrid, 1927, págs. 349-391); y en *Revista Nacional de Cultura* (Caracas, 1946, VIII, págs 7-17).

El espejo de la muerte. Novelas cortas. Madrid: Renacimiento, 1913.
—Barcelona: Juventud, 1965, 400 págs.

Contenido: "El espejo de la muerte: Historia muy vulgar". "El sencillo don Rafael: Cazador y tresillista". "Ramón Nonnato, suicida". "Cruce de caminos". "El amor que asalta". "Solitaña". "Bonifacio". "Las tribulaciones de Susín". "¡Cosas de franceses! (Un cuento disparatado)". "El misterio de iniquidad, o sea los Pérez y los López". "El semejante". "Soledad". "Al correr los años". "La beca"."¡Viva la introyección!". "¿Por qué ser así?". "El diamante de Villasola". "Juan Manso: Cuento de muertos"."Del odio a la piedad"."El desquite". "Una rectificación de honor: Narraciones siderianas". "Una visita al viejo poeta". "El abejorro". "El poema vivo del amor". "El canto adánico". "Las tijeras". "Y va de cuento".

Comentario: Colección de novelas cortas titulada *El espejo de la muerte*. Todos los relatos fueron anticipados por su autor en las siguientes publicaciones periódicas: *Los Lunes del El Imparcial*; la mayoría *El Diario de Bilbao*; *El Nervión*, de dicha ciudad; *La Nación* de Buenos Aires; etc. Análoga diversidad existe en sus fechas desde 1888 a 1912, lo que sitúa a no pocos de ellos en los albores de la novelística unamuniana.

El sentimiento tragico de la vida en los hombres y en los pueblos.
Madrid: Renacimiento, 1913, 320 págs.
—Buenos Aires: Espasa-Calpe, 1941.

Contenido: I. "El hombre de carne y hueso". II. "El punto de partida". III. "El hambre de inmortalidad". IV. "La esencia del catolicismo". V. "La disolución racional". VI. "En el fondo del abismo". VII. "Amor, dolor, compasión y personalidad". VIII. "De Dios a Dios". IX. "Fe, esperanza y caridad". X. "Religión, mitología de ultratumba y apocatastasis". XI. "El problema práctico". Conclusión: "Don Quijote en la tragi-comedia europea contemporánea".

Comentario: Este ensayo es desde el punto de vista ideológico su obra fundamental. Plántease aquí en toda su amplitud el tema de la inmortalidad y el del conflicto entre la razón y la fe, entre la lógica y la vida, entre la inteligencia y el sentimiento. En la imposibilidad de conciliarlas radica para Unamuno "el sentimiento trágico de la vida". Puntualiza en el ensayo VIII "lo que llamo el sentimiento trágico de la vida en los hombres y en los pueblos es, por lo menos, nuestro sentimiento trágico de la vida, el de los españoles y el pueblo español, tal como se refleja en mi conciencia, que es una conciencia española, hecha en España. Y ese sentimiento trágico de la vida es el sentimiento mismo católico de ella, pues el catolicismo, y mucho más el popular, es trágico . . . . Es la filosofía, es la lógica, es la ética, es la religiosidad que he tratado de esbozar, y más de sugerir que de desarrollar, en esta obra. Desarrolladas racionalmente, no; la locura quijotesca no consiente la lógica científica" (*OC, Ensayo II* [Madrid-Barcelona: Vergara, 1960], págs. 881-895).

Niebla. Nivola. Madrid: Renacimiento, 1914, 313 págs.
—Madrid: Espasa-Calpe, 1958.
Contenido: "Prólogo". "Post-Prólogo". "Historia de Niebla". "Niebla" (I-XXXIII). "Oración fúnebre por modo de epílogo".
Comentario: Se la considera generalmente como su primera "nivola", término que en ella aparece por primera vez. Un crítico alemán Otto Buck le ha llamado "novela fantástica" y Werner Fite "novela tragicómica". Toda la novela descansa sobre la idea de que el ente de ficción tiene una realidad independiente de la de su creador, que los personajes que un actor crea son sueños de su mente, así como el hombre no es acaso más que un sueño de la mente de Dios.

Nada menos que todo un hombre. En la colección *Novela Corta*, núm. 28, 15 julio 1916.
—En *Teatro completo*. Madrid: Aguilar, 1959.
—En *Tres novelas ejemplares y un prólogo*. Madrid: Espasa-Calpe, 1920.
Contenido: Unamuno planeó este relato novelesco como drama. Julio de Hoyos, compañero de letras, al escenificar *Nada menos que todo un hombre* (novela corta), la dejó reducida a *Todo un hombre* (drama).
Comentario: Obra vigorosa. El protagonista símbolo de la voluntad

vertebradora de una personalidad acaba siendo la víctima de su propia voluntad de poderío como diría Nietzsche. Otras ediciones: Madrid: Imprenta Gráfica, 1925, 76 págs., hecha en cinco jornadas por Julio de Hoyos; Madrid: Compañia Ibero Americana de Publicaciones, CIAP 1931, 149 págs.

Ensayos. Madrid: Publicaciones de la Residencia de Estudiantes, vols. I, II, III, 1916; vols. IV, V, 1917; vols. VI, VII, 1918. (Descripción detallada en el Capítulo II, de esta tesis, de los ensayos aquí recogidos, escritos y publicados anteriomente, entre 1894 y 1911.)

Abel Sánchez. Una historia de pasión. Novela. Madrid: Renacimiento, 1917, 233 págs. —Madrid: Espasa-Calpe, 1956.
Contenido: "Prólogo a la segunda edición". "Capítulos del I al XXXVIII".
Comentario: La pasión abordada en este relato es la envidia. Su protagonista, pese al nombre, es Caín, representado, simbolizado diríamos, en el personaje, Joaquín Monegro. Esa pasión tan humana de la envidia que el autor descubre en el alma de su héroe, es una envidia trágica, "una envidia que se defiende, una envidia que podría llamarse angélica . . . . Maquiavelo o de la política" en *El Día* de Madrid, 14 noviembre 1917. Y en el prólogo confesó el mismo haber intentado escarbar "en ciertos sótanos y escondrijos del corazón, en ciertas catacumbas del alma, adonde no gustan descender los más de los mortales".

Tres novelas ejemplares y un prólogo. Madrid: Espasa-Calpe, 1920, 213 págs.
—Buenos Aires: Espasa-Calpe, 1958.
Contenido: "Prólogo". "Dos madres". "El marqués de Lumbría". "Nada menos que todo un hombre".
Comentario: En el prólogo de estas tres novelas expresa Unamuno "llamo ejemplares a estas tres novelas porque las doy como ejemplo así como suena—ejemplo de vida y de realidad. ¡De realidad! ¡De realidad!, sí. Sus agonistas, es decir, luchadores—o si queréis los llamaremos personajes—, son reales, realísimos, y con la realidad más íntima, con la que se dan ellos mismos, en puro querer ser o en puro, querer no ser, y no con la que le den los lectores" (pág. 7, del prólogo). La voluntad, el sentido de la maternidad, del existencialismo

trágico, de la sátira humana y de la inmortalización divina son los temas unamunescos que hallamos en estos relatos.

El Cristo de Velázquez. Poema. Madrid: Espasa-Calpe, 1920, 170 págs.
—Buenos Aires: Espasa-Calpe, 1957.
Contenido: Distribuído en cuatro partes, con un total de 89 poemas, precedido cada uno con número romano y la mayoría con título. Los mejores poemas son: "Ecce Homo", "La vida es sueño", "Arroyo-fuente", 'Nube-música". "Querubín—libro", "Miguel", "Rey", "Del Sinaí al Calvario", "Rostro", "La llaga del costado", "Del índice de la diestra", "Recapitulación", "Reino de Dios" y "Oración final".
Comentario: Magistral poema teológico, de endecasílabos sueltos, donde reúne una serie de comentarios líricos suscitados por la contemplación del cuadro del gran pintor español. El punto de partida en cuanto a fecha y propósito debe situarse en este pasaje de escrito unamuniano: Una carta al poeta portugués Teixeira de Pascoaes, del 28 de julio de 1913: "A mí me ha dado ahora por formular la fe de mi pueblo, su cristología realista, y . . . lo estoy haciendo en verso. Es un poema que se titulará 'Ante el Cristo de Velázquez', y del que llevo escrito más de setecientos endecasílabos. Quiero hacer una cosa cristiana, bíblica y . . . española. Veremos". Julián Marías expone que "Unamuno estuvo lleno de auténtico espíritu religioso y cristiano, como aparece en *El Cristo de Velázquez*, cima de la poesía religiosa española en trescientos años, cuyos versos llenan los ojos de lágrimas, de emoción religiosa a un auditorio sólo en parte católico" (en *Filosofía actual y existencialismo en España* [Madrid, 1955], pág. 118).

Soledad (1921). *Teatro completo*. Madrid: Aguilar, 1959. (?)
Contenido: Drama en tres actos.
Comentario: *Soledad* es el punto de partida para un teatro definido por una determinada ontología. El tema de la obra, la inmortalidad, y el motivo, la maternidad frustrada.

Raquel encadenada (1921). *Teatro completo*. Madrid: Aguilar, 1959. (7)
Contenido: Drama en tres actos.
Comentario: Raquel es la mujer estéril por la voluntaria infecundidad de su marido, incapaz de sentir la ilusión de los hijos y enfangado en la codicia avariciosa que le hace explotar el arte de su esposa, eximia violinista. Finalmente ésta abandona a Simón, su marido.

*La tía Tula**. Madrid: Renacimiento, 1921, 207 págs.
 —Buenos Aires: Espasa-Calpe, 1956.
 Comentario: Novela sobre el sentimiento de la maternidad. Ha querido el autor presentarnos, con Gertrudis, el tipo de la mujer fuerte, firme en el sacrificio, constante en la abnegación, de superior voluntad e inteligencia, de un amor desenfrenado a la verdad. En su alma supone el autor que hay una raíz teresiana o quijotesca que la lleva al más austero ideal de deber y justicia. Henchida del sentimiento, de la pasión de la maternidad espiritual, no se vio jamás madre más diligente y abnegada que la tía Tula con sus sobrinos.

Andanzas y visiones españolas. Madrid: J. Pueyo, 1922.
 —Madrid: Renacimiento, 1957.
 Contenido: "Prólogo". "Recuerdo de la Granja de Moreruela". "De vuelta de la cumbre". "El silencio de la cima". "Ciudad, campo, paisajes y recuerdos". "Hacia El Escorial". "En El Escorial". "Santiago de Compostela". "Junto a las rías bajas de Galicia". "León". "En la quietud de la pequeña vieja ciudad". "Por capitales de provincia". "En la Peña de Francia". "Las Hurdes". "Salamanca". "Coimbra". "Frente a los negrillos". "De Salamanca a Barcelona". "En la calma de Mallorca". "En la isla dorada". "Los olivos de Valldemosa". "La torre de Monterrey a la luz de la helada". "Al pie del Maladeta". "La frontera lingüística". "Camino de Yuste". "En Yuste", "En Palencia". "En Aguilar de Campóo". "Frente a Avila". "Una obra de romanos". "Paisaje teresiano". "Extramuros de Avila". "Visiones rítmicas". "Las estradas de Albia". "Al Nervión". "Galicia". "En un cementerio de lugar castellano". "En Gredos". "Atardecer de estío en Salamanca". "El Cristo yacente de Santa Clara (iglesia de la Cruz) de Palencia". "Junto a la vieja Colegiata".
 Comentario: Relatos de excursiones por ciudades y campos de España. Descripciones de tierras y villas, de montañas, valles y poblados. Ordenados por orden cronológico, fueron apareciendo en diarios de América—en *La Nación*, de Buenos Aires, casi todos—o de España—en *El Imparcial*, de Madrid. Los tres grandes relatos son:"En un cementerio de lugar castellano", "En Gredos" y "Atardecer de estío en Salamanca". Retrata toda el alma desértica del paisaje castellano.

Teresa. Rimas de un poeta desconocido. Madrid: Renacimiento, 1923, 227 págs.

Contenido: "Unamuno poeta" (por Rubén Darío). "Presentación"."Rimas". "Epístola". "Notas". "Despedida".

Comentario: Argumento de novela en verso. Rafael y Teresa, novios pueblerinos, nos cuentan sus cuitas. Es el *único* poema con asunto, aunque éste es el pretexto, porque lo que interesa al poeta es la meditación en torno al destino y a la muerte compartida. La muerte es una ronda constante, que se ha llevado a la amada y se cierne sobre el amante. Julián Marías llama a esta obra "relato poético", y dice que es el intento de abordar líricamente el tema de la muerte desde la realidad del amor (*Miguel de Unamuno* [Buenos Aires: Espasa-Calpe, 1950), pág. 138). Valbuena Prat le ha llamado "novela en verso" o "poema en función de acción novelada, interpretada en un sencillo 'virtuosismo', que adopta el sobrio pero inconfundible estilo de Bécquer de un modo deliberado" (*Historia de la literatura española*, tomo III, pág. 459). Cuando Unamuno escribió este libro frisaba los sesenta. Las mejores poesías: "Soledad", "¡Calla!" y "Te Deum".

De Fuerteventura a París. Diario íntimo de confinamiento y destierro vertido en sonetos. París: Excelsior, 1925, 169 págs.

Contenido: Ciento tres sonetos. Los mejores: "Añoso ya y tonto de capirote", "¿Conque iban a barrerte? Pura coba", "Los que clamáis id a la porra", "Mientras cae el baldón sobre ti, España', "Voy ya, Señor, a los setenta, historia", "Tu evangelio, mi señor Don Quijote", "Mira, hermano Cervantes, no te asombre", "Liberales de España, pordioseros", "'¡Miguel! ¡Miguel!' Aquí, Señor, desnudo", "Me canta la pasión— tal es su estilo", "Tu voluntad, Señor, aquí en la Tierra", "¿De dónde, adónde, para qué y cómo?", "Pero la nada es todo; en el recodo", "Ay, triste España de Caín, la roja", "Oh, fuerteventurosa isla africana".

Comentario: "Diario íntimo de confinamiento y destierro vertido en sonetos", reza el subtítulo. Son 103 poemas. Más de la mitad corresponden a su etapa de Fuerteventura, y los restantes a los primeros meses parisinos. El mismo don Miguel explica la estructura de los mismos: "Así resulta este mi nuevo rosario de sonetos un diario íntimo en la vida íntima de mi destierro. En ellos se refleja toda la agonía-—agonía quiere decir lucha—de mi alma de español y de cristiano . . . puedo fijar el momento de la historia en que me brotó cada uno de ellos. Otros son hijos de experiencia religiosa—algunas diría mística—y algunos del descubrimiento que hice ahí, en

Fuerteventura, donde descubrí el mar. Y eso que nací y me crié muy cerca de ellos" (Carta citada por M. García Blanco en el prólogo de las *OC*, tomo XIV, pág. 33). Los temas salientes de este diario son: el político, el sentimiento de la naturaleza, el biográfico, la esperanza, el desasosiego, la vejez que le cerca, etc. En los treinta y siete sonetos de París se repite la estructura conceptual de los anteriores, aunque en tono menor, porque la ciudad cosmopolita no le dejaba escuchar el rumor de la naturaleza ni el silencio de sus hondas soledades.

Cómo se hace una novela. Buenos Aires: Editorial "Alba", 1927, 159 págs.
—En *Obras completas*. Tomo IX (1961). Madrid-Barcelona: Vergara, 1959-1964.
Contenido: "Prólogo". "Retrato de Unamuno", por Jean Cassou. "Comentario". "Cómo se hace una novela". "Continuación".
Comentario. La escribió don Miguel en París en 1925. La peripecia de este libro es curiosa. Cuando Unamuno se trasladó a Hendaya, en agosto de ese año, quedó el manuscrito en manos del escritor francés Jean Cassou, que lo tradujo y precedido de un "Portrait" del autor, vio la luz en las columnas de la revista *Mercure de France* (CLXXVIII [mayo 1926], 13-39), con el título "Comment fait un roman". Se publicó en volumen por la casa Editions Rieder en París, 1933. Sobre esta versión, retraduciéndola según Miguel de Unamuno redacta un "Comentario" al retrato de Cassou; y compone la "Continuación" con que el libro se remata, y sale a las prensas de Buenos Aires, en 1927. Señala Unamuno que "la historia, lo único vivo, es el presente eterno, el momento huidero que se queda pasando, que pasa quedándose, y la literatura no es más que muerte. Muerte de que otros pueden tomar vida. Porque el que lee una novela puede vivirla, revivirla—y quien dice una novela dice una historia—y el que lee un poema, una criatura—poema es criatura y poesía creación—puede re-crearlo. Entre ellos el autor mismo. El presente eterno es el misterio trágico, es la tragedia misteriosa de nuestra vida histórica o espiritual" (pág. 14).

Tulio Montalbán y Julio Macedo (1927). San Sebastián: imprenta y encuadernación La Voz de Guipuzcoa, 31 págs.
—Reeditada con el título de *Sombras de sueño*, Madrid: Colección *El Teatro Moderno*, año VI, núm. 237, 8 marzo 1930, 44 págs.

—En *Teatro completo*. Madrid: Aguilar, 1959.
Contenido: Drama en cuatro actos.
Comentario: Se plantea la lucha entre dos seres: uno real y otro ficticio. En esta lucha, el único desenlace posible es la muerte, lo que lleva a la conclusión de que el único ser verdadero es el de ficción. El personaje Julio Macedo-Tulio Montalbán, dualismo semejante al de los mellizos en *El otro*, representa al intra-hombre, al "otro" que llevamos dentro permanentemente.

Romancero del destierro. Buenos Aires: Editorial "Alba", 1928, 158 págs.
—*Obras completas*, XIV. Madrid-Barcelona: Vergara, 1963.
Contenido: Prólogo, notas y cincuenta y seis poemas: Los treinta y ocho primeros escritos en París y los diez y ocho romances, precedidos de números romanos, escritos en Hendaya. Del primer grupo sobresalen: "Si caigo aquí, sobre esta tierra verde", "Vendrá la noche' "Adiós, España!", "Se acerca tu hora ya, mi corazón casero", "Cementerio de Hendaya", "¿Vemos todos la misma Tierra, acaso?", "Duérmete, niño chiquito" y "¿Qué es tu vida, alma mía?". Los mejores romances:"Rey Alfonso, rey Alfonso", "Pobre España, pobre España", "Es mi hombre y que me pegue", "Si no has de volverme a España", "Voy contando los segundos", "Doctor Primo de Rivera" y "Salamanca".
Comentario: Al explicar el título de esta colección—*Romancero del destierro*—señala Unamuno que "se podría aplicar propiamente a los 18 romances octosílabos con que termina, escritos los 18 en Hendaya . . . inspirados en la triste actualidad presente política de mi pobre España . . . . Mas aún las otras poesías hechas las primeras de ellas en París, están más o menos inspiradas en esa misma actualidad y algunas podrían ser llamadas políticas. ¡Actualidad política! La actualidad política es eternidad histórica y por lo tanto poesía" (pág. 6 y 8).

La agonía del cristianismo. Madrid: Renacimiento, 1931, 207 págs.
—En *Obras completas. Ensayo II*. Madrid-Barcelona: Vergara,1959-1964.
Contenido: "Prólogo a la edición española". I. "Introducción". II. "La agonía". III. "¡Qué es el Cristianismo?". IV. "Verbo y Letra". V. "Abisag, la sunamita". VI. "La virilidad de la fe".VII. "El supuesto cristianismo social". VIII. "El individualismoabsoluto". IX. "La fe

pascaliana". X. "El padre Jacinto".XI. "Conclusión". "Nicodemo el fariseo".

Comentario: Unamuno escribió este libro en París y fue publicado por primera vez en francés (*L'agonie du christianisme*, traduit du texte espagnol inédit par Jean Cassou [París: F. Rieder, 1925, 162 págs.]). El título—en el que la palabra "agonía" está tomada en el sentido etimológico de "lucha"—responde a la posición espiritual del autor, para quien el desasosiego y la inquietud constituían el factor capital de una auténtica vida religiosa. "Lo que voy a exponer aquí, lector,es mi agonía, mi lucha por el cristianismo, la agonía del cristianismo en mí, su muerte y su resurrección en cada momento de mi vida íntima . . . . Agoniza—escribe el autor—quien vive luchando. Luchando contra la vida misma y contra la muerte" (pág. 16). Pero la lucha terrible, la honda agonía es la que sufre el alma cristiana dentro del sagrario mismo de la fe. La fe viva es duda. Sólo el incrédulo sabe lo que es creer de veras. Combate perpetuo sin victoria, porque según Unamuno, el triunfo de la agonía es la muerte. Y a su juicio, quienes pretenden sostener la religión predicando la ciega sumisión dogmática; la obediencia mental pasiva y la doctrina de la fe implícita, son gentes que para salvar el cristianismo, lo matan.

El otro. Madrid: Espasa-Calpe, 1932, 91 págs.
 —En *Teatro completo.*Madrid: Aguilar, 1959.
 Contenido: Misterio en tres jornadas y un epílogo.
 Comentario: Plantea el problema de la personalidad. Un hermano ha matado a su hermano gemelo; tan exacto que él afirma que se ha matado a sí mismo. ¿Pero, cuál de los dos es el muerto? ¿Quién era cada uno? Nadie lo sabe, y además, ¿qué más da? Cada cual que resuelva el misterio a su gusto y se conforme con la verdad suya e incompleta. Ninguno sabemos quienes somos nosotros mismos, y, sin embargo, vamos afirmando nuestra personalidad por los mundos; en líneas generales es lo que escribió a Enrique Díaz-Canedo en el diario *El Sol*, el 15 de diciembre de 1932 (pág. 142 de *Teatro completo*).

La Ciudad de Henoc. Comentario, 1933. México: Séneca, 170 págs.
 Contenido: "Introducción: Unamuno 1933", por José Bergamín. "La Ciudad de Henoc". "1933 en Palenzuela". "La Enfermedad de Flaubert". "La Cibeles en Carnaval". "Prosa en román paladino". "Las ánimas en pena". "Periódicos andantes". "El hombre interior". "En la

calle: sarta sin cuerda". "Tres españoles de trasantaño". "El soñar de la Esfinge". "Paz en la guerra". "Sed de reposo". "Enseñanza religiosa laica". "Séneca en Mérida". "Notas a Lucano". "Los hombres de cada día". "Dostoyeusqui sobre la lengua". "La lengua de fuego se pone en la tierra". "La invasión de los bárbaros". "Segadores". "Por el alto Duero". "El estilo nuevo". "País, paisaje y paisanaje". "Solitarios de lugar". "Almas sencillas".

Comentario: Los textos unamunianos que se reúnen en este volumen son veintiséis artículos aparecidos en el diario madrileño *Ahora* en el año 1933, uno de los cuales da título a aquél "Henoc", la ciudad caínita.

Medea (1933). En *Teatro completo*. Madrid: Aguilar, 1959. (?)

Contenido: "Tragedia de Lucio Anneo Séneca, traducida sin cortes ni glosas, del verso latino a prosa castellana, por Miguel de Unamuno": así reza la portada del manuscrito.

Comentario: Un escrito de aquellos días, nos puntualiza el propósito y la realización de esta empresa. "En el teatro romano de Mérida, desenterrado al sol—escribió el propio Unamuno—, se ha representado la tragedia Medea, del cordobés Lucio Anneo Séneca. La desenterré de su latín barroco, para ponerla sin cortes ni glosas, en prosa de paladino romance castellano, lo que ha sido también restaurar ruinas . . . . Pretendí con mi versión hacer resonar bajo el cielo hispánico de Mérida el cielo mismo de Córdoba, los arranques conceptualistas y culteranos de Séneca, pero en la lengua brotada de las ruinas de la suya . . . . En cuanto a la tragedia de Medea, nada debo decir hoy aquí de la pasión de la terrible magabruja desterrada, que antes de desprenderse de sus hijos los sacrifica, vengadora, a un rencor infernal. Hay en esa pasión tremenda, que también comprendió el cordobés Séneca, maestro de Nerón, mucho de la tremenda pasión que agita las más típicas tragedias de la historia de nuestra España. ¿Inhumanidad? ¿Hay algo más humano que ella?' (pág. 164 del *op. cit*).

Don Sandalio, jugador de ajedrez*. En *San Manuel Bueno, mártir y tres historias más*. Madrid: Espasa-Calpe, 1933, 1956.

Comentario. Don Sandalio es una figura de sombra y silencio. Es una narración construída con cartas y no tiene argumento. Es una novela en negativo o una especie de antinovela. El personaje inexistente se anima por los reflejos anímicos que le proyecta el corresponsal. Es la última consecuencia de su teoría del ente ficticio.

San Manuel Bueno,, mártir y tres historias más. Madrid: Espasa-Calpe, 1933, 1956.

Contenido: "San Manuel Bueno, mártir". "La novela de don Sandalio, jugador de ajedrez". "Un pobre hombre rico". "Una historia de amor".

Comentario: El contenido de esta experiencia, huelga decirlo, es la fe. Pero no se trata de una fe racionalizada, sino de algo más profundo, de un impulso místico que traspasa el abismo de la duda y la angustia, de la incredulidad y el vacío interior, y que asemeja el poder de una enajenación y un acatamiento. Tan extraordinaria consumación del alma la reflejó Unamuno en esta novela. A lo largo de esta silenciosa historia uno empieza a percibir, en el drama de Don Manuel, que el misterio tocante y vivo de la fe no está tanto en creer, como acto de inteligencia persuasiva, sino, "agónicamente", en absorber el vacío de la no fe, de la vida inaparente y mortal que en su temporalidad cotidiana no conduce a ninguna parte, a ninguna revelación como no sea el morir en un presente eterno, inmemorial.

El hermano Juan o, El mundo es teatro. Vieja comedia nueva. Madrid: Espasa-Calpe, 1934, 205 págs.

Contenido: Tres actos. Con un prólogo del autor.

Comentario: Nueva interpretación de la figura creada por Tirso. Es la vertiente externa del teatro unamuniano; en esta obra Unamuno proclama que todo es teatro, representación; que el mundo real y el de la ficción quedan vinculados por una relación de subordinación. El personaje es real desde el ángulo del espectador, y éste lo es desde el de Dios, es decir, que lo real es lo que se representa. En esta obra Unamuno no interviene, es el propio personaje quien crea su historia. Su ser es la representación, es otro ser angustiado por su personalidad.

Cancionero, diario poético. Edición y prólogo, de Federico de Onís. Buenos Aires: Losada, 1953, 468 págs.

—En *Obras completas*, tomo XV. *Ensayo V.* Madrid-Barcelona: Vergara, 1963, 939 págs.

Contenido: Integran este *Diario poético* 1755 poemas, en pequeñas cuartillas, o mejor diríamos octavillas. La edición del conjunto de poesías que lo formaban presentaban dificultades técnicas. Manuel García Blanco hizo la agrupación que sigue, usando el primer verso de cada octavilla dándoles así título y conservando el original orden cronológico establecido por don Miguel: "Poemas y canciones de Hendaya (1928) (Números 1 al 589)". "Poemas y canciones de Hendaya (1929) (Números 590 al 1407)". "Poemas y canciones de Hendaya (1930) (Números 1408 al 1445)". "De nuevo en España (1930 (Números 1446 al 1569)". "De nuevo en España (1931) (Del números 1570 al 1581)". "De nuevo en España (1932) (Del número 1582 al 1612)". "De nuevo en España (1933) (Del número 1613 al 1634)". "De nuevo en España (1934) (Del número 1635 al 1720)". "De nuevo en España (1935) (Del número 1721 al 1737)". "Ultimas canciones (1936) (Del número 1738 al 1755)". "Notas a algunos poemas del *Cancionero*". "Vocabulario".

Comentario: El *Cancionero* es la clave del pensamiento, del arte y de la personalidad de Unamuno, porque nos ofrece condensadas, las coordenadas de su vida, de su pensamiento y de su estética. Es una obra escrita día tras día, en un período de nueve años, desde el 26 de febrero de 1928 al 28 de diciembre de 1936, en octavillas. Refiriéndose a las poesías de su *Cancionero* decía Unamuno "entre todas ellas forman, creo, un poema de gran unidad, de la estrecha e íntima unidad que da la vida. Y son, me atrevo a afirmarlo, poesía y filosofía, si es que se diferencian entre sí. Este ramillete, mejor selva, de canciones, forma todo un poema, uno entero y verdadero, ofrece una filosofía aunque no un sistema filosófico". Federico de Onís, primer editor del *Cancionero*, lo subtituló "Diario poético". Manuel García Blanco, al reimprimirlo para las *Obras completas* conservó la certera denominación. El *Cancionero* es obra de una sóla idea, de una sóla inquietud, de un sólo anhelo: el de crear a Dios por la palabra y crear, por ella, la propia inmortalidad.

Capítulo II

COLECCIONES Y SELECCIONES

Ensayos. Madrid: Fontanet, Publicaciones de la Residencia de Estudiantes, 1916-1918. 7 vols.

Indice: v. I. "En torno al casticismo" (cinco ensayos): "La tradición eterna", 1895. "La casta histórica Castilla", 1895. "El espíritu castellano", 1895. "De mística y humanismo", 1895. "Sobre el marasmo actual de España", 1895.

Indice: v. II. "La enseñanza del latín en España", 1894. "La regeneración del teatro español", 1896. "El caballero de la triste figura" (ensayo iconológico), 1896. "Acerca de la reforma de la ortografía castellana", 1896. "La vida es sueño" (reflexiones sobre la regeneración de España), 1898. "¡Adentro!", "La ideocracia", "La fe" (estos tres últimos publicados antes en *Tres ensayos*, Madrid, 1900), 1900.

Indice: v. III. "La dignidad humana", 1896. "La crisis del patriotismo", 1896. "La juventud 'intelectual' española", 1896. "Civilización y cultura", 1919. "La reforma del castellano", 1919. "Sobre la lengua española", 1901. "La educación" (prólogo a la obra del mismo título de Carlos Octavio Bunge), 1902. "Maese Pedro" (notas sobre Carlyle), 1902. "Ciudad y campo" (de mis impresiones de Madrid), 1902. "La cuestión del vascuence", 1902.

Indice: v. IV. "Contra el purismo", 1903. "Viejos y jóvenes" (prolegómenos), 1902. "El individualismo español" (a propósito del libro de Martín A. S. Hume, *The Spanish People: Their Origin, Growth and Influence*, London, 1901), 1902. "Sobre el fulanismo", 1903. "Religión y patria", 1904. "La selección de los Fulánez", 1903. "La locura del doctor Montarco", 1904. "Intelectualidad y espiritualidad", 1904.

Indice: v. V. "Almas de jóvenes", 1904. "Sobre la filosofía española" (diálogo), 1904. "¡Plenitud de plenitudes y todo plenitud!", 1904. "El perfecto pescador de caña" (después de leer a Walton), 1904. "A lo que salga, 1904. "Sobre la soberbia", 1904. "Los naturales y los espirituales", 1905. "Sobre la lectura e interpretación del Quijote", 1905.

Indice: v. VI "¡Ramplonerías!", 1905. "Soledad", 1905. "Sobre la erudición y la crítica", 1905. "Poesía y oratoria", 1905. "La crisis actual del patriotismo español", 1905. "Sobre el rango y el mérito" (divagaciones), 1906. "La patria y el ejército", 1906. "¿Qué es verdad?", 1906.

Indice: v. VII "Más sobre la crisis del patriotismo", 1906, "El secreto de la vida", 1906. "Sobre la consecuencia, la sinceridad", 1906. "Algunas consideraciones sobre la literatura hispanoamericana" (a propósito de un libro peruano), 1906. "Sobre la europeización" (arbitrariedades), 1906. "Sobre la tumba de Costa" (a la más clara memoria de un espíritu sincero), 1911.

*Ensayos**. Prólogo y notas de Bernardo G. de Candamo. Madrid: Aguilar, 1942. 2 v.

Indice: "La agonía del cristianismo". "Mi religión y otros ensayos". "Soliloquios y conversaciones". "Del sentimiento trágico de la vida". "Contra esto y aquello". v. II "Unamuno y sus cartas". "Antología epistolar comentada por B. G. de Candamo". De más de un millar de páginas cada tomo.

*Antología poética**. Selección y prólogo de Luis Felipe Vivanco. Madrid: Escorial, 1942, 459 págs.

Consta esta colección de cuatrocientas veintiséis composiciones, y en ella están representados, además del *Cancionero* todos los libros poéticos del autor, habiendo sido recogidas también las poesías insertas en el libro *Andanzas y visiones españolas*. Es la antología más completa de la poesía unamuniana,

Cuenca ibérica. Lenguaje y paisaje. México: Séneca, 1943, 176 págs.

Indice: Prólogo por José Bergamín. "Los delfines de Santa Bríjida". "En la fiesta de San Isidro Labrador". "Orillas del Manzanares". "Las dos barajas de Dios". "En San Juan de la Peña". "Cuenca ibérica". "Por las tierras del Cid". "El Jugo de mi raza". "Danza gitana". "El cuño del César". "El hijo del hombre y el señorito". "Cristianismo monárquico y monarquismo cristiano". "Nuestra España". "Ante la sepultura del inquisidor Corro".

Comentario: Artículos que fueron publicados en Madrid, en los diarios *El Sol* y *Ahora*, entre 1932 y 1933.

*Páginas líricas**. Preámbulo y selección de Benjamín Jamés. México, 1943, 231 págs.

Indice: Preámbulo. "Un lírico en acción". "Sierras y llanos". "El sentimiento de la naturaleza". "En El Escorial". "Frente a los negrillos". "Paisaje teresiano". "Galicia". "Aldeas y ciudades". "Santiago de Compostela". "Salamanca". "Coimbra". "En Palencia". "Guadalupe". "Yuste". "La Gran Canaria". "Trujillo".

Paisajes del alma. Nota de Manuel García Blanco. Madrid: Revista de Occidente, 1944. (?)Contiene 34 artículos fechados de 1918-1936, inéditos.

*La dignidad humana**. Buenos Aires-México: Espasa-Calpe, 1944, 167 págs.

Indice: "La dignidad humana". "La crisis del patriotismo". "La juventud 'intelectual española". "Civilización y cultura". "La reforma del castellano". "Sobre la lengua española". "La educación" (prólogo a la obra de Bunge, del mismo título, pág. 32). "Maese Pedro" (notas sobre Carlyle). "Ciudad y campo" (de mis impresiones de Madrid). "La cuestión del vascuence".

El caballero de la triste figura*. Buenos Aires-México: Espasa-Calpe, 1944, 144 págs.

Indice: "La enseñanza del latín en España". "La regeneración del teatro español". "El caballero de la triste figura" (ensayo iconológico). "Acerca de la reforma de la ortografía castellana". "La vida es sueño" (reflexiones sobre la regeneración de España). "¡Adentro!". "La ideocracia". "La fe".

*Obra escogida**. Selección y prólogo y apunte biográfico y bibliográfico de Juan José Domenchina. México: Centauro, 1945, 151 págs.

Se ocupa de la poesía y contiene setenta y dos composiciones, dos de ellas del *Cancionero*.

Obras selectas*. Prólogo de Julián Marías. Retrato de Unamuno por
R. Gómez de la Serna. Madrid: Pléyade, 1946, 1128 págs.

Algunas consideraciones sobre la literatura hispano-americana*.
Buenos Aires: Espasa—Calpe, 1947, 150 págs.; 1957.
   Indice: "Más sobre la crisis del patriotismo". "El secreto de la vida". "Sobre la consecuencia, la sinceridad". "Algunas consideraciones sobre la literatura hispano-americana". "A propósito de un libro peruano" (carácter de la literatura del Perú independientemente por Josá de la Riva Agüero). "Sobre la europeización" (arbitrariedades). "Sobre la tumba de Costa".

De esto y de aquello, escritos no recogidos en libro. Ordenación, prólogo
y notas de Manuel García Blanco. Buenos Aires: Sudamericana,
1950-54. 4 v.
   Indice: v. 1. "Lecturas españolas clásicas". "Libros y autores españoles contemporáneos". "De literatura vasca". "Sobre la literatura catalana".
   Indice: v. II. "Quijotismo y Cervantismo". "La vida literaria". "Ensayos erráticos o a lo que salga". "Relatos novelescos".
   Indice: v. III. "Libros y autores extranjeros". "España y los españoles".
   Indice: v. IV. "Meditaciones, soliloquios, diálogos y monodiálogos en torno a las bellas artes". "Algo sobre el teatro y el cine, la política y las letras". "A propósito del estilo". "Alrededor del estilo".
   Los escritos de Unamuno están ordenados en agrupación temática dentro de cada apartado se ha adoptado la sucesión cronológica.

Teatro: Fedra, Soledad, Raquel encadenada, Medea*. Edición, prólogo
y nota bibliográfica de Manuel García Blanco. Barcelona:
Juventud, 1954, 224 págs.
   Indice: Prólogo. "El teatro de Unamuno", nota bilbiográfica. "*Fedra*, tragedia en tres actos". "*Soledad*, drama en tres actos", "*Raquel encadenada*, drama en tres actos". "*Medea*, tragedia en cinco actos".

España y los españoles*. Prólogo, edición y notas de Manuel García
Blanco. Madrid: Aguado, 1955, 302 págs.

Inquietudes y meditaciones*. Prólogo y notas de M. García Blanco. Madrid: Aguado, 1956, 278 págs.
Indice: I. Escritos comprendidos entre 1898-1899. II. 1905-1908. III. 1912-1917. IV. 1920-1923.

En el destierro* (recuerdos y esperanzas). Madrid: Pegaso, 1957, 210 págs.
Indice: I. "Fuerteventura". "Divagaciones de un confinado (1924)". II. "Aspectos de París (1924-25)". III. "Desde Hendaya (1925-27)". Y como apéndice un escrito de 1935 titulado "Hombres de Francia francesa".

Visiones y comentarios*. Madrid: Espasa-Calpe, 1957, 157 págs.
Indice: "Abolengo liberal". "San Pío X". "La generación de 1931". "Nuestra España". "Mis santas campañas". "Salud mental del pueblo". "Schura Valdajevo". "La niñez de Don Quijote". "La ciudad de Henoc". "Don Juan Tenorio". "Día de Reyes". "Día de Magos". "Engaitamientos". "El habla de Valle-Inclán". "Teatralerías de morcilleo".

Cincuenta poesías inéditas. Introducción y notas de Manuel García Blanco. Madrid: Ediciones de los Papeles de Son Armadans, 1958, 158 págs.
Indice: Apuntaciones para un prólogo. I. Poesías de 1899 a 1906. II. Poesías de 1907 a 1912. III. Poesías de 1913 a 1927.

Autodiálogos*. Madrid: Aguilar, 1959, 327 págs.
Indice: "Autodiálogos personales: Nuestra egolatría de los del 98". "¡Adentro!". "Mi religión". "Ciudad y campo". "Soledad". "Sobre la tumba de Costa". II. "Españoles en torno: La soledad de Costa". "La sociedad galdosiana". "Galdós en 1901". "Nuestra impresión de Galdós". "Recuerdo de don Francisco Giner". "Una vida pública ejemplar". "De los recuerdos de la vida de Cajal". "Patriotismo y optimismo". "Ganivet, filósofo". "En la muerte de Maragall". "Leyendo a Maragall". "El alma de Manuel Machado". "Sobre la filosofía Española". "Sobre la europeización". "Glosas al Quijote". "En un lugar de la Mancha". "Alma vasca". III. "Pasión de España". "Don Quijote en la tragicomedia europea contemporánea".

Teatro completo*, Prólogo, edición y notas bilbiográficas de Manuel García Blanco con 29 ilustraciones. Aguilar: Madrid: 1959, 1202 págs.
Indice: 1) "Obras dramáticas". "La esfinge". "La venda". "La princesa doña Lambra". "La difunta". "Fedra". "El pasado que vuelve". "Soledad". "Raquel encadenada". "Sombras de sueño". "El otro". "El hermano Juan o El mundo es teatro". "Medea". 2) "Relatos novelescos relacionados con el teatro". "La venda", "El maestro de Carrasqueda". "El que se enterró". "En manos de la cocinera". "Nada menos que todo un hombre". "Los hijos espirituales". "Tulio Montalbán y Julio Macedo". "García, mártir de la ortografía fonética".
3) "Escritos sobre arte dramático". "La regenración del teatro español". "Teatro de teatro". "Las señoras y el teatro", "De vuelta del teatro". "Impresiones del teatro". "El círculo vicioso teatral". "Teatro y cine". "Hablando de teatro".

Mi vida y otros recuerdos personales*. Recopilación y prólogo de Manuel García Blanco. Buenos Aires: Losada, 1959, 2 v.; Biblioteca Contemporánea: v, 285, 203 págs.; v 286, 220 págs.
Indice: v. 1, "Nuevos recuerdos de niñez y mocedad". "Años de estudios y de aprendizaje". "Vida académica universitaria". "La generación del 98". "La obra literaria propia". "Madrid y Bilbao". "Historia de unas pajaritas de papel". "¿Crítico? . . . ¡Nunca!" "La leyenda del eclipse". "Escritor ovíparo". "Autorretrato". "Macanas de Miguel". "Qué libro mío prefiero". "Una entrevista con Augusto Pérez".
Indice: v. II "Confesión de culpa". "El útimo viaje de Ulises". "La hermandad futura". "La biblioteca de mi padres. "Lo que debo a Trueba". "Bilbao ¡arriba la Villa!". "Proletariado de la pluma (confesiones cínicas)". "En memoria de don Juan Valera". "Recuerdos personales de doña Emilia". "Mi visita a Palacio". "La agonía de la vela". "Yo, individuo, poeta, profeta y mito". "Pirandello y yo". "Releyendo las 'rimas' de Bécquer". "Y además poeta". "Miguel, o ¿Quién como Dios?" "Cartas al amigo". "¿Conferencias" ¡No! ".

Obras completas. Prólogo, edición y notas de Manuel García Blanco. Madrid-Barcelona: Vergara, 1959-1964. v. 1-16.
Todos los volúmenes llevan una introducción sobre el origen, alcance y significación de los escritos contenidos en cada uno de

ellos, seguida de una bibliografía de ediciones, traducciones y estudios. He aquí los 16 volmenes: Tomo 1. *Paisaje* (1959), 1139 págs. Tomo II. *Novela I* (1960), 1125 págs. Tomo III. *Ensayo* (1960), 1150 págs. Tomo IV. *Ensayo II* (1960), 1180 págs. Tomo V. *De esto y de aquello* (1960), 1229 págs. Tomo VI. *La raza y la lengua* (1960), 1038 págs. Tomo VII. *Prólogos, conferencias y discursos* (1960), 1115 págs. Tomo VIII. *Letras de América y otras lecturas* (1961), 1183 págs. Tomo IX. *Novela II y monodiálogos* (1961), 1070 págs. Tomo X. *Autobiografía y recuerdos personales* (1961), 1103 págs. Tomo XI. *Meditaciones y otros escritos* (1962), 1117 págs. Tomo XII. *Teatro* (1962), 1209 págs. Tomo XIII—XIV y XV. Poesía (1963), 1208 y 939 págs. Tomo XVI. *Ensayos espirituales y otros escrito*s (1964), 988 págs.

Capítulo III

CARTAS[1]

Carta a Lino Abeledo. Amaranto A. Abeledo: "Un cuáquero en la Universidad de Salamanca, Referencias de Miguel de Unamuno", *ND* (jul 1951).

Carta a Emiliano de Arriaga: "Carta inédita", *RB"S"* (jun-dic 1964), 58.

Carta a Juan Arzadun. *Sur* (Buenos Aires), Nos. 119-120 (set-oct 1944).

Cartas a Azorín. *EstLit*, No. 11 (25 agosto 1944).

Cartas a J. Bilbao. J, Bilbao: "Tres cartas de Unamuno sobre el habla de Bilbao y los maketos de Vizcaya", *BIAEV*, VI (1955), 65-79.

Carta a Ramón de Basterra. Guillermo Díaz Plaja: *La poesía y el pensamiento de Ramón de Basterra*. Barcelona, 1941.

Carta a Sandalio Benito, *DH* (26 noviembre 1964).

Carta a José Bergamín. *RNC* (nov-dic 1946).

Cartas a Jorge Luis Borges. *Epistolario a Clarín*, Madrid: Escorial, 1941, pp. 126-127.

Cartas a Bernardo G. de Candamo. Bernardo de Candamo: "Las cartas de Unamuno", *IAL*, XII (1958), 116-117.[1]

Cartas a Clarín. Emilio Clocchiati: "Cartas a Clarín", *MLJ*, XXXIV (1950), 646-649.

Cartas a Clarín. Adolfo Alas: *Epistolario a Clarín*. Madrid: Escorial, 1941, 243 págs. Incluye cartas de Menéndez Pelayo y Palacio Valdés, a Clarín.

Cartas a Pedro Corominas. Joan Corominas: "Cartas de Unamuno a Pedro Corominas", *BH*, LXI (1960), 388-436.

Cartas a Rubén Darío. Rubén Darío: *Epistolario*. Madrid, 1926.

---

[1] La crítica de algunas cartas puede verse en orden alfabético en la Segunda Parte, Capítulo VI, *Estudios*, de esta tesis.

Cartas a Fernando Díaz de Mendoza. *CoL*, No. 71 (mayo 1953).
Cartas a C. Fernández Shaw. Fernández Shaw: "Cartas", *RLit*, XXII (1962), 207.
Cartas a Warner Fite. Manuel García Blanco: "Cartas a Warner Fite", *RHM*, XXII (1956), 87-92; *RHM* (1957), 66-82.
Cartas a Fite. Roberto Agramonte, "Unamuno en Norteamérica, Cartas entre Unamuno y Fite", *Torre*, 35-36 (1961), 563-582.
Cartas a Nin Frías. Pedro Badanelli: *Trece cartas inéditas del muy vascongado Don Miguel de Unamuno*. Buenos Aires: La Mandrágora, 1962, 124 págs.
Cartas a Gabriel y Galán. Gabriel y Galán y Rodríguez Cepeda: "Cartas inéditas de Unamuno a Gabriel y Galán", *CCU*, XX (1970), 5-20.
Cartas a Galdós. Sebastián de la Nuez: "Unamuno y Galdós en unas cartas", *Insula*, Nos. 216-217 (nov-dic 1965); *PSA*, CX (1965), 145-178.
Cartas a Manuel Gálvez. Manuel García Blanco: "Cartas a Manuel Gálvez", *CHA*, No. 55 (1954), 182-198.
Cartas a A. Ganivet. A. Gallego Morell; "Tres cartas inéditas de Unamuno a Ganivet", *Insula*, No. 35 (nov 1948).
Cartas a A. Ganivet. M. de Unamuno y A. Ganivet. "El porvenir de España" (Miguel de Unamuno, *Obras completas*, Vol. IV, págs. 395-458).
Cartas a García Monge. *RepAm* (26 marzo 1938).
Cartas a Giner de los Ríos. Ivonne Turin: "Cartas a Giner de los Ríos", *Hispania*, LXV (1963); "Epistolario entre Unamuno y Giner de los Ríos", *RO*, XXV (1969), 1–18.
Cartas a Casimiro González Trilla. Hernán Benítez: "Nuevo palique unamuniano (Introducción a doce cartas de Unamuno a González Trilla)", *RUBA*, VII (1950), 479-551.
Carta a Guillermo Graell Moles. *Destino*, No. 666 (13 mayo 1950).
Carta a MacCrillo. M. Grillo: "Conversando con Unamuno", *RAmer* (oct 1945).
Carta a Angelo de Gubernatis. E. Della Corte: "Carta a A. de Gubernatis", *Español*, No. 43 (21 agosto 1943).
Carta a Nicolás Guillén. N. Guillén: *El son entero*. Buenos Aires, 1947; En *DiH* (13 enero 1952).
Cartas a Ernesto A. Guzmán, *BINC*, XIV:34-36 (1949).
Carta a Don Ramón de Hoyos. *GR* (29 noviembre 1964).

Carta a Fernando Iscar Peyra. E. Salcedo: "Casi al final (Al margen de una carta inédita de Unamuno", *Insula* (15 abril 1952).

Cartas a Pedro Jiménez Ilundaín. Hernán Benítez: "Cartas inéditas", *RUBA*, VIII (1948), 295-377; IX (1949), 89-179. En *El drama religioso de Unamuno*. Buenos Aires, 1949, págs. 199-458.

Cartas a Pedro Jiménez Ilundaín. Marcel Bataillon: "Cartas inéditas a P. Jiménez Ilundaín", *BHi*, LII (1950), 144.

Cartas a Manuel Laranjeira. *Cartas de Manuel Laranjeira*. Lisboa, 1943.

Cartas a Manuel Machado. *CoL* (15 abril 1952).

Cartas a Antonio Machado y Warner Fite. *Correspondencia de Miguel de Unamuno*. New York: Hispanic Institute in the United States, 1957, 59 págs.

Cartas a Juan Maragall. *Epistolario entre Miguel de Unamuno y Juan Maragall*. Barcelona, 1951, 224 págs.

Cartas a Maragall. Julio G. Manegat: "Barcelona a través del epistolario de Unamuno con Maragall", *NU* (3 noviembre 1964).

Carta a Joaquín Maurín. *Torre*, 1 (1953), 189-190.

Cartas a Ramón Menéndez Pidal. Ramón Menéndez Pidal: "Recuerdos de Unamuno", *CCU*, II (1951), 5-12.

Cartas a Menéndez y Pelayo. "Epistolario. Tres cartas inéditas de Unamuno", *EstLit* (1964), 66.

Cartas a Pedro de Mugica y L. Ross Mugica. Sergio Fernández Larraín: *Cartas inéditas de Miguel de Unamuno*. Santiago de Chile: Zig-Zag, 1965, 455 págs.

Cartas a Pedro de Mugica. S. Fernández Larraín. *R"M"*, II:2 (1964).

Cartas a Federico Oliver. José Manuel Blecua: "Más confidencias de Unamuno sobre el teatro". *Homenaje al profesor Alarcos*. Tomo II. Universidad de Valladolid, 1966.

Carta a Federico de Onís. Federico de Onís: "Una carta de don Miguel", *Asomante*, XVIII (1962), 16-17; *GR* (29 noviembre 1964); "Tres cartas de Unamuno", *Torre*, IX (1961), 57-62.

Cartas a Ortega y Gasset. Manuel Fernández de la Cera: "Epistolario entre Unamuno y Ortega", *RO* (1964), 3-28.

Cartas a Ricardo Palma. Ciro Alegría: "Cartas de Unamuno a Ricardo Palma", *Nacional* (4 junio 1961).

Cartas a Giovanni Papini. Manuel García Blanco: "Unamuno y Papini", *RA*, VI (1964), 133-162.

Cartas a Pierre Paris. Georges Demerson: "Unamuno y Francia. Dos cartas inéditas", *EstLit* (nov-dic 1964), 216-217.
Cartas a Teixeira de Pascoaes. Joaquín de Carvalho Marginalia. "Duas cartas inéditas de Miguel de Unamuno, *RF*, V (1952), 177-180.
Cartas a Teixeira de Pascoaes. *Indice* (jul-ago 1957), 65-66. En *Epistolario ibérico*. Nova Lisboa, 1957, 66 págs. (Prefacios de Joaquín de Carvalho e Manuel García Blanco. Nota final de Joaquín Montezuma de Carvalho.)
Cartas a Pessoa. "Cartas de Unamuno a Pessoa", *IAL* (1953), 65-66.
Cartas a Pérez de Ayala. Manuel García Blanco: "Cartas de Unamuno y Pérez de Ayala", *PSA*, XXXVIII, 237-254.
Carta a Alvaro Pinto. "Dois autografos de Miguel de Unamuno", *RO*, No. 138 (1964), 158-160.
Carta a Eugenio F. de la Pumariega. E. Ranch: "Sobre una carta de Miguel de Unamuno", *BSCC*, XXVII (1951), 230-233.
Carta a Mathilde Pomes. Mathilde Pomes: "Mi primera entrevista con Unamuno", *Cuadernos*, No. 92 (1965).
Cartas a Camille Pitollet. C. Pitollet: "De mis memorias", *BBMP*, XXVIII, 59-98.
Cartas a Bogdan Raditsa. "Mis encuentros con Unamuno" (En Hendaya en el mes de agosto de 1928), *Cuadernos*, No. 34 (1959), 45-50. "Un inédito de Unamuno", *GL* (15 junio 1930).
Carta a José Enrique Rodó. Pompeyo Cruz: "Unamuno epistolar", *Español*, CLXVI (29 diciembre 1945).
Cartas a Luis Ruiz Contreras. *RepAm* (1954), 167.
Cartas a Luis Ruiz Contreras. L. Ruiz Contreras. *Memorias de un desmemoriado*. Madrid, 1946, págs. 149-182.
Carta a Mario Santa Cruz. *RepAm*, XLVIII (1954), 167.
Carta a Federico Urales. Federico Urales: *Evolución de la filosofía en España.*. Tomo II. Barcelona, 1934, págs. 205-209.
Cartas a Miguel Utrillo. M. Utrillo (hijo): "Unamuno-Utrillo, o nada más que un hombre", *EstLit*, No. 39 (30 diciembre 1945).
Carta a Emilio F. Vaamonde. *MC* (16 abril 1898). Recogida por F. Mota, *Papeles del 98*. Madrid, 1950.
Carta a C. Vaz Ferreira. "Primera carta a Carlos Vaz Ferreira", *RNM*, III (1958), 69-75.

Cartas a Zorrilla de San Martín. Pereira Rodríguez: "Cartas inéditas entre Unamuno y Zorrilla de San Martín", *RNM*, No. 178 (1953), 15.

Cartas a Luis de Zulueta, Carmen de Zulueta. *Cartas entre M. de Unamuno y Luis de Zulueta*. Madrid: Aguilar, 1972, 373 págs.

Capítulo IV

CUENTOS

"Ver con los ojos", *NB*, 25 octubre 1886.
"El poema vivo del amor", *L'I*", 24 abril 1889.
"Solitaña", *IA*, agosto 1889.
"Las tijeras", *Justicia*, 27 diciembre 1889.
"Nerón Tiple o el calvario de un inglés", *Madrid*, 1890.
"El desquite", *Nervión*, 7 setiembre 1891.
"La sangre de aitor", Nervión, 14 setiembre 1891.
"Chimbos y chimberos", *Nervión*, enero 1892.
"Juan Manso", *Nervión*, 22 mayo 1892.
"San Miguel de Basauri", *Nervión*, mayo 1892
"El dios Pavor", Salamanca, mayo 1892
"El gran Duque-pastor", Salamanca, mayo 1892
"Las tribulaciones de Susín", *Nervión*, 14 agosto 1892
"¡Cosas de franceses!", *Nervión*, 28 febrero 1893
"El semejante", *Impartial*, 20 mayo 1895.
"Sueño", *Fomento*, 11 enero 1897.
"El lugo Juan", *Progreso*, 9 enero 1898.
"El diamante de Villasola", *MC*, 9 abril 1898.
"¿Por qué ser así?", *MC*, 9 agosto 1898.
"Caridad bien ordenada", *VN*, 28 agosto 1898.
"Una visita al viejo poeta", *IEA*, 8 setiembre 1899.
"El abejorro", *IEA*, 8 enero 1900.
"La venda", *L'I*", 22 enero 1900.
"Don Martín o de la gloria", *L'I*", 22 julio 1900.
"De águila a pato", *Correo*, 4 diciembre 1900.
"La redención del suicidio", *IEA*, 15 julio 1901.
"Abuelo y nieto", *IEA*, octubre 1902.
"El maestro de Carrasqueda", *Lectura*, julio 1903.

"El derecho del primer ocupante", *Mercurio*, 4 enero 1904.
"La locura del doctor Montarco", febrero 1904.
"El canto adánico", *L'I'*, 6 agosto 1906.
"El que se enterró", *Nación*, 1 enero 1908.
"El canto de las aguas eternas", abril, 1909.
"El espejo de la muerte", *L'I'*, 27 noviembre 1911.
"El sencillo don Rafael", *L'I'*, 26 febrero 1912.
"Cruce de caminos", *L'I'*, 15 julio 1912.
"El amor que asalta", *L'I'*, 16 setiembre 1912.
"En manos de la cocinera", *L'I'*, 23 setiembre 1912.
"Redondo, el contertulio", *L'I'*, 23 diciembre 1912.
"El secreto de un sino", *MG*, 22 enero 1913.
"Mecanópolis", *L'I'*, 11 agosto 1913.
"Al correr de los años", *El espejo de la muerte*. Madrid: Renacimiento 1913. (Los cuentos de la colección *El espejo de la muerte* han sido fechados sólo en parte, y éstos los hemos puesto en su orden cronológico. Los otros están según la fecha de publicación [1913], pero es probable que sean anteriores a esta fecha.)
"La beca", *El espejo de la muerte*, 1913.
"Ramón Nonnato, suicida", *El espejo de la muerte*, 1913.
"Soledad", *El espejo de la muerte*, 1913.
"Una rectificación de honor", *El espejo de la muerte*, 1913.
"¡Viva la introyección!", *El espejo de la muerte*, 1913.
"Y va de cuento", *El espejo de la muerte*, 1913.
"El redondismo", *HC*, 11 abril 1914.
"Don Catalino, hombre sabio", *Esfera*, 24 julio 1915.
"El padrino Antonio", Madrid, 8 diciembre 1915.
"El hacha mística", *Esfera*, 1 enero 1916.
"Don Bernardino y doña Etelvina", *Mercurio*, marzo 1916.
"Los hijos espirituales", *Esfera*, 14 octubre 1916.
"Un caso de longividad", *L'I'*, 22 enero 1917.
"Don Silvestre Carrasco, hombre efectivo", *Día*, 27 febrero 1917.
"La revolución de la biblioteca de ciudá-muerta", *NM*, 28 setiembre 1917.
"Batracófilos y Batracófogos", Salamanca, 1917.
"Artemio, Heautontimoroumenos", *NM*, 29 marzo 1918.
"Tumicoba, Gupimboda y Fafiloria", 1919.
"Robleda, el actor", *CyC*, 4 diciembre 1920.

"Las peregrinaciones de Turismundo", *Imparcial*, 9 enero 1921.
"La sombra sin cuerpo", *CyC*, 6 julio 1921.
"El alcalde de Orbajosa", *MV*, 8 octubre 1921.
"La bienaventuranza de don Quijote", *CyC*, 8 julio 1922.
"García, mártir de la ortografía fonética", *CyC*, 17 febrero 1923.
"La manchita de la uña", *L'I*, 25 febrero 1923.
"Una tragedia", *CyC* 21 julio 1923.
"Al pie de una encina", *Ahora*, 8 enero 1934.

Sin fecha:
"Juan María", *Obras completas*, IX. Madrid: Vergara, 1961.
"La promesa", *Ibid.*
"Principio y fin", *Ibid.*
"La carta del difunto", *Ibid.*
"Querer vivir", *Ibid.*
"Un cuentecillo sin argumento", *Ibid.*
"¡Carbón! ¡Carbón!", *Ibid.*
"El fin de unos amores", *Ibid.*

Capítulo V

ARTICULOS DE LA NACION

	La Nación	O.C.
"Sobre la literatura hispanoamericana"	19/V/1899	VIII 76-82
"La leyenda del eclipse"	6/VII/1900	X,85-94
"Examen de conciencia"	29/IV/1900	XI
"El resorte moral"	IX/1906	IV,408-416
"España sugestiva: Zamora"	25/IX/1906	I,1001-1008
"Sobre la literatura catalana"	16/XII/1906	V,607-632
"La presidencia de la Academia española"	4/I/1907	IV,736-744
"Don Quijote y Bolívar"	30/I/1907	IV,736-744
"La ciudad y la patria"	31/I/1907	IV,864-871
"Taine, caricaturista"	10/III/1907	IV,882-889
"Nuestras mujeres"	23/III/1907	IV,702-710
"A propósito de Carducci"	26/III/1907	IV,890-899
"El problema religioso en el Japón"	7/IV/1907	V,326-334
"Sobre la lujuria"	23/IV/1907	IV,468-474
"Sobre la tradición literaria americana"	2/V/1907	VIII, 373-380
"La civilización es civismo"	19/V/1907	IV,447-454
"Macanas de Miguel"	4/VI/1907	X,158-165
"El Rousseau de Lemaitre"	16/VI/1907	IV,838-844
"Cientificismo"	8/VII/1907	IV, 521-529
"El caballo americano"	14/VII/1907	VIII, 381-389
"Más sobre el japonismo"	21/VII/1907	V, 335-342
"A una aspirante a escritora"	25/VII/1907	IV,711-719
"Rousseau, Voltaire y Nietzsche"	4/VIII/1907	IV,845-853
"La política y las letras"	11/VIII/1907	XI,640-648
"Los maestros de escuela"	4/IX/1907	VIII,396-404
"La cuestión del latín"	23/IX/1907	VI,706-713
"Más sobre la lengua vasca"	26/X/1907	VI, 319-326
"Tres generaciones"	2/XI/1907	IV,460-467
"Sobre la pornografía"	9/XI/1907	IV,475-481
"La feliz ignorancia"	2/XII/1907	V,869-876

"Algo sobre la crítica"	5/XII/1907	IV,750-757
"Historia y novela"	12/XII/1907	IV,928-934
"Soliloquio"	24/XII/1907	IV, 585-591
"El que se enterró"	1/I/1908	IX,194-201
"A la señora Mab"	6/I/1908	IV,720-727
"Literatura y literatos"	6/I/1908	IV,935-942
"El desdén con el desdén"	18/I/1908	IV,678-685
"Otro escritor vasco"	21/I/1908	V,554-562
"Sobre don Juan Tenorio"	24/II/1908	IV,482-490
"El idioma nacional"	1/III/1908	VI,808-817
"El poeta emigra"	2/III/1908	V,343-350
"Público y prensa"	11/III/1908	IV, 693-701
"Más sobre el idioma nacional"	13/III/1908	VI,818-827
"Verdad y vida"	22/III/1908	IV, 387-394
"Pasado y porvenir"	3/IV/1908	VIII,405-412
"Prosa aceitada"	6/IV/1908	IV, 943-949
"El escritor y el hombre"	17/IV/1908	IV, 608-615
"Sobre el Dos de Mayo"	2/V/1908	VIII, 413-420
"Cosmopolitismo y universalidad"	5/V/1908	VIII,421-428
"Escepticismo fanático"	18/V/1908	IV,53-536
"Zuloaga, el vasco"	24/V/1908	XI, 545-553
"Los escritores y el pueblo"	31/V/1908	IV, 433-440
"Sobre la carta de un maestro"	3/VI/1908	IV, 920-927
"José Asunción Silva"	20/VI/1908	IV, 776-782
"Ganivet y yo"	29/VI/1908	X, 171-178
"Se acabó el curso"	7/VIII/1908	X, 179-185
"Divagaciones de estío"	16/VIII/1908	IV,592-599
"En defensa de la haraganería"	9/XI/1908	IV, 650-656
"El 'jiu jitsu' de Bilbao"	15/XI/1908	V, 568-575
"La tragedia de Luis Ross"	21/XII/1908	VIII, 429-438
"Desahogo lírico"	15/II/1909	IV, 600-607
"La Grecia de Carrillo"	2/III/1909	IV, 767-775
"De cepa criolla"	9/III/1909	IV, 792-800
"Materialismo popular"	30/III/1909	IV, 537-544
"La imaginación de Cochabamba"	31/V/1909	IV, 783-791
"Amado Nervo"	VI/1909	VIII, 439-449
"La envidia hispánica"	21/VI/1909	IV, 417-425
"A mis lectores"	6/VII/1909	IV, 576-584
"En mi viejo cuarto"	X/1909	X, 186-196
"Al señor A. Z., autor de un libro"	12/XI/1909	IV, 642-649
"Vulgaridad"	15/11/1910	IV, 686-692
"Sobre la argentinidad"	11/III/1910	IV, 810-187
"Educación por la historia"	15/III/1910	IV, 801-809

"Reputaciones hechas"	10/V/1910	IV, 657-666
"El pedestal"	10/VI/1910	IV, 667-677
"Conversación primera"	11/VI/1910	IV, 547-556
"Conversación segunda"	11IVI/1910	IV, 557-566
"Pequeñeces lingüísticas"	15/VI/1910	VI, 507-515
"La obra de Gilberto Beccari"	22/VI/1910	VIII, 450459
"Sobre el ajedrez"	3/VII/1910	IV, 900-910
"Conversación tercera"	3/VIII/1910	IV, 567-575
"Los antipoliticistas"	11/IX/1910	IV,728-735
"La cima del secreto"	6/X/1910	IV, 634-641
"Un filósofo del sentido común"	7/X/1910	IV,818-827
"Confidencias"	14/XI/1910	IV, 625-633
"Malhumorismo"	25/XII/1910	IV, 616-524
"El castellano, idioma universal"	16/I/1911	VI,516-524
"El desinterés intelectual"	3/III/1911	X,218-226
"La epopeya de Artigas"	11/III/1911	IV,872-881
"Soledad, cuento"	1/IV/1911	11,638-691
"La vertical de Le Dantec"	29/V/1911	IV,828-837
"El 'de' en los apellidos"	30/V/1911	VI,524-532
"Isabel o el puño de plata"	VI/1911	IV,854-863
"Sobre un 'Diccionario argentino' I"	12/IX/1911	VI,834-843
"Sobre un 'Diccionario argentino' II"	13/IX/1911	VI,844-851
"Días de bochorno"	15/X/1911	X,227-235
"Leyendo a Flaubert"	24/XII/1911	IV, 758-766
"Las señoras y el teatro"	11/I/1912	XI,502-510
"La obra de Eugenio Noel"	31/III/1912	V,355-362
"Manuel Laranjeira"	8/IV/1912	VIII,1919-29
"Cartas a mujeres"	25/IV/1912	VIII, 903-911
"Lecturas españolas de Azorín"	27/IV/1912	V,363-371
"Sobre una sentencia de Quental"	15/V/1912	VIII,1930-38
"De arte pictórica I"	21/VII/1912	XI,554-562
"De arte pictórica II"	8/VIII/1912	XI,562-571
"Algo de unión iberoamericana"	11/XII/1912	VIII,466-473
"Intermedio ortográfico"	29/XII/1912	VI,533-540
"Cosmopolis lúbrica"	22/I/1913	VIII,912-920
"Días de limpieza"	24/I/1913	X,236-242
"Conversación"	18/II/1913	IX, 743-751
"Sobre un libro de memorias I"	21/III/1913	V,377-385
"Sobre un libro de memorias II"	7/IV/1913	V,385-393
"Impresiones de teatro"	23/IV/1913	XI,517-524
"Voces de Europa"	25/IV/1913	VI,852-859
"La sinceridad del fingimiento"	1/VI/1913	XI.730-738
"El suicidio en España 1"	21/VII/1913	XI, 254-262

"El suicidio en España II"	30/VII/1913	XI, 262-270
"¡Aprender haciendo!"	24/VIII/1913	XI, 739-748
"Sobre la continuidad histórica"	24/X/1913	VIII, 474-481
"Alrededor del protocolo"	29/X/1913	VIII, 482-490
"Sobre las rodilleras"	6/XI/1913	V, 892-899
"Diario de Regoyos"	16/XII/1913	XI, 577-586
"En torno de Labouchere"	9/I/1914	VIII, 738-745
"Culto al porvenir"	22/I/1914	VIII, 670-678
"España a la moda"	15/II/1914	VIII, 921-930
"De vuelta a Madrid"	15/III/1914	X, 267-274
"Campaña agraria I"	10/IV/1914	XI, 301-309
"Caiupaña agraria II"	26/IV/1914	XI, 309-318
"Horror al trabajo"	5/VII/1914	VIII, 931-939
"La tragedia de Inés de Castro"	9/VII/1914	VIII, 1039-47
"Divagaciones vacacionales"	25/VII/1914	X, 281-288
"Sobre el profesionalismo político"1	12/VIII/1914	
"Disociación de ideas"	6/IX/1914	
"Coimbra (Figueira de Foz)"	19/IX/1914	
"El inglés y el alemán"	14/X/1914	
"Un estrafio rusofilo"	28/X/1914	
"A propósito de la catedral de Reims"	29/XI/1914	
"Strauss y Renan"	31/XII/1914	
"La personalidad frente a la realidad"	6/I/1915	
Algo sobre el parlamentarismo"	10/I/1915	
"La humanidad y los vivos"	14/I/1915	
"Salvar el alma de la historia"	27/II/1915	
"Leyendo a Maragall I"	7/III/1915	
"Protejamos nuestras discordias"	21/III/1915	
"Leyendo a Maragall II"	22/III/1915	
"La guerra y la vida de mañana"	28/III/1915	
"La organización de Europa"	24/IV/1915	
"Algo sobre Nietzsche"	5/V/1915	
"Sobre el paganismo de Goethe"	24/V/1915	
"La plaga del normalismo"	8/VI/1915	
"El caso de Italia"	30/VI/1915	
"Algo sobre la civilización"	24/VII/1915	
"Los límites cristianos del nacionalismo"	6/VIII/1915	

---

[1] Los artículos publicados por Unamuno en *La Nación* en tiempos de la Gran Guerra, entre agosto de 1914 y diciembre de 1919, aparecen mencionados en el libro de Louis Urrutia: *Desde el mirador de la guerra* (París: Centre de Recherches Hispaniques, 1970), 489 págs.

"Nuestros pedagogos"	30/VIII/1915	
"Mameli y Körner"	5/IX/1915	
"Mas sobre los pedagogos"	12/IX/1915	
"Leyendo a Lucano"	17/IX/1915	
"Las dos nubes"	20/X/1915	
"La fuerza del idealismo"	12/XI/1915	
"Una entrevista con Augusto Pérez"	21/XI/1915	
"Consideraciones lingüísticas sobre el éxito"	25/XII/1915	
"De la insubordinación de la conciencia"	27/XII/1915	
"¿La guerra hace valientes?"	29/XII/1915	
"Las relaciones hispanoamericanas"	16/I/1916	
"La evolución del Ateneo de Madrid"	24/I/1916	
"Divagaciones de Navidad"	30/I/1916	
"Lo de Gibraltar"	12/II/1916	
"Un relato de cautividad"	9/III/1916	
"Eso de la ligereza francesa"	22/III/1916	
"Nada de pretensiones"	29/IV/1916	
"La correspondencia de Rubén Darío"	10/V/1916	
"Sobre los imponderables"	12/V/1916	
"Improperios trogloditicos"	30/V/1916	
"Mi fracasado viaje a esa Argentina"	25/VI/1916	
"Nuestra quisquillosidad"	12/VII/1916	
"La politiquería picaresca"	26/VII/1916	
"Paz armada y guerra inerme"	1/VIII/1916	
"De Salamanca a Barcelona"	6/VIII/1916	
"En la calma de Mallorca"	6/IX/1916	
"Leonor Tales, flor de altura"	28/X/1916	
"En la Isla Dorada I"	3/XI/1916	
"En la Isla Dorada II"	9/XI/1916	
"Hinderburg según el general E. A. Turner"	12/XI/1916	
"La superstición militarista"	3/XII/1916	
"Horror a la historia"	20/XII/1916	
"Italianos y españoles en el Renacimiento"	24/XII/1916	
"La decadencia hispano-italiana"	1/I/1917	
"La traza cervantesca"	29/I/1917	
"Una plaga"	18/II/1917	
"La vida es sueño I"	26/II/1917	
"Calderón y el ingenio español II"	18/III/1917	
"Sobre un pasaje de Cobbett"	6/V/1917	
"El zorrillismo estético"	14/V/1917	

"Sobre el arte de la historia"	17/V/1917	
"El fuego y la guerra"	12/VI/1917	
"La crueldad disciplinada"	24/VI/1917	
"La liga antigermanófila"	30/7/1917	
"Ignacio Manuel de Alguna"	9/IX/1917	
"El momento histórico español"	2/X/1917	
"Algo sobre historia"	12/XI/1917	
"Sobre la bancarrota del socialismo"	11/XII/1917	
"Una visita al frente italiano I"	18/XII/1917	
"Una visita al frente italiano II"	25/XII/1917	
"Por tierras isabelinas"	15/I/1918	
"Una visita al frente italiano III"	22/I/1918	
"Las Indias Occidentales y la Europa asiática"	5/III/1918	
"Sobre el supuesto fracaso de la Internacional"	16/III/1918	
"Concepción idealista de la historia"	22/III/1918	
"Del patriotismo irreligioso"	31/V/1918	
"Sobre la tragedia del 'Príncipe Constante'"	10/VII/1918	
"Por el pueblo serbio"	25/VII/1918	
"¡Protejida jamás!"	6/VIII/1918	
"Cosas de libros"	17/X/1918	
"Cánovas del Castillo y la ambición política"	25/X/1918	
"Nuestra leyenda negra II"	26/X/1918	
"Los hombres de orden"	22/IV/1919	
"Al. pie de Maladeta"	4/V/1919	
"Pensamiento de guerra"	28/V/1919	
"La idea revolucionaria"	25/VI/1919	
"La nueva brujería"	6/VII/1919	
"La liga de las naciones"	19/VII/1919	
"Algo sobre Autonomía Universitaria"	22/VII/1919	
"A la memoria de Nervo"	28/VII/1919	
"Comentarios a un discurso académico"	1/VIII/1919	
"A la memoria de Rodó"	3/VIII/1919	
"Con Borrow por Gales"	19/X/1919	
"Cuervo y la gramática"	23/X/1919	
"Mi libro"	23/XI/1919	
"El manifiesto del grupo 'Claridad"	23/XI/1919	
"La fiesta de la raza"	XII/1919	
"Mazzini y Renan"	17/I/1920	VIII,988-994
"Literatura de modistería"	22/II/1920	XI,772-777
"Meditaciones en el primer día del presente año"	7/III/1920	XI,423-428

"Robinson Crusoe I"	13/VI/1920	VIII,787-792
"Robinson Crusoe II"	20/I/1920	VIII,792-798
"Robinson Crusoe III"	27/VI/1920	VIII, 798-804
"Novedades y nuevos"	2/VII/1920	V,905-909
"Robinson Crusoe IV"	4/VII/1920	VIII,804-808
"La unificación del vascuence"	16/IX/1920	VI, 344
"Cambio de rumbo"	10/XI/1920	X,459-464
"En el país de los bubis"	1/I/1921	V,486-490
"Diario de un azulado"	6/II/1921	X,465-478
"Acción y ensueño"	24/IV/1921	VIII, 615-619
"Mitre, español"	26/VI/1921	VIII, 624-629
"Cítara y flauta"	5/VIII/1921	V,1050-1054
"Bernal Díaz del Castillo"	21/VIII/1921	V,215-219
"Bienestar y vida"	IX/1931	VIII,830-835
"Del 'Repertorio Americano'"	6/X/1921	VIII, 630-634
"Monodiálogo"	9/I/1921	IX, 981-986
"Otro poco de historia"	14/I/1921	X,499-503
"El ideal histórico"	15/III/1922	IX,987-991
"B. José Gallardo"	7/V/1922	V,224-228
"Mi visita a Palacio"	12/V/1922	X,494-498
"La celebración"	3/XII/1922	VIII, 635-639
"Congresos hispanoamericanos"	11/XI1/1922	VIII, 640-644
"El heroísmo de España"	24/I/1923	XI,90-94
"Romance del ciego de Madariaga"	9/II/1923	V,491-496
"Del cotorro literario"	18/III/1923	V,917-921
"Don Quijote de la Mancha"	15/IV/1923	XVI,859-863
"La literatura y el cine"	29/IV/1923	XI,531-535
"La lanzadera del tiempo"	8/VII/1923	X,536-540
"Pirandello y yo"	15/VII/1923	X,544-548
"Releyendo las 'rimas' de Bécquer"	22/VII/1923	X,549-554
"La moralidad artística"	19/VIII/1923	VIII, 1165-69
"Una vida sin historia"	2/IX/1923	XI, 95-100
"¡Y además Poeta!"	23/IX/1923	X,558-562
"En memoria de Guerra Junqueiro"	3/X/1923	VIII,1067-72
"Recordando a Pereda I"	21/X/1923	I,869
"Recordando a Pereda II"	28/X/1923	I,877
"Recordando a Pereda III"	4/XI/1923	I, 887

SEGUNDA PARTE

TRABAJOS SOBRE UNAMUNO

Capítulo VI

ESTUDIOS

ABC. Madrid. Número del domingo.27 de septiembre de 1964.
  Contenido: "Soliloquio y diálogo", por José María Pemán. "Iconografía. Unamuno pintado y esculpido por sus contemporáneos", con reproducciones, algunas en color, de retratos suyos debidos a Juan de Echevarría, Cecilio Plá, Maurice Fromkes, Manuel Losada, Gregorio Prieto, Ignacio Zuloaga, Guido Caprotti, Gutiérrez Solana, José Aguiar, Daniel Vázquez Díaz, etc., y los tres bronces de Victorio Macho. "Biografía ilustrada", con fotografías agrupadas por estos temas: "Tiempo de Bilbao", "Su Madrid universitario", "Los veinte años en Salamanca", "Tribuna en la corte", "Un español fuera de España", "Retorno a la tierra", "Viajes de ida y vuelta", "De su puño y letra", "Ultimo camino", "Unamuno.pcriodista", escribe Melchor Fernández Almagro. "Unamuno Poeta", Pedro Sáinz Rodríguez. "Unamuno Profesor", José Camón Aznar. "Unamuno Pensador", Gonzalo Fernández de la Mora. "Unamuno Novelista", Josa Luis Vázquez Dodero. "Unamuno Estilista", Pedro de Lorenzo. El editorial lleva por título "Homenaje a un gran escritor español".

Abeledo Amaranto, A. "Un cuáquero en la Universidad de Salamanca", *ND* (1951), 24-25.

Abellán, Josá Luis. "Miguel de Unamuno y Hermann Hesse". *Torre*, 35-36 (1961), 583-599.
  Una coincidencia literaria. Parte de una preocupación común latente en ambos autores: la inquietud por el hombre; concretamente, por el tema de la personalidad humana. Unamuno y el alemán Hesse se interesan por la problemática antropológica y por el sentido metafísico-religioso de la vida humana.

_____. "El tema de España en Ortega y Unamuno". *Asomante*, XVII (1961), (?).

_____. "Influencias filosóficas en Unamuno". *Insula*, XVI (1962), clxxxi.

_____. *Miguel de Unamuno a la luz de la psicología*. Madrid: Tecnos, 1964, 237 págs.

Contenido: "Introducción". Primera Parte: "El hombre y su circunstancia". I. "Niñez, adolescencia y juventud", 1864-1895. II. "Los años de madurez", 1895-1924. III. "La experiencia de la vejez", 1924-1936. Segunda Parte: "El mundo intelectual de Unamuno". I. "La tragedia intelectual de Unamuno". II. "La tragedia social". III. "La significación religiosa e intelectual de la crisis de 1897". Tercera Parte: "Los rasgos psicológicos de Unamuno". I. "Semblanza y rasgos particulares". II. "Los rasgos esenciales". Cuarta Parte: "La interpretación psicológica de Unamuno". I. "El personalismo como rasgo central de su psicología. II. "La posibilidad de una neurosis en Unamuno". Quinta Parte: "La interpretación religiosa de Unamuno". I. "Los mitos de Unamuno". Apéndices. Bibliografía crítica. Indice de autores.

Comentario: Una interpretación de Unamuno desde la psicología individual. Análisis de la obra de Unamuno, de su personalidad a través de dicha obra. Libro que tiene una pretensión científica, sin desvalorizar su interés literario. La interpretación psicológica cae exclusivamente, en sentido ortodoxo, dentro de la psicología individual de Adler y Künkel.

_____. "Aportaciones para una filosofía española". *CCU*, XIV-XV (1964-1965), 11-28.

Unamuno y Ortega nos dejaron, en esta dirección, sus más auténticas posibilidades de filósofos españoles, aunque desvirtuadas por la obsesión psicológica en el primero y la obsesión germanizante en el segundo. Los dos buscan una filosofía, y una filosofía española. Para el madrileño, lo mismo que para el vasco, es "cada raza un ensayo de una nueva manera de vivir, de una nueva sensibilidad". "Un pueblo es un estilo de vida, y como tal, consiste en cierta modulación simple y diferencial que va organizando la materia en torno". Unamuno expone su madura concepción filosófica en *Del sentimiento trágico de la vida*:

"No quiero engañar a nadie ni dar por filosofía lo que acaso no sea sino poesía o fantasmagoría, mitología en todo caso". En cualquier caso, los mitos o las metáforas vienen a ser los únicos instrumentos capaces de manifestar el pensamiento de Unamuno en cuanto expresión de una forma española de sentir la vida. Y con estos antecedentes entra Unamuno a considerar la esencia de la filosofía española, que él coloca en la necesidad de sobrevivir. Por eso, el llamado culto español a la muerte se trastoca para Unamuno en culto a la inmortalidad.

_____. "Ortega ante la presencia de Unamuno". En *Ortega Gasset en la Filosofía Española*. Madrid: Tecnos, 1966.

_____. *Visión de España en la Generación del 98*. Antología de textos. Madrid: Emesa, 1968, 494 págs.

_____. "Aportaciones unamunianas". *Insula*, 25 (1970), 15.

_____. "El diario íntimo de Unamuno". *Insula*, 26 (1971), 11.

Abrams, Fred. "Sartre, Unamuno and the 'Holy Theory'", *RomN*, V (1963-1964), 6-11.

Abrial, Geneviéve. "Miguel de Unamuno et les mystiques espagnols". Tesis doctoral. Universidad de París, 1957, 144 págs.

Adams, M. "Unamuno, Last Essays". *Nation*, CLXI (1 dic 1945), 598 ss.

Adeli, Alberto. "Homenaje a Unamuno" (poema). *Asomante*, No. XVII (1961), (?).

Agacir. "Releyendo a Unamuno: El fratricidio de Monegro". *CCU*, XIV-XV (1964-65), 69-72.

Agorio, Adolfo. "Glosario vivo de Miguel de Unamuno", *Bolívar*, VIII (1955), 289-303.

Agostini de Del Río, Amelia. "Recordando a Unamuno". *Torre*, 70-71 (1970-71), 324-331.

Agramonte, Roberto. "Unamuno en Norteamérica". *Torre*, 35-36 (1961), 5 63-582.
Correspondencia epistolar inédita entre el filósofo de Princeton, Warner Fite, y el desterrado de Hendaya. Pone en relieve curiosas concordancias. "Después de haberle leído creo tener el derecho de llamarle amigo"—así le dice Miguel de Unamuno, en una de sus cartas de acuse de recibo, a Fite, con motivo del envío de la obra *Moral Philosophy*, aparecida en 1925. La traducción de la novela *Niebla*, emprendida por Fite—entrechó esta convivencia, a pesar de la distancia espacial entre ambos filósofos y autores de novelas; tanto más le satisfizo a Unamuno que fuera esta su nivola la seleccionada, puesto que la consideraba, en el fondo y en la forma—el problema de las formas literarias de la filosofía—, "tan española" y "como una de las cosas más propias e íntimas" que haya realizado. Fite califica a don Miguel de "hombre notable", de "escritor apasionado que jamás pierde su sentido crítico". Aclara que don Miguel en cada una de sus páginas "sabe muy claramente lo que está diciendo". Y respecto de su romanticismo lo esclarece afirmando que es, no el de "uno que ignora la filosofía de las escuelas, sino el de un espíritu cuya alma ha luchado, en todo momento, con los problemas suscitados por éstas".

Aguado, Emiliano. "La religión de Unamuno". *EstLit*, Nos. 300-301 (1964).

Agüero, Eduardo de. *El pensamiento filosófico-religioso de Unamuno*. Nueva York: The American Press, 1968. (?)
El autor se esfuerza por exponer las ideas centrales de Unamuno en torno, sobre todo, de los grandes problemas trascendentales de la fe religiosa: la existencia de Dios, la inmortalidad del alma, el pecado, la muerte espiritual, etc., tratando de fijar en cada caso la postura básica de Unamuno.

Aguilar, Mario. "Cartas catalanas. Don Miguel entre nosotros". *Imparcial* (15 agosto 1916).
Diálogo con Unamuno a su regreso de Mallorca y referencia a

una lectura de su poema *El Cristo de Velázquez*, durante la sobremesa de una comida que le dieron sus amigos de Barcelona, en la que les leyó también el poema dedicado al Cristo yacente, de Palencia.

Aguilera, César. "Fe religiosa y su problemática, en '*San Manuel Bueno, mártir*', de Unamuno", *BBMP*, XL (1964), 205-307.

Aguirre Ibáñez, Rufino. "El ciego y su lazarillo". *GR*, IX (1949), 18.
Constituye una emocionada evocación del vivir de Unamuno en su ciudad académica, uno de cuyos más asiduos y conmovedores menesteres era el de acompañar al poeta salmantino, Cándido Rodríguez Pinilla, ciego de nacimiento, al que le unió una entrañable amistad, y uno de cuyos libros de poesías *El poema de la tierra*, prologó aquél en 1914.

_____. "Un poeta y los poetas". *GR* (7 julio 1953).
Con motivo del homenaje que ante su tumba le rindieron los participantes en el II Congreso de Poesía, reunido en Salamanca por esos días.

Agustín, F, "Un don Juan monógamo". *Don Juan en el teatro, en la noche y en la vida*. Madrid, págs. 205-215.

Ahrcel, Paul Thomas. "Tragic Heroes in the Works of Miguel de Unamuno: Studies in Pathologic Disintegration". Tesis doctoral. Universidad de Virginia, 1969, 267 págs.

Aja, Pedro V. "Unamuno y la inmortalidad del hombre concreto".*RCF* (1951), 25-29.

Alarco, Luis Felipe. "Miguel de Unamuno y el sentido de la existencia", *MdS*,III (1950), 53-64.

Alarcos Llorach, Emilio, "La interpretación de Bouvard et Pecuchet y su quijotismo", *CLit*, IV (1948), 139 y sig.

_____. "Variantes de una poesía de Unamuno", *Archivum*, III (1952), 426-432.
Sobre el poema "El ultimo canto".

Alas, Adolfo. *Epistolario a "Clarín"*. Madrid, 1941.
Contiene cartas de Menéndez y Pelayo, Unamuno y Palacio Valdés.

Alas, Leopoldo. "Unamuno juzgado por Clarín", *IAL*, XI (1957), 105-106.

Alazraki, Jaime. "Unamuno crítico de la literatura hispanoamericana". *Hispania*, XLIX (1966), 755-763.

_____."Motivación e invención en *Niebla* de Unamuno", *RR*, No. 58 (1967), 241-253.
La novela unamuniana aspira a apresar la realidad íntima o, como el propio Unamuno la define, "La realidad real, la realidad poética o creativa de un hombre". Ya sabemos que para Unamuno la vida humana está hecha de sueños, que sólo existimos como un sueño de Dios y que Dios soñándonos se realiza a sí mismo. Sobre estas dos coordenadas—el personaje de ficción como un sueño del autor y del lector y la vida humana como un sueño de Dios—está trazada su novela *Niebla*. *Niebla* es, de todas las novelas de Unamuno, la que mejor dibuja ese esquema "Dios-hombre-personaje de ficción" que constituye una de las piedras angulares de su obra.

Alba, Pedro de. "Unamuno o el espíritu de contradicción", *Universidad*, y (1938), 29-31.

Albérés, René Maril. *Miguel de Unamuno*. Buenos Aires: Mandrágora, 1955, 172 págs.
Contenido: "Unamuno carnal y místico". "Hacia las fuentes de la vida", 1864-1902. "La madurez", 1902-1924. "Posiciones y oposiciones". "El sueño y la tragedia". Un pensamiento desgarrado". "Drama y poesía". Bibliografía.
Comentario: Libro de carácter biográfico.

Alberich, José. "Temas ingleses en Unamuno y Baroja", *Arbor*, XXXV (1956), 265-280.

_____. "Unamuno y la duda sincera". *RL*, 27-28 (1958), 210-225.

_____. Visión de Inglaterra en algunos escritores españoles modernos. Universidad de Madrid, 1958, 450 págs. Tesis doctoral publicada.

Contenido: La primera parte referente a Unamuno ocupa 208 folios a máquina. Introducción. I. Parte. "Miguel de Unamuno en Inglaterra". "Nota preliminar: las citas de Unamuno". I. "El país". II. "La historia". III. "La literatura": 1. "Primeros contactos: el idioma inglés". 2. "Visión general: el hombre, la niebla, y el humor". 3. "Shakespeare". 4. "Carlyle". 5. "Poetas líricos". IV. "El pensamiento": 1. "Los pensadores religiosos". 2. "El positivismo". Conclusión. Apéndice. Lista de autores ingleses leídos por Unamuno.

Comentario: Exploración de las obras de Miguel de Unamuno y de Pío Baroja.

_____. "La literatura inglesa bajo tres símbolos unamunianos: el hombre, la niebla y el humor". *BHS*, XXXVI (1959), 210-218.

_____. "El obispo Blougram y San Manuel Bueno". *RLit*, XV (1959), 90-94.

_____. "Sobre el positivismo de Unamuno". *CCU*, IX (1959), 61-75.

Si en el positivismo español predominaron al principio las ideas de Comte y Littré, pronto el cientifismo británico, representado por Spencer y reforzado por los descubrimientos de Darwin formaría parte del movimiento filosófico. En el caso concreto de Unamuno, la posición positivista de su formación parece proceder en grado mayor de las fuentes anglosajonas. Las alusiones a Comte, Littré o Proudhon escasean en su obra, mientras que las de Spencer y los biólogos ingleses de la escuela de Darwin son abundantísimas. Más de un crítico ha reparado en su confesión de que, en su juventud, era "algo así como spenceriano" y en muchos de sus primeros ensayos particularmente los contenidos en *En torno al casticismo* abundan las alusiones y las citas de Spencer. El tema de la insistencia de la ciencia es una constante a lo largo de toda la obra de Unamuno. Para Unamuno, Darwin es un hombre religiosamente científico y Spencer un hombre científicamente religioso. La gran sensibilidad de Unamuno para lo material y carnal aunque contrarrestada por un gran anhelo de espiritualidad, le hace aprovechar con gusto la rica tradición fisiológica del idioma, y al mismo tiempo le hace simpatizar con las ciencias biológicas y fisiológicas, florecientes desde el positivismo, y utilizarlas para la elaboración de su pensamiento.

Alberti, Rafael, "Imagen primera de don Miguel de Unamuno". En *Imagen primera*. Buenos Aires: Losada, 1945, págs. 69-74.

Se refiere a cómo le conoció en 1931 y a la lectura de algunas poesías, entre ellas la del "bisonte de Altamira", en su casa de Rosales, ese mismo año. Esta parte del volumen, con el mismo título, en *DdH*, 27 enero 1952

Albornoz, Aurora de. "Un extraño presentimiento misterioso. (En los veinticinco años de la muerte de Miguel de Unamuno.)". *Insula*, No. 181 (1961) . (?)

_____. "Miguel de Unamuno y Antonio Machado". *Torre*, 35-36 (1961), 157-187.

Albornoz, Aurora de. *La presencia de Miguel de Unamuno en Antonio Machado*. Madrid: Gredos, 1968, 373 págs. (Tesis editada, Universidad de Salamanca, 1966.)

Cubre varios aspectos de la relación personal y literaria que ligó a Machado y Unamuno. En la primera parte describe esas relaciones demostrando la gran admiración de Antonio Machado por Unamuno a quien llamaba maestro, las poesías que le dedicó desde 1904 en adelante; los artículos en que habló del hombre y comentó sus libros y los juicios que formuló sobre su persona y su obra. Al final examina las opiniones de Unamuno sobre Machado, desde los días en que lo mira simplemente como "el hermano Manuel" hasta que llega a convertirse en "nuestro poeta preferido", dato que revela mejor que ningún otro la afinidad espiritual que los unía. La segunda parte es la más importante, examina la huella de don Miguel en la visión de España de don Antonio, cuestión capital en el pensamiento y en el sentimiento de ambos. Puntualiza la analogía de ambas visiones en sus aspectos fundamentales: historia e intrahistoria, tierra y paisaje, los pueblos, el hombre español. ¿Influyó—penetró—realmente Unamuno en el pensamiento de Antonio Machado? La autora—tal es su tesis—piensa que no. La función de don Miguel fue—función bien unamuniana—ser un "excitador". "Más que influir en su obra, le plantea problemas que Machado por su cuenta ha de intentar solucionar; las soluciones, en general no siempre coinciden con las de Unamuno. Presencia y reflujo son las coordenadas en que se inscribe el extenso y riguroso estudio de Albornoz. Arroja esta obra bastante luz sobre el medio ambiente, intelectual y vital del 98 y los años posteriores, años decisivos de la historia y la intrahistoria de la España moderna.

Alcalá, Angel. "El Unamuno agónico y el sentido de la vida". *CHA*, No. 230 (1969), 267-301.

Ha sido, la confesada tarea de estas páginas, entre otras, tras deslindar al Unamuno agónico del contemplativo, el señalar que los básicos sentimientos humanos de ansiedad, de frustración, de contingencia, aunque unidos en gran parte de los hombres un cierto "hambre de inmortalidad", no reclaman el absurdo, la desesperación, la agonía ni clase alguna de sentimiento trágico, y que, por otra parte, tampoco exigen ningún tipo de vinculación metafísica ni religiosa ni deben desembocar en clase alguna de existencialismo. Es de esperar, además, que con ellas haya quedado al descubierto el carácter "poético" y neorromántico de la "filosofía" del Unamuno agónico, que no resiste comparación con el contemplativo, ambos ya definitivamente inmortales, y que hayan quedado reveladas las enormes limitaciones—pero a la vez la estimulante belleza y arrebato de este entrañable Unamuno agónico que, a pesar de todo y como su Salamanca, también "enhechiza la voluntad".

Alcalá Galiano, A. "Unamuno o el ansia de inmortalidad". En *Figuras excepcionales*. Madrid: Renacimiento, 1930, págs. 245-258.

Alegría, Ciro. "Cartas de Unamuno a Ricardo Palma". *Nac*, 4 junio 1961.

Aleixandre, Vicente. "Los encuentros. Paseo con don Miguel de Unamuno". *IAL*, X (1955), (?).

Alemán G., José M. "Sintiendo a Unamuno. Un monólogo pretencioso". *USC*, 15 (1949), 24-50.

Alemán Sáinz. "Entender con la pasión. Hablar con el silencio". *EstLit,* 300-301 (1964), (?).

Alfonso, José. "En el Ateneo". *EstLit,* 300-301 (1964), (?).

Alfonso-Castrillo, Alvaro. "El pensamiento político en la obra de Miguel de Unamuno", *SyU,* 65 (1966), 13-19.

Alfonso dos Reis, María Margarita, "O homem en Miguel de Unamuno". Tesis para la Licenciatura. Universidad de Coimbra, 1952, 111 pags.

Allen Lacy. *Miguel de Unamuno. The Rhetoric of Existence.* La Haya-París: Mcunton, 1967.

En su análisis de la obra de Unamuno señala Lacy el hecho fundamental, determinante de la evolución espiritual de Unamuno: es decir, el hecho de que en el ser humano toda comprensión y todo conocimiento es verbal. Examina el papel que desempeñan en la filosofía unamuniana las intuiciones básicas de la lingüística moderna. Unamuno filólogo competente, conocía a fondo la lingüística europea de su época, había leído a Herder, a Wilhelm von Humboldt, a Ascoli, a Grimm, a Brucke, a Brinckmann, y a otros muchos. Análisis del pensamiento de Unamuno que toma en cuenta el sesgo lingüístico de su orientación filosófica.

Allison Peers, E. "The Christ of Velázquez". *BHS,* XXIX (1952), 70.

Allue y Morer, F. "De Unamuno y sus versos". *En Poesía española.* Madrid, 1956, págs. 19-21.

_____. "1930. Vuelta al hogar". EstLit, 300-301 (1964), (?).

Alluntis, Féliz O. F. M, "The Philosophical Mythology of Miguel de Unamuno". *NS,* XXIX (1955), 278-317.

Alig, Wallace B. "Unamuno". Tesis.[1] Universidad de Princeton, 1943.

---

[1] No llevan la denominación de tesis 'doctoral' o de tesis de licenciatura', cuando las fuentes no dieron una información completa.

Almagro San Martín, M. de. "Genio y figura de don Miguel de Unamuno". *Nación*, 14 marzo y 18 abril 1943.

Almeida, José. "Algunos impactos del existencialismo en la poesía de Miguel de Unamuno". *RLit*, 29 (1966), 101-110.
Miguel de Unamuno se ha considerado un precursor de la filosofía existencialista. La obra unamuniana trata indirectamente de casi todos los temas de esta innovación filosófica. Desarrolla sus conceptos con un sentido muy personal. Recoge las ideas abstractas de casi todos los grandes pensadores: Kierkegaard, Spinoza, Pascal, Bergson, los místicos españoles, Benedetto Croce, William James, etc. Su vocabulario es el de cualquier pensador moderno: aspiración, dinamismo, inseguridad, inquietud, existencia trágica, angustia mortal, muerte, aniquilación y, en el fondo de todo, la duda. En todos los poemas de Unamuno se ven ideas relacionadas directamente o indirectamente con el existencialismo. El mismo Unamuno declara que "La filosofía y la poesía son gemelas". Y añade "Nadie ha sabido sentir como los poetas este congojosísimo vértigo de ser o no ser. Considera aquellas ideas que en la poesía de Unamuno se pueden confirmar con ejemplos concretos y variados. Estas ideas en orden de importancia son: a) Lucha entre la fe y razón; b) La angustia; e) Perpetuación a través de la fama; y d) El hambre es Dios.

Alonso, Dámaso. *Poetas españoles contemporáneos*. Madrid: Gredos, 1952. (?)
_____. "Dos cartas inéditas de Unamuno". *PyLE* (1965), 2-11.

Alonso, Dámaso. "Manuel García Blanco y la obra de Unamuno". CCU, xvi-xvii (1966-67), 21-28.
Este artículo pasa revista a la labor bibliográfica de Manuel García Blanco. El nombre de Miguel de Unamuno tiene que ir ligado para siempre con el de su recolector, editor, comentador, anotador y crítico.

_____ y Carlos Bousoño. "La correlación en don Miguel de Unamuno". En *Seis calas en la expresión literaria española*. Madrid: Gredos, 1951, págs. 231-233.
Analiza el soneto "La sima", poema número 1.630 del *Cancionero*.

Alonso, Salvio. *Unamuno y Ortega y Gasset ante el hombre y la sociedad* (visto a través de un obrero). Madrid: Gráficas Arabi, 1964, 63 págs.

Alonso Fueyo, Sabino. "Existencialisno español: Ortega y Gasset, Unamuno y Xavier Zubiri". *Saitabi* (ene-jun 1949).

_____. "Filósofos existencialistas: Ortega y Gasset, Unamuno, Xavier Zubiri". *REP*, 3 (1950), 27-41.

_____. Filosofía y narcisismo. Guerri: Valencia, 1953. Sobre Unamuno, págs. 174-184.
En torno a los pensadores de la España actual.

Alpern, Ralph. "Philosophical Ideas of Miguel de Unamuno". Tesis doctoral. Universidad de Pittsburg, 1928.

Altamira, R. "Unamuno y 'Paz en la guerra". *GLit*, 15 marzo 1930.

Altolaguirre, Manuel. "Don Miguel de Unamuno". *RHM*, VI (1940), 17-24.

Alvar, Manuel. "Motivos de unidad y evolución en la lírica de Unamuno". *CCU*, III (1952), 19-40.
Esta problemática ha sido el destino del hombre tras la muerte. Salvar ese paréntesis que es la tierra para tratar de unir dos eternidades: la de pre-vida y la de post-muerte, dando un sentido único a eso que llamamos vivir o a eso que llamamos morir. Vivir es un continuo morir y morir es parto de desnacerse. He aquí la cuestión.

_____. *Unidad y evolución en la lírica de Unamuno*. Ceuta: Instituto Nacional de Enseñanza Media, 1960, 59 págs.

_____. "El problema de la fe en Unamuno. La antiinfluencia de Rechepin". *CHA*, XLVI (1961), 5-19.

_____. "Símbolo y mito en la oda Salamanca". *CCU*, XXIII (1973), 49-70.
Símbolo significativo de lo que la ciudad tiene de inalienable;

mito de lo que en torno a ella han labrado quienes la vivieron con amor. Criatura eterna más allá de toda contingencia: nueva parcela de arte gracias al poeta; inmortalizadora, carismáticamente, del hombre que se le entregó. Símbolo y mito de Salamanca también aquel hombre que en Salamanca ejerció su magisterio y al que otros hombres llamaron Miguel de Unamuno.

Alvarez, Carlos Luis. "Unamuno y Camus". *EstLit*, 300-301 (1964). (?)

Alvarez Dictino, S. J. "Unamuno y la ortodoxia". *EstLit*, 300-301 (1964). (?)

Alvarez Junco, José. "Unamuno: Autor y personaje". *CHA*, 75 (1964), 211-223.

Alvarez de Miranda, Angel. "Unamuno ante Hispanoamérica". *Arriba*, 12 octubre 1952.

_____. "El pensamiento de Unamuno sobre Hispanoamérica". *CHA*, 13 (1950), 51-74.

Amorós, Andrés. "La novela como búsqueda". En *Introducción a la novela contemporánea*. Salamanca: Anaya, 1966. (7)

_____. "Veinte cartas de Pérez de Ayala a Unamuno" (Homenaje a Menéndez Pidal). *RUM*, 70 (1969), 7-32.

Anderson, Reed. "The Novels of Miguel de Unamuno: A Study of Point of View and Narrative Technique" (Portions of Text in Spanish). Tesis doctoral. The University of Wisconsin, *DA*, XXXI, 6587-A (1971), 396 págs.

Anderson, Robert Floyd. "A Study of Themes in the Theater of Unamuno" (Portions of Text in Spanish). Tesis doctoral. Case Western Reserve University, *DA*, 3933-A (1969), 158 págs.

Anderson Imbert, Enrique. "Un procedimiento literario de Unamuno". *Sur*, XII (1943), 71-77. Recogido en *Ensayos* (Tucumán), 1946, págs. 58-66.

_____. "Aleixandre, Rubén Darío y Unamuno". *Sur*, 230 (1954), 100-101.

Versa sobre el caso Rubén Darío y Unamuno. Unamuno siempre habló mal de Darío, y se burló de él. Es que Unamuno no tenía nada en común con Darío. Pero Darío, en una época en que nadie hablaba de Unamuno poeta, cuando nadie tomaba en serio sus poemas, dijo que Unamuno era, sobre todo, poeta. Rubén Darío comprendía a Unamuno. Lo admiraba, Porque él, Rubén Darío, tenía en su alma una zona afín al alma de Unamuno. Y de allí surgieron los *Cantos de vida y esperanza*, la angustia de "Lo fatal" y de los "Nocturnos" . . . Rubén Darío era, en ese sentido más grande que Unamuno: comprendía más, abarcaba más en su capacidad de admiración porque en el fondo podía expresarse con más diversidad.

Anido-Meulener, Gastón. "La polémica Unamuno-Ortega y Gasset". *DHR*, IV (1965), 91-99.

Antón Andrés, Angel. "El teatro de Unamuno y Azorín". *NsM*, 23 (1970), 231.

Antón, Francisco. "Sobre *Poesías*, de Miguel de Unamuno". *Ateneo*, XVIII (1907), 485-488.

Antuña, J. G. "Con Unamuno en Hendaya". *RepAm*, XVIII (1928), 17–19.

Apráiz, Angel de. "El *malhumorismo* de Goya". *RIE*, IV (1946-1947), 477 y ss.
Reproduce una conversación con Unamuno.

Aragonés, Juan Emilio. "Peregrino de España". *EstLit*, 300-301 (1964). (?)

Aramburo, M. "Recuerdo de Unamuno y su poesía". *REH*, 1 (1928), 68-72.

Arana Goiri, Gabino. *Pliegos euskarófilos*. Barcelona, 1888. (?)
Réplica al escrito "De Ortografía", de Unamuno.

Aranguren, José Luis. "Sobre el catolicismo como cultura y sobre el talante religioso de Miguel de Unamuno". *Catolicismo y protestantismo como formas de existencia.* Madrid: Revista de Occidente, 1952.

_____. "Sobre el talante religioso de Miguel de Unamuno". *Arbor,* XI. (1948), 485-503.
Examen del pensamiento de Unamuno desde el punto de vista de la interesante teoría del "talante".

_____. "La litterature espagnole a l'epoque du roman". *VI,* XXVI (1955), 27-39.

_____. "Personalidad y religiosidad de Unamuno". *Torre,* 35-36 (1961), 239-263.
La personalidad de Unamuno, su "máscara", fue una máscara, una personalidad esencialmente religiosa, en el sentido de que la preocupación central de su vida fue una preocupación escatológica, una inquietud por el más allá, por la inmortalidad. Esta es la "máscara" de que incluso físicamente se revistió: su apariencia de cura laico, de pastor o de clergyman. El tipo, nuevo de la España moderna, de una religiosidad adulta y seglar, se anunciaba en él.

_____. "Unamuno in Person and in Faith". *TQ,* IV (1961), 25-31.

Araquistain, Luis. "Unamuno, América y los vascos". *Democracia,* 3 diciembre 1958; *DNY,* 14 diciembre 1958.
Sobre "La raza y la lengua".

Arciniega, Rosa. "En el segundo aniversario de su silencio. Unamuno: Quijote contra la muerte". *RevInd,* I (1938), 115-127.

Arciniegas, Germán. "1.755 canciones. Un libro único en la lengua española". *Tiempo,* 14 febrero 1954. Suplemento Literario, precedido de la reproducción de veinte poemas del *Cancionero.*

Ardao, Arturo. "Unamuno y el protestantismo uruguayo del 900". *Marcha,* diciembre 1953.

Arduengo Valderrama, C. "Las ideas de Ganivet y de Unamuno sobre España". Tesis doctoral. Universidad de Nueva York, 1950. (?)

Argente, Baldomero. "Del espíritu español. Un error grave". *NM*, 23 diciembre, 1909.
Disiente de Unamuno y de Maeztu en sus modos de apreciar a España.

Arguedas, Alcides. "Recuerdos personales. El gran don Miguel". *RepAm*, 29 mayo 1937.

Arias, Augusto. "Vigencia de Unamuno". *ND*, XXXVI (1956), 32-35.

Aristarco. "*San Manuel Bueno, mártir*". *Eco*, I (1933), 5.

Arístides, Julio. "El hombre y el humanismo en Miguel de Unamuno". *Euterpe*, 19 (1955). (?)

_____. "Unamuno y la angustia existencial". *Euterpe*, XIII (1961), 2-4.

_____. "Uno y lo general en el pensamiento de Unamuno". *Comentario*, 57 (1967), 30-38.

Ariztimuño, José de. "*aitzoel*": *Tríptico euskarológico. La muerte del euskera*. San Sebastián, 1931. (?)
Refutación de las opiniones antivascas emitidas por don Miguel de Unamuno.

Arjona, Davis K. "'La voluntad' and 'abulia' in Contemporary Spanish Ideology". *RHi*, LXXIV (1928), 573-672.

Armas Ayala, Alfonso. "El poeta Miguel de Unamuno". *IAL*, X (1955), (?).

_____. "Una carta inédita de Unamuno". *CA*, XVIII (1959), 205-211.

_____. "Unamuno y las Canarias". *CCU*, X (1960), 69-99.
Don Miguel de Unamuno en Canarias en 1910, como mantenedor de Juegos Florales en las Palmas, y en 1924, desterrado por el General Primo de Rivera, en la isla Fuerteventura, Unamuno infatigable

descubridor de todos los caminos de España, también pulsó la geografía espiritual de estas islas.

_____. "Cartas de Unamuno". *RNC*, XXIV (1962), 92-104.

Armas, Gabriel de, *Unamuno, ¿guía o símbolo?* Madrid, 1958, 210 págs.

Armengoid Ortíz, Pedro. "Trescientos nombres recordados por el andador". *EstLit*, 300-301 (1964). (?)

Armistead, Samuel, and Joseph H. Silverman. "Miguel de Unamuno y los sefardíes". *TI*, 20 (1965), 20-24.

Arnou, R. "L'existencialisme a la manière de Kierkegaard". *Gregorianum*, XXVII (1946), 63-89.

Arratia, Alejandro. "La religión en Miguel de Unamuno". Tesis de licenciatura. Universidad de Chicago, 1930.

Arriaga, Emiliano de. "Carta inédita". *RB"S"* (jun-dic 1964), 58.

Artero, José. "La heterodoxia del *Sentimiento trágico de la vida*". *GN*, 25 y 28 marzo 1942.

Asomante. Universidad de Puerto Rico. Número dedicado. XVII (1961), 168 págs.
Contenido: "Unamuno en la hoguera?", por Antonio González. "El tema de España en Ortega y Unamuno", por José Luis Abellán. "La voluntad de dominio en la madre unamuniana", por Ricardo Gullón. "Reflexiones sobre *Niebla*", por José Emilio González. "Una carta de don Miguel", por Federico de Onís. "A don Miguel de Unamuno, que ya no tiene que luchar" (poema), por Manuel Pinillos. "Homenaje a Unamuno" (poema), por Alberto Adeli. "Canto a Unamuno" (poema), por María Teresa Babín. "Un morir sin morir en carne y hueso" (poema), por José Nieto Iglesias. "Unamuno en Francia", por Damián Carlos Bayón. "Unamuno en Italia", por Giuseppe Bellini.

Aub, Max. "Retrato de Unamuno, para uso de principiantes". *Insula*, 216-217 (1964). (?)

Aubrun, Charles V. "Actualité de Miguel de Unamuno". *Iberia* (ene-abr 1949).

Ayala, Francisco. "El reposo es silencio (Una curiosidad literaria)". *Sur*, 250 (1958), 32-36.

_____. "El arte de novelar de Unamuno". *Torre*, 35-36 (1961), 329-359.

La novela con Unamuno, se convierte en instrumento de un conocimiento superior, capaz de comunicar en forma inmediata a los lectores una intuición del sentido de la existencia humana. Las novelas son, en su ánimo, instrumento insuperable para comunicar su visión del mundo, y mediante ellas nos incorpora a la intimidad de su ser. Es así como abandonó "los preceptos académicos del género", esto es: desechará el realismo, para tantear procedimientos novelísticos más acordes con su temperamento. En lo que respecta a la galería de personajes— los que, por existir agonizan, y los que, al no agonizar, tampoco existen, se extiende la actitud de Unamuno frente a la novela realista, a cuyos postulados se sustrajo enseguida. "La novela realista pertenece al orden de lo cómico, y lo cómico es, para él, desdeñable en absoluto".

_____. "Filosofía y novela en Unamuno". *Symposium* (1965), 63-73.

En *Cómo se hace una novela* expresó que "no hay más profunda filosofía que la contemplación de cómo se filosofa. La historia de la filosofía es la filosofía perenne"; es decir, que la verdadera filosofía es el ensueño en que los filósofos se hacen a sí mismos su novela.

Ayala, Juan Antonio. "El *Cancionero* de Miguel de Unamuno". *Cultura*, I (1955), 78-87.

_____. "Unamuno vivo y eterno". *VU*, 15 abril 1960.
Sobre, *Mi vida y otros recuerdos personales*.

_____ "Unamuno, maestro de griego". *VU*, 22 abril 1960.

Ayllón, Cándido. "Experiments in the Theater of Unamuno, Valle-Inclán and Azorín". *Hispania*, XVLI (1962), 49-56.

Ayres, C. E. "Sobre *The Life of Don Quixote and Sancho*". *NRep*, III (1927), 219-220.

Azaña, Manuel. "El león, don Quijote y el leonero". *Plumas y palabras*. Madrid: Páez, 1930, págs. 209-216.

Azaola, José Miguel de. "Goethe y Unamuno". *DV*, 5 y 12 febrero 1943.

_____. "Unamuno, el mar y la música". *Español*, 218 (1946). Aduce numerosos textos poéticos.

_____. "Aportación al estudio de Unamuno". *BRSVAP*, IV (1948), 27-32.

_____. "El humanismo en el pensamiento de Miguel de Unamuno". *BSCC*, IV (1948), 211-234.

_____. "Unamuno y Bolívar". *MH*, VI (1948). (?)

_____. "Las cinco batallas de Unamuno contra la muerte". *CCU*, II (1951), 33-110.
Las cinco fórmulas principales mediante las cuales pretendió Unamuno vencer a la muerte son: I. El intento de sobrevivir integrando su personalidad individual en la personalidad colectiva del pueblo, más permanente—a pesar de su cambiantes apariencias—que el individuo: "lo que pasa queda, porque hay algo que sirve de sustento al perpetuo flujo de las cosas" (*En torno al casticismo*). II. El intento de sobrevivir en las propias reproducciones, tanto de carne y hueso (en los hijos, y en los hijos de los hijos), como espirituales (en los discípulos y seguidores). III. El intento de sobrevivir en la memoria ajena, o sea en la fama o gloria de este mundo (intento que le inspiró, entre otras cosas, ese maravilloso epos que es la *Vida de don Quijote y Sancho*). IV. El intento de sobrevivir como alma inmortal en una vida ultraterrena (idea base de su *Sentimiento trágico de la vida*). V. El intento de sobrevivir en Cristo, de participar en la victoria que el divino redentor logró en la Cruz sobre la muerte (su expresión literaria es el cántico *El Cristo de Velázquez*). Intento este

último que no resulta esencialmente distinto del que inspira el 'Sentimiento trágico', ya que ambos se refieren a una vida individual de ultratumba, pero la actitud del autor varía esencialmente en una u otra obra. El *Sentimiento trágico*, es un libro de desesperanza y de incredulidad, el *Cristo de Velázquez* lo es de esperanza y de fe.

_____. "Unamuno et l"Existencialisme". *VI*, XXIV (1953), 31-49.

_____. *Unamuno y su primer confesor*. Bilbao: Publicaciones de la Junta de Cultura de Vizcaya, 1959, 50 págs.

Profunda influencia religiosa que este sacerdote ejerció sobre Unamuno en sus años bilbaínos. Fue dicho confesor don Isidoro de Montealegre.

_____. "Bilbao y el mar en la vida y en la obra de Unamuno". *UyB* (1967), págs. 137-190.

Azar, Inés. "La estructura novelesca de *Cómo se hace una novela*". *MLN*, 85 (1970), 184-206.

"Azorín". "La actitud del profesor". *Prensa*, abril 1924.
Se refiere al confinamiento de Unamuno.

_____ "El destierro de Unamuno" *Prensa* y *RepAm*, 26 mayo 1924.

_____ "El ideal de la vida". En *Los Quintero y otras páginas*. Madrid, 1925, págs. 177-189.

_____. "De Unamuno a Ruskin". *RepAm*, 11 enero 1926.

_____. "Miguel de Unamuno". *Prensa*, 4 noviembre 1928. —*RepAm*,8 diciembre 1928.

_____. "En la frontera". *Prensa*, 5 febrero 1929.
Sobre una visita a Unamuno en Hendaya, en 1928.

_____ "Unamuno". *Madrid* (1941), 38-41; *Madrid* (1948), 204-207.

_____ "Clásicos y modernos". *Madrid* (1947), 896-914.

Babín, María Teresa. "Unamuno, hombre de humanidad". *Torre*, II (1954), 129-136.
A propósito del *Cancionero*.

_____. "Canto a Unamuno" (poema). *Asomante*, XVII (1961), (?).

Badanelli, Pedro. *Trece cartas inéditas de Miguel de Unamuno a Alberto Nin Frías*. Buenos Aires: La Mandrágora, 1962, 124 págs.
Contiene la correspondencia mantenida entre 1900 y 1914 con el escritor uruguayo Nin Frías. De interés biográfico. Los temas de fondo son: el problema religioso y la literatura espontánea de América.

Baker, Clifford Henry. "Reality in the Works of Unamuno y Ortega y Gasset: A Comparative Study". Tesis doctoral. University of Southern California, *DA*, XXII (1961), 3226.
Unamuno es un vitalista, un subjetivo, egocéntrico, voluntarista, cuyo concepto de la realidad está profundamente coloreada de su personal acercamiento a ella. Su lenguaje y sus conceptos lo definen claramente adherido a las escuelas de Henri Bergson y Soren Kierkegaard. Unamuno se preocupa de su inmortalidad personal y de la vida del más allá. Ortega se preocupa esencialmente con esta vida, la básica realidad y en lo que hacemos con ella—un programa vital. Perspectivismo es lo más importante en la ontología de Ortega. Ortega es un vitalista de la razón.

Balseiro, José A, "The Quixote of Contemporary Spain: Miguel de Unamuno". *PMLA*, XLIX (1934), 645-656.

_____. *El Quijote de la España contemporánea: Miguel de Unamuno*. Madrid: Giménez, 1935, 67 págs.

_____. *Blasco Ibáñez, Unamuno, Valle Inclán, Baroja. Cuatro individualistas de España*. Nueva York: Van Rees Press (The University of North Carolina Press), 1949, 271 págs. Unamuno: págs. 79-116.
Contenido (del ensayo sobre Unamuno): II. *Miguel de Unamuno*, 1. "Niñez, mocedad, juventud". 2. "Religión del Quijotismo". 3. "El Quijotismo en acción". 4. "Unamuno y el ejército". 5. "El desterrado". 6. "El Cancionero y un intermedio semipersonal". 7. "La vuelta a

España". 8. "Unamuno y Azaña". 9. "Contra esto y aquello". Notas. Obras de Miguel de Unamuno. Escritos acerca de Unamuno (págs. 116-119).

_____. "Unamuno y América", *Torre*, 35-36 (1961), 481-503.

_____. "Mis recuerdos de Miguel de Unamuno". *CHA*, LIII (1963), 289-297.

Balbontín, José Antonio. "En busca de un ideal. La religión del porvenir". *Estudiante*, II (1926), 4.

_____. "Sobre el sentimiento trágico de la muerte en Unamuno". *Indice*, XVIII (1965), 16-19.

Baquero, Gastón. 'Monólogo con Don Quijote (Preámbulo de introducción al pensamiento de Unamuno)". *RevCu*, XIV (1940), 143-160.

_____. "Spain, Unamuno and Hispanic America". *Américas*, XVI (1964), 8-14.

Baráibar, Carlos de. "Recuerdos de la vida de Unamuno". *BINC*, XXV (1950), 13-15.

Bardi, Ubaldo. "Fortuna di don Miguel in Italia". *CCU*, XIV-XV (1965-66), 79-102.

Barea, Arturo. *Unamuno*. Trans. Ilsa Barea. New Haven: Yale University Press, 1952, 61 págs. Traducción del inglés por Emir Rodríguez Monegal. Buenos Aires: Sur, 1959, 82 págs. Incluye bibliografía.

Barga, Corpus. "La revancha de Unamuno". *RepAm*, 3 septiembre 1923.

_____. "Blasco Ibáñez y Unamuno en París". *Insula*, 22 (1967), 1-14.

_____. "Blasco Ibáñez y Unamuno en París II". *Insula*, 22 (1967), 1-14.

Barja, César. "Sobre M. de Unamuno: *Cómo se hace una novela* y *Romancero del destierro*". *REH*, I (1928), 417-418.

_____. *Libros y autores contemporáneos: Ganivet, Unamuno, Ortega y Gasset, Azorín, Baroja, Valle Inclán, A. Machado, Pérez de Ayala*. Madrid: Blass, 1935, 493 págs. Unamuno: págs. 39-88. *Contenido* (del ensayo sobre Unamuno): I. "Místico y humano". II. "Europeización de España (En torno al casticismo)". "Españolización de Europa (*La vida es sueño*)". III. "*Vida de Don Quijote y Sancho*". IV. "*Del sentimiento trágico de la vida*". V. "Rapsodia mística (ciencia y religión)". VI. "Sentido y finalidad de la vida". VII. "*La agonía del cristianismo*, Valores vitales y valores culturales". Bibliografía, págs 471-474.

Barnett, P. "An Edition of Unamuno's *The Other One* (*El otro*)". Tesis. The Catholic University of América, 1952.

Baroja, Pío. "Unamuno", *Nación*, 22 setiembre 1940.

_____. "Visitas de Unamuno", *SyS*, 5 octubre 1941.

Barry, J. Luby. *Unamuno a la luz del empirismo lógico contemporáneo*. Nueva York: Las Americas Publishing Company, 1969.
Partiendo de un hecho central—la total identificación que establece Unamuno entre la palabra y el pensamiento, señala, una serie de coincidencias entre los puntos de vista de Unamuno y los demás empiristas lógicos contemporáneos. Para Unamuno toda comprensión humana es verbal, lo cual quiere decir en último término, que la totalidad de cuanto es real para el hombre lo es sólo gracias a la palabra; tal es la conclusión a la que llegan, con Unamuno, los empiristas lógicos de nuestro días, tales como I. A. Richard y Ludwig Wittgenstein, quienos se dedican principalmente al análisis del lenguaje.

Basave, Agustín. "La nivola existencial y angustiante. Historia e intrahistoria". *NortM*, 12 y 16 enero 1949.

_____. *Miguel de Unamuno y José Ortega y Gasset. Un bosquejo valorativo*. Prólogo de José Vasconcelos. México: Jus, 1950, 173 págs.

_____. "El existencialismo unamuniano de la inmortalidad". *VU*, VII (1958), (?).

_____. "Miguel de Unamuno el agonista". *VU*, VII (1958), (?).

_____. "El tragicismo de Unamuno". *VU*, VII (1958), (?).

Basdekis, Demetrios. "The Problem of Christianity in Some of Unamuno's Works. Tesis de licenciatura. Universidad de Columbia, Nueva York. (?)

_____. "Unamuno on Literature and *Pueblo*". *RNotes* (1965), (?).

_____. "Menéndez y Pelayo y Unamuno: Notas sobre estética". *BBMP*, XLII (1966), 3-9.

_____. *Unamuno and Spanish Literature*. Berkeley: University of California Press, 1967, 101 págs. Tesis doctoral publicada.
Contenido: I. "Hacia una teoría de literatura". II. "La edad media". III. "El siglo de oro". IV. "El siglo diecinueve". "Conclusión". "Bibliografía".
Comentario: Este estudio trata de reconstruir una historia crítica de la literatura española de acuerdo con las ideas de Unamuno. Los autores tratados por Unamuno: El Cid, el romance español, Jorge Manrique, Lope de Vega, Tirso de Molina, Calderón, Santa Teresa y Cervantes. Todos ellos grandes ejemplos de un genio que refleja los valores permanentes y universales de la cultura española. Otros autores tratados son: el padre Sigüenza, Bernal Díaz del Castillo, Quevedo, Gracián, Rosalía de Castro, Bécquer. Estos escritores españoles, sintetizan en sus trabajos la filosofía española. Los más grandes autores son un instrumento del pueblo en el cual se inspiran. "Entretejida en la enorme dialéctica barroca que constituye la obra de Unamuno, hay una historia crítica de la literatura española junto con una estética, in sensu strictu,

filosófica, cuya importancia todavía no se ha reconocido". Enfoca también la preceptiva unamuniana, la función y flexibilidad de los géneros literarios; y Unamuno como lector y crítico creador. Originalmente presentada como tesis doctoral a la Universidad de Columbia.

_____. "Unamuno y el estilo de Santa Teresa". *Homenaje a Angel del Río*. 1968, págs. 54-56.

_____. *Miguel de Unamuno*. Nueva York: Columbia University Press, 1969. 48 págs.

_____. "Cervantes in Unamuno: Towards a Clarification" *RR*, LX (1969), 178-185.

_____. "Unamuno and Zola. Notes on Novel". *MLN*, 88 (1973), 366-374.

Bataillon, Marcel. "Cartas inéditas de Miguel de Unamuno y de Pedro Jiménez Ilundaín". *BH*, LII (1950), 144.

Batchelor, R. E. "Form and Content in Unamuno's *Niebla*". *FMLS*, 8 (1972), 197-214.

_____. *Unamuno Novelist. A European Perspective*. Oxford: Dolphin, 1972, 324 págs.

Batistessa, Angel J. "Mi tarde con Unamuno". *Síntesis*, IV (1930), 7-11.
Se refiere a la visita que le hizo en Hendaya el 28 de enero de ese año.

Bayon, D. C. "Unamuno en Francia". *Asomante*, VII (1961), (?).

Bazán, Armando. *Unamuno y el marxismo; con un ensayo de I. Ehremburg*. Madrid: Pueyo, 1935, 95 págs.

Beardsley, W. A. "Don Miguel". *MLJ*, IX (1924-25), 353-362.

_____. "Spanish Sonnets. Miguel de Unamuno: *De Fuerteventura a París*". *SRL*, 5 septiembre 1925.

_____. "Essays and Soliloquies". *YR*, XVI (1926), 192-193.

Beals, C. "Señor Unamuno Loses lis Job". *Nation*, CXLIII (1963), 743-744.

Becarud, Jean. *Miguel de Unamuno y la segunda República*. Madrid: Taurus, 1966. (?)

Beccari, Gilberto. "Unamuno e l'europeizazione". *CCU*, IV (1953), 5-8.

Becerro de Bengoa, R. "Acción guadalupense: Guadalupe en el sentimiento de Unamuno". *Alcántara*, VII (1951), 21-26.

Bell, A. F. G. *Contemporary Spanish Literature*. Nueva York, 1925. Sobre Unamuno págs. 233-244.

_____. 'Unamuno en Inglaterra". *GLit*, 15 marzo 1930.

Bellincioni, Gino. "Miguel de Unamuno e il sentimento tragico della vita". *Myricae*, II (1914), (?).
Sobre la traducción italiana.

Bellini, Giuseppe. "Unamuno en Italia". *Asomante*, XVII (1962), 90-96.

Benardete, M. J. "Personalidad e individualidad en Unamuno". *RHM*. I (1934), 25-39.

_____. "La vida y personalidad de Unamuno". *Personalist*, XX (1940), 29-39.

Benavides Lillo, R. "Para la genealogía de Agusto Pérez". *UChU* (1964), 158-173.

Benbow, Jerry Lee. "Fictional Manifestations of Multiple Personality in Selected Works of Miguel de Unamuno" (Portions of text in Spanish). Tesis doctoral. The University of Mexico, *DA*, XXXI (1970), 5388-A, 322 págs.

El propósito de esta tesis doctoral es mostrar que el problema de la personalidad múltiple fue de gran interés para Unamuno. Primero pretende definir la personalidad múltiple en el campo científico de la sicología y la siquiatría, luego la estudia en el ámbito literario, y finalmente estudia en profundidad las manifestaciones del fenómeno en algunos trabajos de Unamuno.

Benítez, Hernán. "Unamuno y la existencia auténtica". *RUBA*, XLIV (1948), 11-45.

_____. "Cartas inéditas de Miguel de Unamuno a Pedro Ilundaín". *RUBA*, VIII (1948), 295-377; IX (1949), 89-179; X (1949), 473-533.

Dicho epistolario comprende desde el año 1898 hasta 1922 y en él se sigue la crisis religiosa de Unamuno.

_____. *El drama religioso de Unamuno*. Instituto de Publicaciones de la Universidad de Buenos Aires, 1949, 487 págs.

Contenido: I. "El hombre de carne y hueso". "Corazón católico". "Mente protestante". "La existencia auténtica". II. "Epistolario". "Introducción". Epílogo: "De cara a Dios".

Comentario: Insiste sobre el Unamuno "que quiere creer".

_____. "Nuevo palique unamuniano" (Introducción a doce cartas de Unamuno a González Trilla). *RUBA*, VII (1950), 479-551.

_____. "Razón y fe". *RUBA*, XIII (1953), 11-38.

Benítez, Jaime. "Mi homenaje a Unamuno". *Insula*, 216-217 (1964), (?)

_____. "Homenaje puertorriqueño a Unamuno". *UCS* (1965), 129-133.

Benito y Durán, Angel. *Introducción al estudio del pensamiento de Unamuno* (Ideario filosófico de Unamuno en la *Vida de don Quijote y Sancho*). Granada, 1953, 232 págs.

Contenido: "Prólogo". Capítulo primero: "Unamuno y la resonancia universal de su pensamiento". Capítulo segundo. "Marco general del pensamiento de Unamuno: la filosofía existencial". Capítulo tercero. "Ideario filosófico de Unamuno en la *Vida de don Quijote y Sancho*".

Comentario: Se refiere a la resonancia universal del pensamiento unamuniano, aduciendo los testimonios de numerosos autores extranjeros que de aquél se ocuparon. Entre ellos: Marcel Robin, Maurice Vallis, Maurice Legendre, Mark Van Doren, Leslie J. Walker, Andre Corthis, Hendrik Willen Van Loon, Ernesto Montenegro, Jean Cassou, Antony Clyne, Salvador de Madariaga, Wilfred A. Beardsley, etc.

Benlliure y Tuero, Mariano. *El ansia de inmortalidad*. Madrid, 1916. (?).

Berg, Melvin Leonard. "Ihe Culture of the United States as Seen in the Works of Miguel de Unamuno y Jugo". Tesis de licenciatura. Universidad de Columbia, 1947. (?)

Bergamín, José. "El disparate en la literatura española. El disparate en los modernos: Valle Inclán, Unamuno y Ramón Gómez de la Serna", *Nación*, 30 agosto 1936.

_____. "El Cristo Lunar de Unamuno", *Luminar*, IV (1940), 10-30.

_____. "Los útimos versos de Unamuno". *Nacional*, 15 febrero 1954.

Berkowitz, H. Chonon. "Unamuno's Relations with Galdós". *HR*, VIII (1940), 321–338.

Bernabeau, E. Paz. "Don Miguel de Unamuno: A Study of French Culture in his Essays and Philosophical Writings". Tesis de licenciatura. Universidad de Columbia, 1942.

Bernárdez, Francisco Luis. "El *Cancionero*, de Unamuno". *Criterio*, XXVI (1953), 1032-1033.

_____. "La amistad de Unamuno y Teixeira de Pascoaes". *Nación*, 26 junio 1955.

_____. "El poeta Unamuno". *Nación*, 26 noviembre 1961.

_____. *Mundo de la España*. Buenos Aires: Losada, 1967, 232 págs.

Indice (del ensayo sobre Unamuno): "El Cancionero de Unamuno". "Un amigo argentino de Unamuno". "Unamuno y la poesía".

Berns, Gabriel. "Another Look Through Unamuno's *Niebla*: Augusto Pérez, 'Agonista-Lector". *RomN*, 11 (1969), 26-29.

Berry, Francis L. 'An Edition of Unamuno's *Amor y pedagogía*". Tesis de licenciatura. Universidad de Tennessee, 1949. (?)

Bertrand de Muñoz, Maryse. "La actividad política de Unamuno y su colaboración en *Hojas Libres*". *CA*, 177 (1971), 162-174.

Enfoca al Unamuno político. Unamuno y su oposición constante al parlamentarismo, al separatismo, al militarismo, al Ejército, y su disconformidad con la Monarquía española, la Dictadura de Primo Rivera y la Segunda República.

Bertrand, J. J. A. "Seconde morte de don Quichotte". *CCU*, I (1948), 71-74.

Betancur, Cayetano. "Lenguaje y verdad en Unamuno". *UC* (1964), págs. 67-90.

Bieghler, Edward Wilson. "Miguel de Unamuno: Novelist and Nivolist". Tesis de licenciatura. Universidad de Oregón, 1927. (?)

Bilbao, J. "Tres cartas de Unamuno sobre el habla de Bilbao y los maketos de Vizcaya". *BIAEV*, VI (1955), 65-79.

Blanco Aguinaga, Carlos. "Unamuno, Don Quijote y España". *CA*, LXVI (1952), 204-216.

Establece al quijotismo "como religión nacional" y que sobre el *Quijote* "se debe meditar todos los días como sobre la Biblia".

_____. "Interioridad y exterioridad en Unamuno". *NRFH*, VII (1953), 686-701.

_____. *Unamuno, teórico del lenguaje*. México: El Colegio de México, 1954, 129 págs. Tesis doctoral publicada.
Contenido: "Prólogo". Primera Parte: "Primeras ideas sobre la lengua", 1895-1903. I. "El ideario español y la generación del 98". II.. "El problema de la lengua". III. "Unamuno, español moderno", 1895-1902. IV. "Teoría de la lengua". V. "Hacia una preocupación poética de la lengua". Segunda Parte: "Realidad y poesía. El método de la pasión y la lengua". I. "Nuestro Unamuno. El método de la pasión". II. "La realidad y su conocimiento". III. "El problema de la comunicación". IV. "Teoría poético-agónica del lenguaje".
Comentario: Establece el autor que Unamuno elabora una teoría de la lengua que cala hasta lo más hondo de su problemática. En general, la obra de Unamuno va de lo particular histórico (España y su circunstancia) a lo personal universal, a "La idealidad de lo real concreto"; del hombre social a la agonía del hombre radical. Este doble aspecto de su obra se extiende a sus ideas sobre la lengua, y por lo tanto al plan de este trabajo.

_____. "El socialismo de Unamuno (1894-1897)". *ROcc* (1955), 166-184.

_____. "La madre, su regazo, y 'el sueño de dormir' en la obra de Unamuno". *CCU*, VII (1956), 69-84.
Sostiene que la presencia de la mujer-madre (lograda, en potencia, o frustrada) es una de las constantes de la obra de Unamuno.

_____. *El Unamuno contemplativo*. México: Fondo de Cultura Económica, 1959, 295 págs.
Contenido: "Prólogo". "Los dos Unamunos". I. "El Unamuno agonista". II. "El Unamuno contemplativo". "Temas y símbolos principales". III. "El punto de partida: La idea de la niñez". IV. "El refugio de la familia", V. "La madre". VI. "La naturaleza". VII. "La función simbólica del agua". VIII. "La luz difusa: Símbolo último de la continuidad inmaterial e inconsciente". Epílogo: "Los dos Unamunos". Indice onomástico.
Comentario: Verdadera contribución a las investigaciones unamunianas. El Unamuno que todos tenemos presente, el Unamuno agónico (agonía suele ser irracionalismo, paradoja, egoísmo, violencia por que sí). Unamuno en agonía, en lucha civil consigo mismo y con

los demás. Al Unamuno de la lucha habría que contraponer el Unamuno del silencio. Estudio del Unamuno agónico y el Unamuno contemplativo.

_____. "San Manuel Bueno, mártir, novela". *NRFH*, XV (1961), 569-588.

_____. "Aspectos dialécticos de las *Tres novelas ejemplares*". *ROcc*, XIX (1964), 51-70.

Hay que entender las estructuras dialécticas del pensamiento de Unamuno como revelación cuya verdad coincide con la vida de Unamuno mismo a partir de la crisis de 1897 (en la que, al encontrarse con la Nada, afirma su 'Yo' y lo lanza luego contra todos para poder "perseverar" en su existencia). Todo es concreto en sus novelas y sus personajes son, en efecto, como él quería, "reales". En esta realidad—idea viva—de triple dimensión (personal, social, conceptual) radica la más honda ejemplaridad de su ficciones.

_____. "Unamuno fuera de España". *Insula*, 216-217 (1964), (?).

_____. "Unamuno's *Niebla*: Existence and the Game of Fiction". *MLJ*, LXXIX (1964), 188-205.

_____. "Unamuno 'yoismo' and Its Relation to Traditional Spanish Individualism". *UCST* (1966), págs. 18-52.

_____. "De Nicodemo a Don Quijote". *SyU* (1965), págs. 75-100.

_____. "'Authenticity' and the Image". En *Unamuno: Creator and Creation*, José Rubia Barcia y M. A. Zietlin (eds.). Berkeley: University of California Press, 1967, págs. 48-71.

_____. "De nuevo: El socialismo de Unamuno (1894-1897)". *CCU*, XVIII (1968), 5-48.

El autor llega a las siguientes conclusiones: 1) Que se encuentran en Unamuno huellas de una preocupación social, por lo menos, desde 1890; 2) Que en 1892 llama ya a los socialistas correligionarios suyos y dice hacer propaganda socialista—que ha de haber sido muy elemental—desde un periódico de Salamanca; 3) Que cuando en la carta de octubre de 1894 a *La lucha de clases* dice llevar algún tiempo dedicado al estudio de la economía política del capitalismo y del socialismo, podemos creerle y remontar hasta por lo menos 1892 el origen de esos estudios; 4) Que esta carta declara su adhesión al marxismo es, según dirá más adelante, "la corriente principal" del socialismo; y 5) Que tras una lenta maduración de su personal angustia religiosa relacionada sin duda con el problema de la enfermedad mortal de su hijo, lo tiró todo por la borda para acabar entregándose a la representación de un papel objetivamente contrario a toda concepción científica de la historia, papel este último con el que se hizo su leyenda en la Historia.

_____. *Juventud del 98*. Madrid: Siglo XXI, 1970, 327 págs. Referencias a Unamuno en los capítulos 1, 2 y 7.

Blanco-Fombona, R. "Sucinta apreciación de Unamuno". *GLit*, 15 marzo 1930; *RepAm*, 15 diciembre 1934.

Blanco Torres, Roberto. "Unamuno, el trágico". *Bohemia*, 8 febrero 1914.

Blecua, Josá Manuel. "Más confidencias de Unamuno sobre el teatro". En *Homenaje al Profesor Alarcos*. Tomo II. Universidad de Valladolid, 1966.

Bleiberg, German. *Spanish Thought and Letters in the Twentieth Century*, German Bleiberg y E. Inman Fox (eds); Nashville: Vanderbilt University Press, 1966, 610 págs.
En homenaje al centenario del nacimiento de Miguel de Unamuno.

Bo, Carlo. "L'Unamuno, poeta". *Nazione*, 19 abril 1940. Incluído en su libro *Carte Spagnole*. Firenze: Marzocco, 1948, págs. 15-19.

_____. "Unamuno poeta e romanciere". *Reflessioni critiche*. Firenze: Sansoni, 1953, págs. 419-442.

Boehm, A. "Unamuno und der Kampf um die Monarchie in Spanien". *SZ*, junio 1930.

Borges, Jorge Luis. "Acerca de Unamuno, poeta". *Nosotros*, 175 (1923), 405-410.

Borja de Arrquer. *La Generación del 98 hoy*. Barcelona: Ramón Sopena, 1968, 160 págs.

Boschiero, Gabriele. "Alcuni aspetti del chisciottismo di Miguel de Unamuno: La morte". *CCU*, XIV-XV (1964-65), 29-40.

Botín Polanco, Antonio. "La noche del sábado y el sábado sin noche. Entre el Padre Coloma y Unamuno". *IAL*, 76 (1955), (?).

Boudreau, Cléophas W. "Dialectical Elements in the Ontology of Unamuno's Fiction and Drama". Tesis doctoral. The Johns Hopkins University. *DA*, XXVIII (1967), 1812—A, 256 págs.

Boyd, Ernest. "Literature Abroad. The Tragic Sense of Life. A Rebellius University Dean, Unamuno as Poeta and Novelist". *LitR*, 5 noviembre 1921.

_____. Studies from Ten Literatures. New York: Scribners, 1925. Se refiere a Unamuno en las págs. 61-71.

Brenes, E. *The Tragic Sense of Life in Miguel de Unamuno*. Toulouse: Figarola Maurin, 1931, 96 págs. Tesis doctoral publicada de Northwestern University, 1929.

Brenes, Víctor. "El concepto de la fe según Miguel de Unamuno". *RFCR*, Nos. 5-8 (1959), 27-38.

Brennan, Gerald. *The Literature of the Spanish People*. Cleveland and New York: The World Publishing Company, A Meridian Book, 1961. Unamuno: págs. 421-427.

Brion, Marcel. "Trois livre de Miguel de Unamuno". *CdS* (1925), 862-867.

_____. "Miguel de Unamuno et le quichottisme", *RP* (1950), 529 y sig.

Brooks, Barbara. "Character Portrayal in the Work of Unamuno". Tesis de licenciatura. Universidad de New Mexico, 1951. (?)

Brouwer, Johan. "Een bezoek dij Unamuno". *Gids*, CXXV (1962), 66-70.

Brower, J. "Entrevista con don Miguel de Unamuno". *RepAm*, 18 abril 1937.

Brummer, Rudolf. "Autor und Geschopf bei Unamuno und Pirandello". *Wissenschaftliche Zeitschrift* (Jena), (1956), 241-248.

Buckner, James R. "Unamuno and His Interpretation of Certain Phases of Spanish Life and Literature". Tesis de licenciatura. Universidad de Columbia, 1925.

Bueno, Javier. "Diálogo con Unamuno". Insula, 181 (diciembre 1961).

Bueno, Manuel. "El heroísmo cívico". ABC, 4 diciembre 1932.

Bugella, José María. "El periodista, Miguel de Unamuno". *EstLit*, 300-301 (1964).

Burrows, Herb J. "Aspectos psicológicos de la novela de Unamuno". Tesis doctoral. Universidad de México, 1944, 72 págs.

Bush, Carolyn Lipshy. "Woman in the Noveis of Unamuno". Tesis doctoral. University of Maryland. *DA*, XXVI (1965), 6709, 214 págs.
Las conclusiones de esta tesis doctoral revela que Unamuno no sólo reconoció a la mujer como madre sino también como madres para sus esposos. También explora profundamente la relación personal de ellas con los hombres. La influencia que ella ejerce sobre el hombre es de gran importancia, y en muchas de sus novelas los hombres encuentran su verdadera existencia a través de la mujer que ellos aman.

Bustos Tovar, E. de. "Miguel de Unamuno, poeta de dentro a fuera". *CCU*, XXIII (1973), 71-137. Análisis sémico del poema Castilla.

Butt, J. W. "Determinism and the Inadequacies of Unamuno's Radicalism. 1886-97". *BUS*, XLVI (1969), 226-240.

Cabaleiro Goás, M. *Werther, Mischkin y Joaquín Montenegro vistos por un psiquiatra*. Trilogía patográfica. Barcelona: Apolo, 1951. (?)
Versa exclusivamente sobre la novela *Abel Sánchez* en la parte en que se ocupa de Unamuno.

Caeiro, Oscar. "Reinhoid Shneider y Miguel de Unamuno su maestro español". *BEG*, VII (1968), 27-46.

Caillois, Barmen. *Unamuno et la Grece*. Mémoire pour le Diplome d'Études Superieures. París: Institut d'Études Hispaniques, 1958, 163 págs.

Calvetti, Carla. *La fenomenología della credenza in Miguel de Unamuno*. Marzorati, 1955, 136 págs.
Análisis y crítica de la concepción de la creencia en Unamuno; la autora adopta el punto de vista católico y considera que hay en las ideas de Unamuno al respecto muchos elementos protestantes y más específicamente, calvinistas.

Calzada, J. de la. "Unamuno, paisajista". *CCU*, III (1952), 55-80.

Cambon Suárez, Segundo. "Sobre la religión de Unamuno". *BUSC*, No. 62 (1955), 345-357.

Camón Aznar, José. "Unamuno, profesor". *ABC*. 27 noviembre 1964.

Campoy, Antonio. "Las pajaritas de don Miguel de Unamuno", *EstLit* (1964), 300-301. (?)

Cancela, Gilberto. *El sentimiento religioso de Unamuno*. Nueva York: Plaza Mayor, 1972, 124 págs.

Cándamo, Bernardo. "Las cartas de Unamuno". *IAL*, XII (1958),116–117.

Canfield, Rose Aileen. "Unamunesque Elements in the Theater of

Antonio Buero Vallejo". Tesis doctoral. Universidad de Colorado, *DA*, XXXIV (1972), 763-A, 304 págs.

Descubre la similitud de motivos, símbolos y temas en el teatro de Buero Vallejo, quien admite su deuda a Unamuno y mentores Kant e Ibsen. Ambos recomiendan la práctica de las virtudes teológicas: la esperanza y caridad para resolver el problema entre la realidad objetiva y la subjetiva.

Cano, José Luis. "El Cancionero de Unamuno". En *Poesía española del siglo XX* (de Unamuno a Blas de Otero). Madrid: Guadarrama, 1960, págs. 31-37.

Cannon, Calvin. "Miguel de Unamuno's 'El Cristo de Velázquez". Tesis doctoral. Tulane University, *DA*, XIX (1958), 2946, 201 págs.

Examen del poema en varios niveles: la tradición teológica, la experiencia mística, y la expresión simbólica.

_____. "The Mythic Cosmology of Unamuno's 'El Cristo de Velázquez'". *HR*, XXV (1960), 28-39.

Cantel, Raymond. "French Relation to the Work of Unamuno". *UCS* (1966), 53-72.

Cantore, Liliana. "Il teatro de Unamuno". Tesis de la Facultad de Letras de la Universidad de Roma, 1963, 192 págs.

Caponiori, A. Robert. "Contemporary Spanish Philosophy". *ModA*, 13 (1973), 169-176.

Carayon, Marcel. "Unamuno et l'esprit de l'Espagne". *RH*, VII (1923), 368-386.

Carpio P., Adolfo. "Unamuno filósofo de la subjetividad". *Torre*, 35-36 (1961), 277-303.

Carballo, Juan Rof. "Envidia y creación". *Insula*, CXXXXV (1958), 1 y 4.

_____. "El erotismo en Unamuno". *ROcc*, XIX (1964), 71-96.

Cardis, Marianne. "El paisaje en la vida y en la obra de Miguel de Unamuno". Tesis de licenciatura. Universidad de Leeds, 1953
Unamuno considera y estudia el paisaje de Castilla no sólo por el interés que en sí tiene, sino que lo considera como un factor importante en la formación del carácter castellano. El hombre es hijo del ambiente físico en que se forma.

Carr, Duane R. "St. George and the Snapdragons: The Influence of Unamuno on *Who's Afraid of Virginia Woolf?*". *ArQ*, 29 (1973), 5-13.

Carrión, Benjamín. *San Miguel de Unamuno*. Quito: Casa de la Cultura Ecuatoriana, 1954.
Galería de retratos biográfico-críticos.

Carvalho, Marginalia J. de. "Duas cartas inéditas, de Miguel de Unamuno". *RF*, V (1952), 77-80.

Casalduero, Joaquín. "Del amor en don Miguel de Unamuno". *Síntesis*, 37 (1930), 13-27.

Casanoba, Francisco. "Iconografía de don Miguel". *GR*, 31 diciembre 1961.

Cassou, Jean. "Retrato de Unamuno". En *Cómo se hace una novela de Miguel de Unamuno* (en el prólogo). Buenos Aires: Imprenta Araujo, 1927.

_____. "Don Miguel viviente". *Torre*, 35-36 (1961), 87-91. Se refiere a la entrañable amistad que lo unió a Unamuno, durante su destierro parisiense de 1924-25.

Castagnin, Danie. *Unamuno y el Uruguay*. La Paz, Uruguay, 1967.
Acercamiento de Unamuno a la preocupación uruguaya, a su problemático existir. Evidencia de esto es su correspondencia con Rodó, Zorrilla de San Martín, Vaz Ferreira, Nin Frías, Azarola Gil y Delmira Agustini.

Castro, Américo. "Más sobre Unamuno". *Nación*, 14 marzo 1937.

_____. "Incarnation in *Don Quijote*". En *Cervantes Across the Centuries*. Nueva York. 1947..

_____. "Las castas y lo castizo". *Torre*, 35-36 (1961), 65-85.

_____. "In Lieu of Prologue". En *Unamuno—Creator and Creation*, José Rubia Barcia y M. A. Zeitlin (eds.). Berkeley: Universidad de California, 1967, págs. 1-4.

Castro y Castro Antonio. , "Filósofos foráneos en Unamuno". *EstLit* 300-301 (1964).

_____. "La paradoja unamuniana. El modo más eficaz y vivo de trasmitir la verdad a los torpes". *CCU*, XVIII (1968), 71-84.

Catalán, Diego. "Aldebarán, de Unamuno: de la noche serena a la noche oscura". *CCU*, IV (1953), 43-70.

Aldebarán, escrito en 1908, responde más que ninguna de sus obras, a imperativos poéticos.

_____. "Tres Unamunos ante un capítulo del Quijote". SyU, (1965), 101-141.

Cela, Camilo José. *Cuatro figuras del 98 y otros retratos y ensayos* Barcelona: Gredos, 1961. Sobre Unamuno págs. 17-25.

Cenal, Ramón, P. S. J. "El vitalismo en España: Unamuno y Ortega". *ABC*, 22 noviembre 1957.

Cepeda Calzada, P. "Estancias palestinas de Unamuno". *EstLit*, 300-301 (1964).

Cernuda, Luis. "Miguel de Unamuno. 1864-1936". En *Estudios sobre poesía española contemporánea*. Madrid: Colección Guadarrama de Crítica y Ensayo, 1957, págs. 87-101.

Ciplijauskaité, Biruté. "El amor y el hogar, dos fuentes de fortaleza de Unamuno". *CCU*, XI (1961), 79-90.

Cirarda, José María. *El modernismo en el pensamiento religioso de Unamuno.* Vitoria, 1946. (?)

Clavería, Carlos. *Temas de Unamuno.* Madrid: Gredos, 1953, 152 págs.
Contenido: Nota preliminar. "Unamuno y Carlyle". "Unamuno y la 'enfermedad de Flaubert'". "Sobre el tema de Caín en la obra de Unamuno". "Notas italianas en la 'Estética' de Unamuno". "Don Miguel y la Luna".
Comentario: Análisis exhaustivo de "temas" parciales de los que se deslindan la formación y evolución del pensamiento y obra de Unamuno.

Cline, Audrey Ruth. "The Problem of Europeanization in Unamuno". Tesis de licenciatura. Brown University, 1949. (?)

Clendenin, Martha J. "A Study of the Philosophical Works of Miguel de Unamuno". Tesis de licenciatura. Universidad de Stanford, 1934.

Clocchiati, Emilio. "Miguel de Unamuno y sus cartas a 'Clarín'". *MLJ*, XXXIV (1950), 646-649.

Clyne, Anthony. "Miguel de Unamuno". *LQR*, CXLI (1924), 205-214.

Cobb, Christopher H.. "Sobre la elaboración de *Abel Sánchez*". *CCU*, 22 (1972), 127-147.

Codina, Madelene Teresa. "Estudio analítico de algunos aspectos de Miguel de Unamuno". Tesis de licenciatura. Mt. Holyoke College, 1943.

Colin, E. "Miguel de Unamuno", En *Siete cabezas.* México, 1921, págs. 77-88.

Colomer, Eusebio. "La fe de Unamuno". *RyF*, CLXXIII (1966), 13-30.

Collado, Jesús. "Yo y Dios en Unamuno. Investigación metafísica". Tesis. Universidad de Madrid, 1958, 161 págs.

_____. *Kierkegaard y Unamuno. La existencia religiosa.* Madrid: Gredos, 1962, 571 págs.

Contenido: "Introducción". I. "La dialéctica de la existencia". II. "La existencia religiosa". III. "La existencia religiosa en el ser de la fe". IV. "La meta de la existencia religiosa". "Apéndice bibliográfico". *Comentario*: Se propone un doble objeto: Primero, exponer la concepción religiosa existencial del hombre en Soren Kierkegaard y segundo, investigar la posible influencia de tal concepción en el pensamiento de Unamuno.

Combé, Hendrick A. "An Interpretative Approach of the Persons in the Novels and Short Novels of Miguel de Unamuno". Tesis doctoral. Universidad de Amsterdam, 1954, 204 págs.

Conde Cargollo, E. "La españolidad de Unamuno". *Insula*, 216-217 (1964). (?)

Corominas, Joan . "Correspondance entre Miguel de Unamuno et Père Corominas". *BH*, LXI (1960), 388-436.

Correa Calderón, E. Costumbristas españoles. Madrid: Aguilar, 1950. Sobre Unamuno págs. 41-44.

Corredor, J. M. "El epistolario entre Unamuno y Maragall". *CCL*, XV (1960). (?)

Cortés, Luis. "Unamuno y Machado". *CCU*, 16-17 (1967), 93-98.

Cossío del Pomar, Felipe. "Miguel de Unamuno". En *Con los buscadores del camino: Rolland, Picasso, Papini, Unamuno, Ferrero, Bourdelle*. Madrid: Ediciones Ulisis, 1932, págs. 151-172.

Cro, Stelio. "Jorge Luis Borges é Miguel de Unamuno". *ACF* (1967), 81-90.

Cruz Hernández, Miguel. "La misión socrática de don Miguel de Unamuno". *CCU*, III (1952), 41-53.

_____. "Bergson et Unamuno". *BSFP* (1959), 81-83.

_____."Significación del pensamiento de Unamuno". *CCU*, XIII (1963), 41-53.

_____. "El valor permanente del pensamiento filosófico de Miguel de Unamuno". *UCS* (1965), 59-70.

Cruz Pompeyo. "Unamuno epistolar" (carta a José Enrique Rodó). *Español*, 29 diciembre 1945.

Cuadernos de la Cátedra Miguel de Unamuno. Tomos I-XXIII (1948-1973). Salamanca, Universidad, Facultad de Filosofía y Letras. (Véase índice analítico de estos *Cuadernos* en el apartado *Apéndices* de este trabajo.)

Cuidad, Mario. "Soñando a Unamuno". *UChU* (1964), 11-38.

Cullen del Castillo, P. *Don Quijote en Fuerteventura*. Las Palmas, Gran Canaria: Tip. Alzola, 1948. (?)
Aportación de interés biográfico. Se refiere a los días del destierro de Unamuno en dicha isla del archipiélago de las Canarias.

Cúneo, Dardo. "Unamuno y el socialismo". *CA*, VII (1948), 103-116.

_____. *Sarmiento y Unamuno*. Buenos Aires: Poseidón, 1949, 160 págs.

_____. Unamuno, El Gaucho Martín Fierro (Con un estudio preliminar por Dardo Cuneo). Buenos Aires: Americalle, 1967, 49 págs.

Curtius, Ernst Robert. "Unamuno at Seventy". CCCXLVII (1934-35), 324-328.

_____. "Miguel de Unamuno 'Excitator Hispaniae'". *CHA* (1954), 248–264.

Chávez, Julio César. "Homenaje de Hispanoamérica a don Miguel de Unamuno". *CHA*, 78-79 (1956), 446-454.

_____. *La lengua como base de la hispnidad en la concepción de Unamuno*. Asunción: Academia Paraguaya de la Lengua Española, 1960, 31 págs.
Contenido: I. "Hacia otra España". II. "La otra España". III. "La

hispanidad, un sólo mundo". IV. "La lengua, no la raza". V. "La lengua española en América". VI. "El porvenir de la lengua española".

_____. "La admiración de Antonio Machado por Unamuno". *CHA*, 151-156 (1961), 225-235.

_____. *Unamuno y el porvenir español*. Asunción: Instituto Paraguayo de Cultura Hispánica, 1963, 32 págs.
Contenido: I. "Devoción unamuniana por la lengua". II. "¡Siempre un filólogo!". III. "La lengua en el espacio espiritual de las almas". IV. "Pasión por el español. V. "El castellano, cimiento de la hispanidad". VI. "Una sola lengua española". VII. "Un idioma popular y unitario". VIII. "Americanismo". IX. "Argentinismos, chilenismos". X. "Idiomas nacionales americanos". XI. "Vigilante atención". XII. "El debate Cuervo-Valera". XIII. "Intervención de Unamuno". XVI. "Forjar el sobrecastellano". XV. "Fe en el español".

_____. *Unamuno y América*. Prólogo de Joaquín Ruíz Jiménez. Madrid: Ediciones Cultura Hispánica, 1964, 570 págs.
Contenido: Introducción. I. "Camino de América". II. "Hacia otra España". III. "La hispanidad, un sólo mundo". IV. "La lengua, base de la hispanidad". V. "La lengua española en América". VI. "La base histórica". VII. "La independencia, guerra civil". VIII. "Bolívar". IX. "De historia argentina". X. "Sarmiento". XI. "De historia paraguaya". XII. "De historia mejicana". XIII. "Juan Montalvo". XIV. "Crítico de las letras americanas". XV. "El gaucho Martín Fierro". XVI. "Frente al modernismo". XVII. "Martí". XVIII. "José Asunción Silva". XIX. "Choque con Rubén Darío". XX. "Zorrilla de San Martín". XXI. "José Enrique Rodó". XXII. "De literatura venezolana". XXIII. "De literatura argentina". XXIV. "De literatura colombiana". XXV. "Más de literatura argentina". XXVI. "Amado Nervo". XXVII. "Enrique Gómez Carrillo". XXVIII. "De letras peruanas", XXIX. "Santos Chocano". XXX. "De letras chilenas". XXXI. "Nin Frías". XXXII. "Riva Aguero". XXXIII. "Sea, pues, justo y bueno". XXXIV. "Ricardo Rojas". XXXV. "Alcides Arguedas". XXXVI. "Vaz Ferreira". XXXVII. "Ernesto A. Guzmán". XXXVIII. "Prestigio en América". XXXIX, "Manuel Gálvez". XL. "Alfonso Reyes". XLI. "Ante la tumba de Darío". XLII. "Ante la muerte de Nervo". XLIII. "En el confinamiento". XLIV. "En el destierro: París". XLV. "En el

destierro: Hendaya". XLVI. "De nuevo en Salamanca". XLVII. "Visión de la literatura hispanoamericana". XLVIII. "Adelantado de la hispanidad". Bibliografía.

Comentario: Recapitulando cabría subrayar unas cuantas aportaciones fundamentales de don Miguel de Unamuno a la conciencia del mundo hispánico. I. El alto ejemplo de su incansable afán por conocer y comprender la realidad de Hispanoamérica y el sentido de su trayectoria. Logró que se abriese un proceso de revisión espiritual respecto a hombres claves de esa historia, como Bolívar, Martí, Montalvo y Sarmiento. II. Resplandece el criterio de igualdad con que Unamuno enjuició a las dos Américas. La historia de España y la de Hispanoamérica como una única historia forjada por hombres de la misma casta—casta, no raza—y ligada por una misma lengua, sangre de un mismo espíritu. III. Su colosal batalla contra el "espléndido aislamiento" del hombre de letras, contra el "literatismo", que era grave tentación en América, aún más que en España, en los primeros decenios de este siglo.

Chávez, Marcia C. "Unamuno: Existencialista cristiano". *CCU*, XX (1972), 61-81.

Unamuno hace de la existencia, filosofía; y de la filosofía, religión. Estos elementos en conjunto constituyen el pensamiento existencial de Unamuno.

Chavous, Quéntin y Alfred Rodríguez. "Una nota al Abel Sánchez *PLL*, 9 (1973), 88-90.

Chevalier, Jacques. "Homenaje a Unamuno". *CCU*, I (1948), 2-28.

Chicharro de León, .J. *Unamuno y Francia*. Suplemento literario de *Solidaridad Obrera*. París, 1955 y 1956.

Versa sobre la actitud de Unamuno con respecto a Francia, Unamuno y la literatura francesa, Descartes visto por Unamuno, la opinión de éste sobre Corneille, Pascal, Fenelón. Lo que Unamuno pensara de Racine, Voltaire y Prevost. Sobre Unamuno, Chateaubriand y Senancour. Juicios de Unamuno sobre Stendhal, Lamartine, Comte, Balzác, Baudelaire, Flaubert, Renán, Emilio Zolá y León Bloy, entre otros.

_____."El arte de Unamuno en el 'Rosario de sonetos líricos". *CCU*, X (1960), 29-60.

_____. "Varia unamuniana". *LNL*, 170-171 (1964), 12-30.

Damarau, Norman G. "Mysticism in Some Selected Works of Unamuno". Tesis de licenciatura. Southwest State Teachers College, 1953.

D'Arcangelo, Lucio. "La religione di Unamuno". PeS, 4 (1968), 13-20.

Darío, Rubén. "Un artículo de Unamuno". En *La España contemporánea*. París: Garnier, 1901, págs. 116-118. Incluído en el tomo XIX de sus *Obras completas* (Madrid: Mundo Latrao).
Se refiere al que dedicó en "La época", al libro *La maldonanda*, de F. Grandmontagne en la página 53 del mismo libro alude al grito unamuniano: "¡Muera Don Quijote!".

_____. "Unamuno poeta". *Nación*, 2 mayo 1909.
Firmado en Madrid en marzo de ese año, mucho más tarde incluyó el propio Unamuno este escrito como prólogo a su libro *Teresa* (1924). Expone en este breve prólogo, los principios del arte poético de Unamuno.

_____. *Epistolario*. Madrid, 1926. (?)

Day, Robert A. "Unamuno, Ortega y Gasset and Castro on Cervantes". Tesis doctoral. The Johns Hopkins University, *DA*, XXXII (1971), 2680-A, 385 págs.

De Carlo, Andrew. "The Image of Man as Portrayed in the Novels of Miguel de Unamuno". Tesis doctoral. Case Western Reserve University, *DA* (1969), 3939-A, 337 págs.
Estudia los caracteres masculinos de las novelas de Unamuno y los evalúa psicológicamente.

De Freitas, María Carmelita . *Dialéctica y dinamismo de la esperanza cristiana*. París: Editions de l'Orante, 1969, 286 págs.

De la Calzada, Jerónimo. "Unamuno, paisajista". CCU, III (1952), 54-80.
Unamuno se identifica con el paisaje que describe.

De Semprum Donahue, Moriama. "El amor como tema de la eternidad en las rimas de Teresa de Unamuno". CCU, XXII (1972), 23-32.

Del Hoyo, Arturo. "Unamuno ante los filósofos españoles de antaño". EstLit, 300-301 (1964).

Deckers, Denise. "Miguel de Unamuno devant la littérature". Tesis de licenciatura. Universidad de Gante, Bélgica, 1959, 231 págs.

Della Corte, E. "Carta a Angelo de Gubernatis". Español, 21 agosto 1943.

Demerson, Georges. "Unamuno y Francia: Dos cartas inéditas". Insula, XIX (1964), ccxvi-ccxcii, 6, 24. EstLit, 216-217 (1964).
Cartas inéditas a Pierre París.

D'Entremont, Elaine Mary. "The hogar as Instrahistoria in Unamuno Life, Thought and Style". Tesis doctoral. Tulane University, DA XXVII (1965), 474-A, 181 págs.

Descola, Jean. Historia literaria de España. Madrid: Gredos, 1969. Sobre Unamuno págs. 255-315.
Contenido del ensayo sobre Unamuno: "Miguel de Unamuno a la luz apasionada" (de la mayoría de edad de Alfonso XIII a la dictadura de Primo de Rivera, 1902-1923) y "Miguel de Unamuno, el buho de Salamanca, el águila de España".

Descouzis, Paul. "Un conflicto del Quijotismo de Unamuno". REH (1967), 195-208.

____. Cervantes y la generación del 98: La cuarta salida de Don Quijote. Madrid: Ibero Americanas, 1970.
Contenido de los ensayos sobre Unamuno: "Unamuno y allegados

enquijotados", págs. 21-24. "Ganivet, Unamuno y Azorín, escuderos del Quijote justiciero", págs. 133-141.

Díaz, Elías. *Pensamiento político*. Madrid: Tecnos, 1965. (?)

Contenido: "El pensamiento político de Unamuno". I. "Presupuestos ideológicos: Liberalismo, espiritualismo, individualismo".
II. "Actitud contraria al fascismo, al marxismo, y el comunismo". III. "Actitud discordante con el progresismo, la democracia y el socialismo". IV. "España: Casticismo-europeísmo. El problema regional, el tema de la guerra civil". V. "Resultados ideológicos: irracionalismo y desconexión con la realidad". "Concepción elitista, no democrática, de la sociedad". "Las contradicciones de Unamuno". Obra de Unamuno. Textos. Indice clasificatorio de textos. Indice de textos.

_____. *Revisión de Unamuno*. Madrid: Tecnos, 1968, 212 págs.

Contenido: Introducción. I. "Elementos de base: Liberalismo, espiritualismo, individualismo". II. "Antítesis irregular: antifascismo, antiprogresismo, anticomunismo". III. "Síntesis frustrada: ruptura definitiva con la democracia, el marxismo y el socialismo". IV. "Unamuno y su visión agónica de España". V. "Implicaciones generales de su pensamiento político: Liberalismo-elitista e irracionalismo antiliberal". "Las contradicciones de Unamuno". Apéndice bibliográfico. Obras de Unamuno. Obras sobre Unamuno.
Comentario: Análisis crítico del pensamiento político de Unamuno. Esta "revisión" pretende un análisis objetivo de sus concepciones políticas y, al propio tiempo—los juicios de valor no excluídos-—, una crítica racional e histórica, hecha desde este concepto de la democracia y desde los presupuestos reales—socialismo—y culturales o ideológicos—humanismo real de ella. Dentro de la España liberal de la que deriva y en la que, a pesar de todo, arraiga Unamuno, su pensamiento político es clara manifestación de ese liberalismo en crisis que, no dando el paso decisivo hacia la democracia, acaba por asumir puntos de vista e implicaciones ideológicas de indudable

orientación antiprogresista e incluso antiliberal. Todo ello en un contexto dramático y mítico propio de las culturas del subdesarrollo.

Diáz-Plaja, Guillermo. *La poesía lírica española*. Barcelona, 1937. Sobre Unamuno págs. 361-363.

____. *Modernismo frente a noventa y ocho*. Madrid: Espasa-Calpe, 1951, 366 págs. Sobre Unamuno págs. 155-157 y 242-245.
Versa sobre la actitud antimodernista de Unamuno.

____. "Unamuno antimodernista", *Insula*, 216-217 (1964), ccxvi-ccxvii, 22.

____. "Valle Inclán-Unamuno". En *Ramón M. del Valle Inclán, 1866-1966* (Estudios reunidos en conmemoración del centenario). La Plata: Universidad Nacional de la Plata, Facultad de Humanidades y Ciencias de la Educación, 1967, 460 págs.

Dobson, A. "Unamuno's *Abel Sánchez*: An Interpretation". *ML*, 54 (1973), 62-67.

Dokhelar, B. *Unamuno et le sentiment basque*. Tesis de licenciatura. Universidad de París, 1955.

Domingo, José. "Unamuno desde América". *PSA*, No. 43 (1966), 369-378.

Donoso, Antón. "Philosophy as Autobiography: A Study of the Person of Miguel de Unamuno". *Personalist*, 49 (1968), 183-195.

D'Ors, Eugenio. "Filósofos sin sistema". *Clavileño*, 26 (1954), 5-6. Un capítulo se titula "De Juan Luis Vives a Unamuno".

Dos Passos, John. "A Funeral in Madrid: II". En *Rosinante to the Road Again*. Nueva York: Doran, 1922, págs. 219-229.

Doyuga, Emilia. "Unamuno ante la belleza femenina". *CHA*, 229-231 (1967), 178-184.

Dumas, Claude. "Algunos aspectos de Unamuno galáfobo". *CA*, XXIII (1964), 237-248.
Versa sobre la galofobia declarada de Unamuno antes y después del destierro en Francia y busca las fuentes profundas de esa constancia en la psicología y en el pensamiento de Unamuno.

Durand, Frank. "Search for Reality in *Nada menos que todo un hombre*". *MLN*, XXXIV (1969), 239-247.

Earle, Peter G. "Emerson and Unamuno: Notes on a Congeniality". *Symposium*, X (1956), 189-203.

_____. *Unamuno and English Literature*. Nueva York: Hispanic Institute in the United States, 1960, 160 págs. Tesis doctoral publicada. Universidad de Columbia.

_____. "Unamuno and the Theme of History". *HR*, XXXII (1964), 319-339.

_____. "El evolucionismo en el pensamiento de Unamuno". *CCU*, XIV-XV (1964-65), 19-28.

_____. "Unamuno: Historia and Intrahistoria". *PyLE* (1965), 179-186.

Ehrembourg, Ilya. "Miguel de Unamuno and the Tragedy of No Man's Land". *Long Drawn Out Denouement*. Moscú: Sovietskii Picatel, 1934, págs. 208-217.

Ehrembourg, Ilya. *Duhamel, Gide, Malraux, Mauriac, Morand, Romains, Unamuno, vus par un écrivain d'U.R.S.S.* 2a ed. París: Gallimard, 1934, 219 págs.

Ellicot Iglesias, Luis. "Alienation and the Poetic Word: A Study of the Poetics of Miguel de Unamuno". Tesis. Universidad de Harvard, 1969.

Elliot, Spencer H. "Reason or Instinct. A Spanish Philosopher's Remarkable Work". *ST*, 12 enero 1923.

Elmore, Edwin. "Tres apuntes sobre la figuración de Unamuno en la inquietud política e intelectual de nuestros días". *Nosotros*, XLI (1922), 556-561. *MP*, 47 (1922), 837-834.

_____. "Unamuno y el 'culto al dolor' portugués". *CL*, XII (1960), 142-150.

Englekirk, John E. "En torno a Unamuno y Portugal". *Hispania*, XLII (1932), 32-39.
Atracción de Unamuno por Portugal, al que siempre retornaba.

_____. "Unamuno, crítico de la literatura hispanoamericana". *RI*, No. 4, págs. 19-37. En *De lo nuestro y lo ajeno* (México: Cultura, 1966), págs. 109. Incluye también "Bibliografía de Unamuno sobre la literatura iberoamericana", pág. 125.
Unamuno en su búsqueda por el espíritu de España y Sur-América.

Enguídenos, Miguel. "Dos poetas paralelos, Miguel de Unamuno y Rubén Darío". *CHA*, 212-213 (1967), 227-244.
Fue el poeta nicaragüense, el primero que reconoció y proclamó el secreto último de la obra de don Miguel, su hondísima calidad y condición poética.

_____. "Unamuno frente a la historia". *Torre*, 35-36 (1961), 251-263.

Enjuto, Jorge. "Sobre la idea de la 'Nada' en Unamuno". *Torre*, 35-36 (1961), 265-275.
El eje de la problemática unamuniana parece centrarse en la idea de la nada, ya que a lo largo de su obra se debate, frente al problema del no ser.

Erro, Carlos Alberto. *Diálogo existencial*. Buenos Aires, 1937, 202 págs.

Esclansans y Folch, Agustín. *Miguel de Unamuno*. Buenos Aires: Juventud, 1947, 216 págs.
Contenido: I. "El hombre Miguel de Unamuno". II. "*Paz en la guerra*".

III. "*Amor y pedagogía*". IV. "*Paisajes*". V. "*De mi país*". VI. "*Vida de don Quijote y Sancho*". VII. "*Recuerdos de niñez y mocedad*". VIII. "*Mi religión y otros ensayos breves*". IX. "*Por tierras de Portugal y España*". X. "*Soliloquios y conversaciones*". XI. "*Contra esto y aquello*". XII. "*Del sentimiento trágico de la vida*". XIII. "*Niebla*". XIV. "*Abel Sánchez*". XV. "*La tía Tula*". XVI. "*La agonía del Cristianismo*". XVII. "*Cómo se hace una novela*". XVIII. "Los ensayos". XIX. "Las narraciones cortas". XX. "El teatro". XXI. "Poesías". XXII. "*Rosario de sonetos líricos*". XXIII. "*El Cristo de Velázquez*". XXIV. "*Andanzas y visiones españolas*". XXV. "*Rimas de dentro*". XXVI. "*Teresa*". XXVII. "*De Fuerteventura a París*". XXVIII. "*Romancero del destierro*". XXIX. "*El Cancionero inédito*". XXX. "La generación del 98". Bibliografía.

Comentario: Visión conjunta de la vida y de la obra de Unamuno.

Espino, Gabriel. "El magisterio de Unamuno". *CCU*, XVI-XVII (1966-67), 98-106.
Don Miguel en la Cátedra.

Esplá, Carlos. "Vida y nostalgia de Unamuno en el destierro". *Torre*, 35-36 (1961), 117-146.

_____. *Unamuno, Blasco Ibáñez y Sánchez Guerra en París* (recuerdos de un periodista). Prólogo de Augusto Barcia. Buenos Aires: Araujo, 1940, 93 págs.

Estafeta Literaria, Nos. 300-301, septiembre 1964.
Contenido: I. Parte. "Andar por este mundo". Salvador Vallina, "Unamuno y su país vasco". Rafael Santos Torroella, "Eres tú, Salamanca, mi costumbre". Federico Muelas, "Cuando don Miguel estuvo en Cuenca". Pablo Cepeda Calzada, "Estancias palestinas de Unamuno". Antonio de Obregón, "La noria madrileña". El Trujumán del Retablo, "Peripecias de don Miguel en París". Pedro Recamora, "Unamuno en y desde Portugal". Pedro Ortiz Armengold, "Y finalmente: 300 nombres recordados por el andarín". II. Parte. "Sintiendo y cavilando". Miguel Oromí, "Unamuno sin coetáneos". Julián Marías, "España, tema de Unamuno". Antonio Castro Castro, "Filósofos foráneos en Unamuno". Narciso Sánchez Morales, "Unamuno y los alemanes unamunianos". Francisco Meyer, "Unamuno y el

pensamiento francés". Carlos Luis Alvarez, "Unamuno y Camus". Emiliano Aguado, "La religión de Unamuno". Dictino Alvarez, S. J., "Unamuno y la ortodoxia". Ramiro Flores, O.S. A., "El Cristo español de Miguel de Unamuno". III. Parte. "El literato Miguel de Unamuno". Antonio Tovar, "Su lengua castellana". Santiago Villarrubia, "Ensayista unitemático". César Vallamanán, "El poeta grande Miguel de Unamuno". Teófilo R. de Santa María, "Sentido por un unamuniano". Luis Jiménez Martos, "Poeta de su casa". Angel Valbuena Prat, "Narrador lateral y caótico". Eusebio García Luengo, "Ese dramático dramaturgo, "Sentir de María Dolores Pradera". José María Bugella, "El periodista Miguel de Unamuno". Julio Miguel, "El alma en las cartas". IV. Parte. "Muestras de sus escritos".V. Parte. "Genio y figura y fama de don Miguel". F. Allue Morer, "1930 vuela al hogar". Manuel García Blanco, "De las publicaciones póstumas de Unamuno". Dámaso Santos, "Unamuno, gestor de hispanidad". Emilio Salcedo, "Los dibujos de don Miguel". Antonio Manuel Campoy, "Las pajaritas de don Miguel". César González-Ruano, "Diciendo que no". José Alfonso, "En el Ateneo". Carlos Rodríguez Rubio, "El primero y el último: Reflexión dramática". Francisco Umbral, "El hereje Unamuno". Francisco Alemán Sainz, "Entender con la pasión, hablar con el silencio". Juan Van-Halen, "Unamuno en los jóvenes". "Unamuno en el Boletín Oficial del Estado". Angel Valbuena Briones, "Tennessee, 32 veces Unamuno". Otros homenajes. Luis Ponce de León, "Centenario: Cuatro libros y otros cuatro". Juan Emilio Aragonés, "Peregrino de España". Antonio Iglesias Laguna, "No han muerto, Don Miguel".

Estrella Gutiérrez, Fermín. *Unamuno y Maragall (historia de una amistad)*. Buenos Aires: Baal, 1964. (?)

Farinelli, A. "Il conflitto tragico nell'anima e nel pensiero di Unamuno".*BBS*, XXIV (1947), 117-125.

Farré, Luis. "Unamuno, William James y Kierkegaard". *CHA*, 57 y 58 (1954), 279-299 y 64-88.

Fasel, Oscar A. "Unamuno's Thought and German Philosophy". Tesis doctoral. Columbia University, *DA*, XVII (1957), 1336, 253 págs.

_____. "An Evaluation of Ramón J. Sender's Essay: 'Unamuno, sombra fingida'". *Hispania*, XLII (1959), 161-169.

_____. "Observations on Unamuno and Kierkegaard". *Hispania*, XXXVIII (1955), 443-450.

Ferdinandy, Miguel de. "Unamuno y Portugal". *CCU*, II (1951), 111-131.

Feal-Deibe, Carlos. "Símbolos de renacimiento en la obra de Unamuno: La "Oda a Salamanca'". *HR*, 39 (1971), 395-414.

Febres, Eleodoro J. "La fe como inquietud en Miguel de Unamuno". *RyF*, 187 (1973), 449-459.

Fernández, Pelayo H. *Miguel de Unamuno y William James: Un paralelo pragmático*. Salamanca: Librería Cervantes, 1961, 137 págs. Tesis doctoral publicada.
Contenido: Introducción. I. "Unamuno, lector de William James". II. "The Principles of Psychology". III. "The Will to Believe". IV. "The Varieties of Religious Experience". V. "Pragmatism".VI. "Un paralelo entre el pensamiento de Unamuno y el de James: La fe; La religión; La verdad; La filosofía". VII. "El pragmatismo de Unamuno". VIII. "El pragmatismo de Unamuno y la crítica". IX. "Resumen y conclusión". Apéndice: "Las anotaciones marginales que Unamuno hizo en los libros de James". Bibliografía.
Comentario: Establece la analogía de temas, de postulados y de preocupaciones entre ambos y también las diferencias radicales. Las conclusiones son las siguientes: que el pragmatismo o pseudopragmatismo de Unamuno es original con respecto al de James; que ha absorbido del norteamericano tan sólo aspectos complementarios y, por lo tanto, le corresponde por derecho propio; y que la crítica unamuniana se ha mostrado un tanto falta de rigor al atribuir dicho pragmatismo exclusivamente al influjo de James.

_____. *El problema de la personalidad en Unamuno y en San Manuel Bueno*. Madrid: Mayfe, 1966, 233 págs.

Fernández de la Cera, Manuel. "Epistolario entre Unamuno y Ortega". *ROcc*, XIX (1964), 3-28. *CCU*, XXII (1972), 83-97.

Fernández de la Mora, Gonzalo. "Unamuno pensador". *ABC*, 27 septiembre 1964.

_____. *Pensamiento español 1964. De Unamuno a D'Ors*. Madrid: Rialp, 1965.

Fernández González, A. Raimundo, "Unamuno en su espejo". *BBMP*, XLII (1966), 233-304.

_____. "Unamuno: Diario inédito y vivencia poética de la muerte". *BBMP*, XLIII (1967), 175-282.

Fernández Show, Carlos. "Cartas de Unamuno". *RL*, XXII (1962), 207.

Fernández-Turienzo, F. *Unamuno ansia de Dios y creación literaria*. Madrid: Alcala, 1966. (?)

Ferrán, Jaime. "El diálogo con Europa de Miguel de Unamuno y Eugenio d'Ors". *SyU*, (1965), 193-199.

Ferrater, Mora, J. *Unamuno: Bosquejo de una filosofía*. Buenos Aires: Losada, 1944, 185 págs.
Contenido: Prefacio. "Unamuno y su generación". "El hombre de carne y hueso". "La idea del mundo". "La idea de Dios". "La inmortalidad". "La tragedia del cristianismo y la idea de la historia". "El idealismo de los ideales". "El ideal hispánico de Europa". "El Quijotismo". "La palabra". "La obra literaria". Notas bibliográficas.
Comentario: Exposición e interpretación de la vida y del pensamiento de Unamuno. Es Unamuno, el perfecto y el eterno hombre hispánico, el que pretende ser el uomo universale.

_____. "Unamuno. Voz y obra literaria". *RevCu*, XV (1941), 137-159.

_____. "Unamuno y la idea de la ficción". *Ciclón*, 4 (1956), 27-32.

———. "Unamuno y la idea de la realidad". *PSA*, IV (1956), 269-280. *Cuadernos*, XX (1957), 38-42. "On Miguel de Unamuno's Idea of Reality". *PPR*, XXI (1961), 514-520.

———. "Unamuno, 1964". *ROcc*, XIX (1964).

———. "Unamuno Today". En *Unamuno: Creator and Creation*, José Rubia Barcia y M. A. Zeitlin (eds.). Berkeley: University of California Press, 1967, págs. 220-234.
Sobre la preocupación de Unamuno por la personalidad y la permanencia de su pensamiento.

Ferris, Muriel. "El tema español en las obras de Unamuno". Tesis de licenciatura. Vassar College, 1934. (?)

Filer, Malva Esther. "Self-Identity and the Other in Unamuno". Tesis doctoral. Columbia University, *DA*, XXVII (1966), 1965-A, 155 págs.

———. "Eduardo Mallea y Miguel de Unamuno". *CHA*, 220-224 (1968), 369-382.
Señala algunas afinidades y diferencias entre Unamuno y el argentino Mallea. La obra de ambos tiene en común una serie de temas y preocupaciones: El enfoque de la vida como proceso dialéctico en el que el hombre se define a sí mismo mediante una lucha interior con la realidad circundante.

Flitch, J. E. C. "Introductory Essay". En *Unamuno, Essays and Soliloquies*. Nueva York, 1925, págs. 3-29.

Flores, Ramiro. "El Cristo español de Miguel de Unamuno". *EstLit*, 300-301 (1964).

Foster, David William. "Adiciones y suplemento a la bibliografía de Unamuno". *Torre*, XII (1964), 165-172.
Adición y suplemento a la bibliografía unamuniana de Federico de Onís, en esta misma revista de la Universidad de Puerto Rico (1961), págs. 601-636. (Véase Onís.)

_____. "Estructura poética en tres poemas de Unamuno, Machado y García Lorca". *DHR*, VI (1967), 1-13.

Fox, Arturo. "La novela de Unamuno y el modo dramático". Tesis doctoral. Universidad de Minnesota, *DA*, XXXII (1971), 4608-A, 247 págs.
Un análisis de sus pronunciamientos teóricos sobre la novela muestra un definitivo conocimiento de las principales técnicas del drama: la función de la descripción y diálogo, el problema del punto de vista y el grado de intervención del autor, y la relación entre el autor y el personaje. Acercamiento dramático a la ficción, pero este análisis también señala algunas desviaciones a este acercamiento tales como la objetividad del punto de vista, la interdependencia entre acción y el desarrollo del personaje, entre otros elementos esenciales del modo dramático, que no están presentes en las novelas de Unamuno. Esta tesis explora las razones personales y cronológicas de tales desviaciones.

Franco, Andrés. "Sobre el género dramático de Unamuno". En *Studies in Honor of M. J. Benardete, Essays in Hispanic and Sephardic Culture*, Isaak Lagnas y Barton Shold (eds.). New York, 1965.

_____. *El teatro de Unamuno*. Madrid: Insula, 1971, 347 págs. Tesis doctoral publicada. New York University, *DA* (1969), 3456-A, 369 págs. (con el título "Unamuno autor dramático").
Analiza el teatro de Unamuno. Cada uno de sus dramas están estudiados sistemáticamente con los pertinentes datos históricos y biográficos. Estudia también la suerte de Unamuno en el teatro, la naturaleza de su vocación dramática, sus ideas sobre el teatro y los aspectos técnicos de su arte dramático.

Francoli, Eduardo. "El tema de Caín y Abel en Unamuno y Buero Vallejo". *RomN*, 14 (1972), 244-251.

Francovich, Guillermo. "Unamuno y Ortega en parangón". *ND*, XXXVIII (1958), 54-58.

Frank, Rachel. "Unamuno: Existencialismo and the Spanish Novel". *Accent*, IX (1948-49), 80-88.

Franz, Thomas R. "The Bases of Humor in Three Novels of Unamuno". Tesis doctoral. Universidad de Kansas, *DA*, XXXI (1970), 2913A.

_____. "Menéndez y Pelayo as Antolin S. Paparrigópulos de Unamuno's Niebla". *PLL*, IX (1972), 84-88.

_____. "El sentido de humor y adquisición de autoconciencia en *Niebla*". *CCU*, 23 (1973), 5-25.

Frutos Cortés, Eugenio. "El hombre y lo humano en Unamuno". En *El hombre y lo humano en la cultura contemporánea*. Madrid, 1961, págs. 424-431.

Fuster, Joan. *Las originalidades. Maragall y Unamuno frente a frente*. Tr. Ana Ramón de Izquierdo. Madrid: Cruz del Sur, 1964, 116 págs.

Gabriel y Galán, José Antonio y E. Rodríguez Cepeda. "Más sobre Unamuno y Gabriel y Galán". *CCU*, XX (1970), 5-20.

Gaetano, Foresta. "Miguel de Unamuno. Comentario sobre Mazzini". *CCU*, XXI (1971), 13-22.

Enfoca la correspondencia espiritual e idelológica entre ambas personalidades. Pensamiento y acción: el aquí el lema mazziniano que nos recuerda la coherencia del hombre integral, aquella coherencia integral descubierta por Unamuno en sus "agonistas".

Gallant, Clifford J. "La mère dans l'oeuvre de François Mauriac et de Miguel de Unamuno". Tesis. Universidad de Toulouse, 1959, 48 págs.

_____. "Miguel de Unamuno y François Mauriac". *CCU*, XIV-XV (1964-65), 77-84.

Establece las semejanzas, tanto biográficas como literarias en la vida y obra de Miguel de Unamuno y su coetáneo el francés François Mauriac.

Gallego Morrell, Antonio. "Tres cartas inéditas de Unamuno a Ganivet". *Insula*, XXXV (1958), 1-2 y 7. *RAPE*, XIII (1959), 3-6.

Cartas inéditas dirigidas a su gran amigo Angel Ganivet, fechadas en Salamanca (de septiembre a noviembre), muy poco antes de la muerte de su destinatario, el 1898.

Gallo, J. P. "Unamuno and His Novel *Niebla*". Tesis de licenciatura. Harvard University, 1951, 212 págs.

Gamazo Fernández, V. F. *El estilo como filosofía del lenguaje*. Madrid, 1957, 133 págs. Tesis doctoral publicada. Universidad de Madrid.
Contenido: Introducción. I. "Unamuno filósofo del lenguaje y del estilo". II. "¿Hay una definición de estilo?". III. "El estilo es el hombre". IV. "Estilo y personalidad". V. "Estilo y tipo". VI. "Estilo y ritmo". VII. "Estilo y expresión". VIII. "Pensamiento y sentimiento". IX. "Estilo y lenguaje". X. "Estilo, voz y gesto". XI. "Estilo y personalidad". Epílogo: "¿Una definición del estilo?". "Dámaso Alonso. Seamos agradecidos". Notas. Bibliografía.
Comentario: Se ocupa de la originalidad del lenguaje y del estilo de Unamuno.

Garagoari, Paulino. *Del pasado al porvenir: Unamuno, otros ejemplos y un homenaje*. Barcelona: Hispano Americana, 1965, 181 págs.
Contenido: Nota preliminar: "Unamuno". I. "De Unamuno y sus virtudes actuales". "La doctrina de la feliz incertidumbre, Unamuno y la libertad de cátedra". "El vasco Unamuno". "Unamuno, las postrimerías y la relativa importancia de la muerte". "Otros ejemplos". "Individuo, sociedad, estado". "Rebeldía y disciplina". "Bajo fuegos cruzados". "El estilo y la norma". "La veta fantástica". "El envés de la tradición". "Las virtudes fungibles". "Un homenaje". "Albert Camus en su generación".
Comentario: Unamuno y su magisterio sobre las nuevas generaciones, sigue siendo gran inquietador de la conciencia española.

_____. "El vasco Unamuno". *ROcc*, XIX (1964), 121-129.

_____. "Unamuno y Ortega, frente a frente". *CHA*, 190 (1965), 15-32.
Vinculación que ofrece distintos niveles. La dimensión "social" e "histórica" de la misma, es la más importante. Es el misionero de esos proyectos de reforma moral e intelectual de la vida española.

García Araez, J. "Unamuno y la literatura". *RLit*, VII (1955), 60-81.

García Bacca, Juan David. *Nueve grandes filósofos contemporáneos, y sus temas*. Imprenta Nacional, 1941. Vol. I, 316 págs. Vol. II, 360 págs. Sobre Unamuno, Vol. I, págs. 95-176.

García Blanco, Manuel. "Crónica unamuniana (1937-47)". *CCU*, I (1948), 103-126;
"Crónica unamuniana (1948-49)". *CCU*, II (1951), 133-148;
"Crónica unamuniana (1950-51)". *CCU*, III (1952), 81-104;
"Crónica unamuniana (1952-53)". *CCU*, IV (1953), 85-105;
"Crónica unamuniana (1953-54)". *CCU*, V (1954), 185-211;
"Crónica unamuniana (1954-55)". *CCU*, VI (1955), 77-102;
"Crónica unamuniana (1955-56)". *CCU*, VII (1956), 131-147;
"Crónica unamuniana (1956-57)". *CCU*, VIII (1958);
"Crónica unamuniana (1957-58)". *CCU*, IX (1959), 117-128;
"Crónica unamuniana (1958-59)". *CCU*, X (1960), 101-128;
"Crónica unamuniana (1959-60)". *CCU*, XI (1961), 91-101;
"Crónica unamuniana (1961-62)". *CCU*, XII (1962), 75-104;
"Crónica unamuniana (1962-63)". *CCU*, XIII (1963), 95-110;
"Crónica unamuniana (1963-65)". *CCU*, XIV-XV (1964-65), 119-223.
Estas crónicas son esencialmente informativas, tienen un marcado carácter bibliográfico. Sin carácter exhaustivo, fruto de una selección que sólo aspira a informar. Siguen estas crónicas casi el mismo formato y los epígrafes ya tradicionales de estas crónicas. Son: "Aportaciones biográficas". "Epistolario". "Ediciones". "Traducciones". "Estudios sobre la obra de Unamuno: Poesía, Teatro, Novela, Ensayos y Filosofía". "El lenguaje". "Unamuno. y otros escritores". "Unamuno y otros países". "Religión". "Varia". Revisten gran interés: La crónica de 1937-47 (1948) trata del fallecimiento de don Miguel de Unamuno el 31 de diciembre de 1936 en Salamanca; la crónica de 1956-57 (1958), "Unamuno en el Indice": L'Osservatore Romano del 31 de enero de 1957 publicó el decreto de la Suprema Congregación del Santo Oficio, por el que se condena y manda a

incluir en el *Indice de libros prohibidos*, dos obras de Unamuno—*Del sentimiento trágico de la vida* y *La agonía del cristianismo*; y la crónica de 1959-60 (1961), en "Homenaje al XXV aniversario de la muerte de Unamuno": "Actos públicos". "La conmemoración de la prensa". Números especiales de revistas: *Insula, La Torre, Asomante*. La última crónica, que abarca de 1963-65 (1964-65)—la más extensa, con ciento cuatro páginas—y la última de las crónicas escritas por Manuel García Blanco, "Crónica de los actos del primer centenario del nacimiento de don Miguel de Unamuno en España y en todo el mundo".

_____. García Blanco, Manuel. "Don Miguel profesor y filólogo". *GLit*, 15 marzo 1930.

_____. "Salamanca y Unamuno". *Español*, 26 diciembre 1942.

_____. *Paisajes del alma*. *ROcc* (1944). (?) (Véase "Colecciones y selecciones" de esta tesis.)

_____. "Unamuno y el lenguaje salmantino". *Español*, 24 junio 1944.

_____. "Unamuno y sus seudónimos". *BSS*, XXIV (1947), 125-132. También en *En torno a Unamuno*. Madrid, 1964.
Como homenaje a su memoria en el décimo aniversario de su muerte.

_____. *De esto y de aquello: Escritos no recogidos en libro*. Ordenación, prólogo y notas de Manuel García Blanco. Tomos I-IV. Buenos Aires: Sudamericana, 1950-54. (Véase "Colecciones y selecciones" de esta tesis.)

_____. "El poeta valenciano Vicente Wenceslao Querol y Unamuno". *VF*, I (1951), 63-71.

_____. "Clarín y Unamuno". *ArchO*, II (1952), 113-139.

_____. "Un poema olvidado de Unamuno y una carta inédita de Antonio Machado". *CU*, XXXIV (1952), 59-70.
Sobre el poema "¡Bienaventurados los pobres!".

_____. "Tres cartas inéditas de Maragall a Unamuno". *CCU*, III (1952), 81-104.

_____. "Una carta inédita de José Enrique Rodó a Unamuno". *CU*, 38-39 (1953), 73-83.

_____. "El entusiasmo de Unamuno por algunos líricos ingleses". *Atlante*, I (1953), 144-148.

_____. "Recuerdos de Ramón y Cajal en Unamuno". *BRAE*, XXXIII (1953), 7-18.

_____. "Versiones italianas en las obras de Unamuno". *QIA*, XIII (1953), 269-273.

_____. "Cartas inéditas de Ezio Levi a Miguel de Unamuno". *QIA*, XV (1954), 425-431.

_____. *Don Miguel de Unamuno y sus poesías*. Universidad de Salamanca, 1954, 453 págs.
Contenido: Propósito del libro. I. "El libro *Poesías*", 1907. II. "*El rosario de sonetos líricos*", 1911. III. "Del *Rosario de sonetos líricos* al poema 'El Cristo de Velázquez'", 1912-1920. IV. "'El Cristo de Velázquez'", 1913-1920. V. "Las poesías del libro *Andanzas y visiones españolas*", 1922. VI. "*Rimas de dentro*", 1923. VII. "*Teresa* (rimas de un poeta desconocido)", 1924. VIII. "Los sonetos del libro de *Fuerteventura a París*", 1925. "*El romancero del destierro*", 1928. X. "El cancionero (diario poético)", 1928-1936 "y su publicación póstuma", 1953. "Antología: Poemas inéditos o no incluídos en libros del autor". Bibliografía.
Comentario: Estudio y antología de poemas inéditos o no incluídos en sus libros. La "Antología", constituye la segunda parte de este trabajo, que dejarán el firme trazo de una gran actividad poética, textos olvidados que no merecen serlo. Y como complemento indispensable una bibliografía, estudios y trabajos sobre la poesía de Unamuno, ediciones y antologías y traducciones a otras lenguas.

_____. "El escritor argentino Manuel Gálvez y Unamuno (historia de una amistad)". *CHA*, LIII (1954), 182-198.

_____. "El escritor uruguayo Juan Zorrilla de San Martín y Unamuno". *CHA*, LVIII (1954), 29-57. Hay edición no venal hecha por la Embajada del Uruguay en España (Madrid, 1955, 33 págs.).

_____. "Italia y Unamuno". *Archivum*, IV (1954), 182-219. También en *En torno a Unamuno* (Madrid, 1964).
Miscelánea filológica en memoria de Amado Alonso.

_____. "La 'Oda a Salamanca', de Unamuno". *CU*, XLVI (1954), 54-74.

_____. "Rubén Darío y Unamuno". *CU*, XLII (1954), 15-28.

_____. *Teatro: Fedra, Soledad, Raquel encadenada, Medea*. Edición, prólogo y nota bibliográfica de Manuel García Blanco. Barcelona: Juventud, 1954, 224 págs. (Véase "Colecciones y selecciones" de esta tesis.)

_____. "Teixeira de Pascoaes y Unamuno (breve historia de una amistad)". *RFC*, X (1954), 85-92. *IAL*, 79 (1955), 18-19.

_____. "Unamuno fuera de España". *Insula*, abril 1954.

_____. "El escritor mejicano Alfonso Reyes y Unamuno". *CHA*, 71 (1955), 155-179.

_____. "Escritores venezolanos amigos de Unamuno". *CU*, L (1955), 115-134.

_____. *España y los españoles*. Prólogo, edición y notas de Manuel García Blanco. Madrid: Aguado, 1955, 302 págs. (Véase "Colecciones y selecciones" de esta tesis.)

_____. "Notas de estética unamuniana". *RIE*, 49 (1955), 3-26. A propósito de su libro de rimas *Teresa* (1924).

_____. "Viviendas salmantinas de don Miguel de Unamuno". *CCU*, VI (1955), 65-75. También en *En torno a Unamuno* (Madrid, 1964).

"La casa del mirador del campo de San Francisco". "La casa rectoral de libreros". "La casa de los bordadores". "La casa museo de la rectoral".

_____. "Walt Whitman y Unamuno". *CU*, LII (1955), 76-102. *Atlántico*, 2 (1956), 5-47.

_____. "Cartas a Warner Fite". *RHN*, XXII (1956), 87-92; XXIII (1957), 66-82.

_____. "Cartas inéditas de Antonio Machado a Unamuno". *RHM*, XXII (1956), 270-285.

_____. "De las andanzas de Unamuno por tierras extremeñas. Un recuerdo poético inédito". *PSA*, I (1956), 137-144.
Sobre el poema "Cáceres".

_____. "Dos poemas inéditos de Miguel de Unamuno. Texto y noticia". *Asomante*, XII (1956), 66-70.

_____. "La poesía gauchesca vista por don Miguel de Unamuno". En *Primeras jornadas de lengua y literatura hispanoamericana*. Tomo I. Salamanca, 1956, págs. 177-193.
Unamuno sorprendió los núcleos más vivos y significantes del poema máximo de la literatura argentina, destacó su belleza, originalidad y significado universal. Martín Fierro es para Unamuno el descubrimiento de un horizonte espiritual y físico en este caso el gauchesco, abrasado por la dicción lírica.

_____. "La cultura alemana en la obra de Unamuno". *RJahr*, VIII (1957), 321-340.
Relaciones de Unamuno con el pensamiento y la poesía alemanas. Unamuno como traductor y profundo conocedor de la filosofía de Kant, Hegel, Shopenhauer, y Nietzsche y conocedor de los poetas y dramaturgos: Schiller, Novalis, Heine, Hebbel, etc.

_____. *De la correspondencia de Miguel de Unamuno*. Textos preparados y comentados por Manuel García Blanco. Nueva York: Hispanic Institute in the United States, 1957, 59 págs.

Contenido: "Cartas de Antonio Machado". II. "Correspondencia entre Warner Fite y Unamuno".
Comentario: Versa sobre la amistad que los unía.

_____. *En el destierro* (recuerdos y esperanzas). Selección, prólogo y notas de Manuel García Blanco. Madrid: Pegaso, 1957, 210 págs. (Véase "Colecciones y selecciones" de esta tesis.)

_____. "Galicia y Unamuno". *PSA*, VII (1957), 123-168. También en *En torno a Unamuno* (Madrid, 1964).

_____. *Inquietudes y meditaciones.* Prólogo y notas de Manuel García Blanco. Madrid: Aguado, 1957, 278 págs. (Véase "Colecciones y selecciones" de esta tesis.)

_____. *Cincuenta poesías inéditas.* Introducción y notas de Manuel García Blanco. Madrid: Ediciones de los Papeles de Son Armandans, 1958, 158 págs. (Véase "Colecciones y selecciones" de esta tesis.)

_____. "El novelista asturiano Palacio Valdés y Unamuno". *Archivum*, VIII (1958), 5-13.

_____. "El pensador uruguayo Carlos Vaz Ferreira y Miguel de Unamuno". *RN*, 198 (1958), 481-513.

_____. "Ricardo Rojas y Unamuno". *RUBA*, III (1958), 403-456.

_____. "Benedetto Croce y Miguel de Unamuno". *Annali*, I (1959), 1-29.

_____. "Escritores franceses amigos de Unamuno". *BH*, LXI (1959), 82-103.
Ellos fueron: Camille Pitollet, Maurice Legendre, Jacques Chavalier, Marcel Bataillon y Jean Cassou.

_____. *Mi vida y otros recuerdos personales.* Recopilación y prólogo de Manuel García Blanco. Buenos Aires: Losada, 1959. Tomo I, 220 págs; Tomo II, 203 págs. (Véase "Colecciones y selecciones" de esta tesis.)

_____. *Obras completas*. Prólogo, edición y notas de Manuel García Blanco. Madrid: Vergara, 1959-1964. Vol. I-XVI. (Véase "Colecciones y selecciones" de esta tesis.)

_____. "Poetas ingleses en la obra de Unamuno". *BHS*, XXXVI (1959), 88-105 y 146-165.

Admiración de don Miguel por la poesía de Wordsworth, Coleridge, los Browning, Matthew Arnold y Tennyson, y la atracción que sobre él ejercía Robert Burns. El juicio que a Unamuno merecía Byron, y la admiración por un verso de Keats, y en fin su lectura y gran aprecio de otros muchos poetas ingleses, culto que resalta aun más, cuando se trata de Blake, y sobre todo de Shakespeare.

_____. *Teatro completo de Unamuno*. Introducción y notas de Miguel García Blanco. Madrid: Aguilar, 1959, 1209 págs. (Véase "Colecciones y selecciones" de esta tesis.)

_____. "Unamuno y tres poetas norteamericanos". *Asomante*, XV (1959), 39-44.

Estos poetas, muy leídos y comentados por Miguel de Unamuno son: Sidney Lanier (1842-1881); William Vaugh Moody (1869-1910); y Carl Sandburg, nacido en Illinois en 1878.

_____. "Angel Ganivet y Miguel de Unamuno" (afinidades y diferencias). *Humanidades*, II (1960), 159-190.

_____. "Un inglés y un español escriben en Mallorca". *PSA*, L (1960), 256-272.

Se refiere a la amistad que unió a don Miguel con el hispanista y escritor británico J. E. Crawford-Flitch.

_____. "El mundo clásico de Miguel de Unamuno". En *El mundo clásico en el pensamiento español contemporáneo*. Madrid: Publicaciones de la Sociedad Española de Estudios Clásicos, 1960, págs. 45-89.

_____. "*Amor y pedagogía*, nivola unamuniana". *Torre*, 35-36 (1961), 443-478.

_____. *Poemas de los pueblos de España*. Prólogo, selección y notas de Manuel García Blanco. Salamanca: Anaya, 1961, 130 págs. (Véase "Colecciones y selecciones" de esta tesis.)

_____. "Unamuno y dos hispanistas norteamericanos". *RHM*, XXVII (1961), 86-93.
Los hispanistas son Homer P. Earle y Waldo Frank.

_____. "Unamuno y Ortega: Aportación a un tema". *Insula*, No. 181, XII (1961), clxxxi, 3.

_____. *América y Unamuno*. Madrid, Gredos, 1964, 434 págs.
Contenido: "Ensayo preliminar". I. "Correspondencias epistolares". "El novelista argentino Manuel Gálvez", "Rubén Darío y Unamuno: '¡Hay que ser justo y bueno, Rubén'". "El poeta uruguayo Juan Zorrilla de San Martín". "El escritor mejicano Alfonso Reyes, y Unamuno". "Escritores venezolanos amigos de Unamuno". "El pensador uruguayo Carlos Vaz Ferreira". "El argentino Ricardo Rojas". II. "Temas literarios". "La poesía gauchesca". "Walt Whitman". "Tres poetas norteamericanos". Indice onomástico de personas. Indice de obras citadas.
Comentario: Don Miguel de Unamuno nunca llegó a pisar suelo americano. Varias veces, cuando ya la partida parecía inminente, se contuvo o le contuvieron. Sin embargo, no se puede negar, pues el mismo lo dice, que vivió largamente atraído por sus tierras, sus gentes, su cultura, sus destinos. Entre sus predilecciones literarias y sus amigos hubo muchos de aquellos países y algunos dejaron su huella en él.

_____. "De las publicaciones póstumas de Unamuno". *EstLit*, 300-301 (1964).

_____. *Entorno a Unamuno*. Madrid: Taurus, 1964, 625 págs.
Contenido: I. "Personalia". "Don Miguel de Unamuno y sus seudónimos". "Viviendas salmantinas de don Miguel". "Galicia y Unamuno". "El mundo clásico de Miguel de Unamuno". "Don Luis y don Miguel". II. "España". "El poeta valenciano Vicente Wenceslao Querol". "Clarín y Unamuno". "Las cartas de Antonio Machado". "El

novelista asturiano Palacio Valdés". "Angel Ganivet y Miguel de Unamuno" (afinidades y diferencias). "Unamuno y Ortega" (aportación a un tema). III. "Europa". "El poeta portugués Teixeira de Pascoaes". "Italia y Unamuno". "Benedetto Croce" (historia de una amistad). "La cultura alemana". "Los poetas ingleses". "Los amigos franceses".

Comentario: Estos ensayos, salvo el titulado "Italia y Unamuno" sometido a nueva redacción en 1963, habían sido publicados en revistas españolas y extranjeras en los años comprendidos entre 1947 a 1963.

_____. "Unamuno, traductor y amigo de José Lázaro". *ROcc*, XIX (1964), 97-120.

_____. "Unamuno y el novelista norteamericano: Melville". *Insula*, XIX (1964), ccxvi-ccxvii, 5.

_____. "Unamuno y Papini". *Annali*, VI (1964), 133-162.

_____. "Unas cartas de Unamuno y de Pérez de Ayala". *PSA*, XXXVIII (1964), 237-254.

_____. "Unamuno y las letras norteamericanas". *Pensamiento y Letras en la España del siglo XX* (1965), 219-245.

_____. "Un poeta". *UyB* (1967), 199-232.

_____. "Unamuno and the United States". *UCS* (1967), 75-105.

_____. y Frank Sedwick. "Tesis sobre don Miguel de Unamuno y sus obras en las universidades norteamericanas hasta febrero de 1955". *KLQ*, III (1956), 192-196. *CCU*, VIII (1958), 57-73. (Véase F. Sedwick en esta disertación.)

García Luengo, E. "Ese dramático dramaturgo". *EstLit* 300-301 (1964).

García Morejón, Julio. "Unamuno y el sentimiento trágico de Antero de Quental". *CCU* XI (1961), 27-65.

Versa sobre las relaciones ideológicas y literarias con el gran atormentado poeta portugués. Esta analogía está basada, en la postura de sus obras, en el mismo sentimiento trágico de sus vidas, en los métodos dialécticos aplicados, en la entonación, en el esfuerzo, en la agonía.

_____. *Unamuno y Portugal*. Madrid: Ediciones Cultura Hispánica, 1964, 514 págs. Edición homenaje del Instituto de Cultura Hispánica a don Miguel de Unamuno en el primer centenario de su nacimiento.
Contenido: Introducción. Primera parte: "De Salamanca a Portugal". "Andanzas y visiones lusitanas". Segunda parte: "Dos generaciones ibéricas". "El sentimiento trágico de Antero de Quental". "El guitarrillo de tres cuerdas de João de Deus". "Camilo frente a Eça". "Dos actitudes unamunianas". Tercera parte: "Diálogos al vivo". "Guerra Junqueiro". "En Coimbra con Eugenio de Castro". "El Támega y el Marao". "Recuerdos de Amarante". "Paseos con Espinho". "La agonía de Laranjeira". Bibliografía.
Comentario: El influjo de la literatura portuguesa, la parte que a Portugal toca en la formación última de ese complejo de afirmaciones y negaciones que es el unamunismo integral, no es idea nueva; estos elementos ahora aportados emiten a su vez nuevas perspectivas al tema.

_____. *Unamuno y el Cancionero: La salvación por la palabra*. Con un homenaje póstumo a la memoria de Manuel García Blanco. São Paulo: Faculdade de Filosofía, Ciencias e Letras de Assis, 1966, 194 págs.
Contenido: Introducción. I. "Unamuno poeta". II. "Unamuno y el Cancionero". III. "La salvación por la palabra". Conclusión. Bibliografía. "Estudios sobre la poesía de Unamuno. Bibliografía sobre el *Cancionero*.
Comentario: Analiza la postura de Unamuno ante la creación poética y expresa que el *Cancionero* representa el encuentro de su creador con Dios y la solución de sus angustiosas crisis de eternidad, a través de la palabra poética.

Garófolo, Silvano Benito. "The Poetry of Giacomo Leopardi and Miguel de Unamuno". Tesis doctoral. Universidad de Minnesota, *DA*, XXVII, 2528A, 151 págs.
Establece las analogías y diferencias entre Leopardi y Unamuno. Ambos consideraron a la poesía como el más adecuado vehículo para penetrar en los misterios insondables de la vida. Poseyeron

el sentido trágico de ella. Trataron de indagar "su" interioridad, la naturaleza interna del hombre, y la mortalidad e inmortalidad de la vida.

Gautrand, Marcel. *Le refus de mourir et l'esperance chez Miguel de Unamuno*. Gap: Ophrys, 1969, 104 págs.
Analiza los caminos por los que el hombre intenta alcanzar la supervivencia. La esperanza, resume la cuesta en su profundo deseo de "no-morir": Dios es el necesario asidero al que se agarra la esperanza unamuniana.

Gil Casado, Pablo. "Unamuno: Su visión estética de Castilla". *CHA*, 207 (1961), 419-437.
Unamuno considerado entre los escritores del 98 como precursos en la observación del paisaje castellano. Y además como el que inicia la apreciación de sus valores estéticos.

Glascock, Janice Donnell. "The Hero 'fracasado' in the Novels of Unamuno, Baroja and Azorín". Tesis doctoral. Lousisiana State University, *DA*, XXVII (1966), 1367-A, 198 págs.
Ensancha la perspectiva existencialista de Unamuno, e incluye a Baroja y Azorín, dentro de esta categoría. Estudio comparativo-biográfico que refleja que escribieron buscando la respuesta práctica y filosófica a las preguntas ¿Quién soy? y ¿Que debo hacer con mi vida?, preocupación evidente en el desarrollo del héroe fracasado.

Godoy, Gustavo J. "Dos mártires de la fe según Dostoyevski y Unamuno". *CCU*, XX (1970), 31-52.
Paralelo esbozado en cuanto al problema de la fe, cuestión central en *San Manuel Bueno, mártir* y en *Los hermanos Karamazov* (Capítulo V, del libro V, de la segunda parte).

Goié, Cedomil. "Unamuno como método". *UChU* (1964), 144-157.

Gómez de la Serna, R. "Don Miguel de Unamuno". En *Retratos contemporáneos*. Buenos Aires, 1941, págs. 401-428.

Gómez Martínez, Fernando. "Bolívar visto por Unamuno". *UC* (1964), 181-187.

Gómez-Moriana, Antonio. "Unamuno en su congoja". *CCU*, XIX (1969), 17-90.

Interpretación del pensamiento de Miguel de Unamuno a través del término central de su obra: la congoja. La "congoja" constituye para Unamuno la base de una vida humana vigorosa y eficaz, si esta sabe impregnarse de los principios éticos, religiosos, estéticos y lógicos que de ella se desprenden.

González, Antonio, R.P. "¿Unamuno en la hoguera? Veinticinco años de crítica clerical". *Asomante*, XVII (1961), 7-25.

González, Beatrice Elisabeth. "Dos actitudes coincidentes: Ralph Waldo Emerson y Miguel de Unamuno". Tesis doctoral. Universidad de Salamanca, 1956.

González, Emilio José. "Algunas observaciones sobre tres novelas de Unamuno (*Paz en la guerra*, *Amor y pedagogía* e *Historia de amor*)". *Torre*, 35-36 (1961), 427-442.

_____. "Reflexiones sobre *Niebla*". *Asomante*, XVII (1961), 36-54.

González del Valle, Luis. "La tragedia en el teatro de Unamuno, Valle-Inclán y García Lorca". Tesis doctoral. Universidad de Massachussetts, *DA*, XXXIII (1972), 5174-A, 251 págs.

González Caminero, N., R.P. "La moral del *Sentimiento trágico*". *RyF*, CXXXVII (1948), 326-339.

_____. *Unamuno. Trayectoria de su ideología y de sus crisis religiosa*. Comillas: Universidad Pontificia, 1948, 392 págs.

Crítica de Unamuno, desde el punto de vista de la ortodoxia católica.

_____. "Unamuno vasco y castellano, filósofo y poeta". *UyB* (1967), 39-124.

Unamuno se reconocía deudor a su tierra vasca. A Bilbao atribuye su sentimentalidad religiosa y su anhelo insaciable de Dios.

González-Ruano, César. "Diciendo que no". *EstLit*, 300-301 (1964). (?)

_____. *Vida, pensamiento y aventura de Miguel de Unamuno.* Madrid: Colección El Grifón, 1954, 187 págs.

Granjel, Luis. *Retrato de Unamuno.* Madrid: Guadarrama, 1957, 388 págs.
Contenido: Prólogo: "Mi don Miguel de Unamuno". Primera parte: "El hombre". I. "Bosquejo iconográfico". II. "Madre Vizcaya". III. "El renombre". Libro Segundo: "La crisis religiosa". IV. "Niñez y mocedad". V. "El descreimiento". VI. "Los años de Bilbao". Libro Tercero: "Unamuno en Salamanca". VII. "Visión de Castilla". VIII. "La vida cotidiana". IX. "Hombre público". Segunda parte: "El anhelo". Libro Cuarto: "El ensimismamiento". X. "1897". XI. "Interiorismo". XII. "Vivencias de las cumbres". Libro Quinto: "La angustia vital". XIII. "Encuentro con la muerte". XIV. "Anhelo de pervivencia". XV. "La razón del filosofar". Tercera parte: "La pasión". Libro Sexto: "Hambre de inmortalidad". XVI. "La fe dudosa". XVII. "Concepto de religión". XVIII. "Su Dios hereje".
Comentario: Este retrato, breve historia de su "pasión", dibuja el perfil de su figura, y cuenta los sucesos de su vida y expone su sed de vida perdurable.

Grau, Jacinto. *Unamuno, su tiempo y su España.* Buenos Aires: Alda, 1946, 197 págs.
Contenido: Al lector. "El hombre que fue Miguel de Unamuno". "La agonía". "La contra agonía". "Los tigres de Unamuno". "La envidia". "La vanidad de Unamuno". "La obra de Unamuno". "La filosofía de Unamuno". "La España de Unamuno". Advertencia. Nota final.
Comentario: El autor ha procurado reproducir, en el ámbito de una psicología penetrante, su escenario y sobre todo su acción y su persona. La obra entera de Unamuno—como ya Cassou observó— no es más que un comentario. Y a menudo un monólogo. Monólogo muchas veces convertido en diálogo con otros Unamunos, que llevaba consigo en su dramática persona.

Gray, Richard W. "The Religion of Unamuno: A Statistical Analysis of Sources". Tesis. Universidad de Florida, 1949.

Grene, Marjorie. *El sentimiento trágico de la existencia* (Unamuno,

Kierkegaard, Heidegger, Jaspers, Sartre y Marcel). Madrid: Aguilar, 1952. Sobre Unamuno págs. 205-295.

Guinard, Paul. "Legendre et Unamuno". *BIFE*, 87 (1956), 1-16.

Gullón, Ricardo. "La novela personal de Miguel de Unamuno". *Torre*, 35-36 (1961), 93-115.

_____. "La voluntad de dominio en la madre unamuniana". *Asomante*, XVII (1961), 12-17.

_____. "Don Sandalio o el juego de los espejos". *PSA*, XXX (1963), 299-325.
Don Sandalio es la figura más enigmática de cuantas creó Unamuno. Don Sandalio es un personaje visto desde fuera, cuya vida interior se nos escapa, que acaso no la tiene. Es un personaje que no monologa. El relato, escrito en primera persona del singular, va redactado en forma de cartas enviadas por el narrador a un su amigo, y el estilo epistolar familiar refuerza lo íntimo de las experiencias narradas. Don Sandalio es la novela de este recreo del autor en el personaje.

_____. *Autobiografías de Unamuno*. Madrid: Gredos, 1964, 386 págs.
Contenido: "La tempestad y el silencio". "El filósofo en Chancletas". "La vida es niebla". "El descenso a los infiernos". "¿Quién soy yo?". "Cómo se hace un hombre". "La voluntad de dominio en la madre unamuniana". "*Teresa*, novela de amor". "El prólogo, novela del novelista", "La novela personal de Unamuno". "El histrión trascendental". "Emeterio Alfonso, el mirón". "Don Sandalio o el juego de los espejos". "El testamento de don Miguel". Bibliografía. Indice de nombres propios.
Comentario: Este libro indaga las huellas autobiográficas de Unamuno en su obra novelesca (desde *Paz en la Guerra* hasta *San Manuel Bueno*). Nos hace ver los distintos hombres que fue o quiso ser el gran escritor a lo largo de su existencia: en paz o en guerra consigo mismo, en soledad o en diálogo. Junto a ello desentraña también el espíritu y el sentido de las novelas unamunescas, sobre todo el problema de la personalidad humana.

_____. "The Soul on the Stage". En *Unamuno: Creator and Creation*,

José Rubia Barcia y M. A. Zeitlin (eds.). Berkeley: University of California Press, 1967, págs. 138-155.

_____. "Unamuno y su *Cancionero*". *UCS* (1967), 9-25.
El *Cancionero*, microcosmos en donde Unamuno se refleja, incomparable autobiografía lírica del alma, Las poemas del *Cancionero*, diálogo con Dios, retorno a la infancia, inquietud existencial—constituyen un Corpus sin antecedentes en la poesía española. A lo largo de 1755 poemas monologó, más bien dialogó—con Dios,

Guy, Alain. *Unamuno*. París: Editions Seghers, 1964 (?).

Haggard-Villasana, Juan. "A Brief Study of the Novels and Short Stories of Unamuno". Tesis. Universidad de Texas, 1932.

Hammit, Gene M. "Poetic Antecedents of Unamuno's Philosophy". *Hispania*, XLV (1962), 679-682.
Sobre el *Rosario de sonetos líricos* y *Del sentimiento trágico*.

Hannan, Dennis G. "Unamuno: *La tía Tula* como expresión novelesca del ensayo 'Sobre la soberbia'". *RomN*, 12 (1971), 296-301.

Harris, Mary Therese. "La técnica de la novela en Unamuno". Tesis de licenciatura. Wellesley College, 1952, 247 págs.

Henríquez-Ureña, Pedro. "Poesías de Unamuno". *RM* (1907), 12-28.

Hernández de Mendoza, Cecilia. "La palabra viva de Unamuno". *UC* (1964), 91-116.

Hilton, Ronald. "Unamuno, Spain, and the World". *BSS*, XIV (1937), 60-74, 123-137.

Hodgson, J. R. "La obra filosófica de Miguel de Unamuno". Tesis de licenciatura. Universidad de Southern California, 1934.

Holguín, Andrés. "Unamuno y América". *UC* (1964), 147-180.

Hommel, H. "Unamuno und das Christentum". *DChW*, 14 agosto 1930.

Horst, K. G. "Der Traum Gottes. Rückblick auf Miguel de Unamuno". *WWV*, V (1950), 508-512.

Housman, John E. "Izaak Walton and Unamuno". *English*, VI (1946-47), 130-133.

Hoyos, Antonio de. *Unamuno escritor*. Patronato de Cultura de la Excma. Diputación Provincial de Murcia, 1959, 147 págs.
Contenido: I, "Unamuno escritor". II. "Circunstancia", III. "Vida". IV. "Temas literarios", V. "Para una génesis de su obra". VI. "Descripción de ensayos". VII. "Unamuno novelista".
Comentario: Sobre la evolución y trascendencia de la obra de Unamuno.

Huarte Morton, Fernando. "El ideario lingüístico de Unamuno". *CCU*, V (1954), 5-183.
Expone los problemas generales de la lingüística y de la filología unamuniana, su objeto, método y problemas.

Huerta, Eleazar. "Unamuno novelista". *UChU* (1964), 113-143.

Huertas-Jourda, José. *The Existentialism of Miguel de Unamuno*. Gainesville: University of Florida Press, 1963, 70 págs.
Tesis de licenciatura publicada. New York University.

Hyslop, T. "Miguel de Unamuno as a Religious Philosopher". *ModCh*, XXXII (1937-38), 646-652.

Ibáñez de García Blanco, Leo. "Bibliografía unamuniana". *CCU*, XXI (1971), 165-171; XXII (1972), 207-213.

Ibarra, Luis. "En recuerdo de Rubén Darío". *Cuadernos*, XXIV (1957), 34-37.
Se refiere al escrito de Unamuno: "¡Hay que ser justo y bueno, Rubén!".

Ibérico, Mariano. "La inquietud religiosa de Miguel de Unamuno". *NRP*, I (1929), 23-56.

Iconografía. Entre los pintores: Zuloaga, su retrato se encuentra en el museo The Hispanic Society of America; José Gutiérrez Solana (en 1936), se encuentra en la colección particular de Víctor de la Serna; Sorolla, en el Museo de Bilbao; Ramón de Zubiaurre; Manuel Losada, uno (1905), en la Biblioteca de Don Miguel, en Salamanca, otro (1907), Museo Unamuno, Casa Rectoral; Juan de Echevarría, varios retratos, el mejor de 1930; Vázquez Díaz, dos y algunos apuntes, el último (1936), quedó sin terminar, por muerte de Unamuno; Cecilio Plá (1914), quizá el único en que aparece revestido como Rector; López Mezquita; Gregorio Prieto; José Aguiar, en la Universidad de Salamanca, el italiano Guido Caprotti da Monza; Alvaro Delgado; Artía y León, en 1929. Entre los escultores: Victorio Macho, dos cabezas, en el Banco de Santander, Madrid, y colección privada, en su Roca Tarpeya, de Toledo; y un busto, en el palacio de Anaya, vieja Facultad de Filosofía y Letras de Salamanca, Pablo Serrano, en 1967, mayor que tamaño natural, para el monumento en Salamanca a Unamuno.

Iconografía. "Unamuno pintado y esculpido por sus contemporáneos". *ABC*, 27 septiembre 1964. (Véase *ABC*, esta tesis.)

Iglesias Laguna, Antonio. "No han muerto, Don Miguel". *EstLit*, 300-301 (1964).

Ilie, Paul. "The Structure of Personality in Unamuno". En *Studies in Honor of M. J. Benardete, Essays in Hispanic and Sephardic*, Izaak Lagnas y Barton Shold (eds.). Nueva York, 1965.

_____. "Unamuno, Gorky and the Cain Myth: Toward a Theory of Personality". *HR*, XXIX (1961), 310-323.

_____. "Moral Psychology in Unamuno". En *Unamuno: Creator and Creation*, José Rubia Barcia y M. A. Zeitlin (eds.). Berkeley: University of California Press, 1967, págs. 72-91.

_____. *Unamuno: An Existential View of Self and Society*. Madison, Milwaukee y Londres: University of Wisconsin Press, 1967, 299 págs.

Indurán, Francisco. *Clásicos modernos* (Estudios de crítica literaria). Madrid: Gredos, 1969. Sobre Unamuno págs. 28-58 y 59-125. "Unamuno y Holmes". "Unamuno en su poética y como poeta".

Inge, M. Thomas. "Miguel de Unamuno's *Canciones* on American Literature". *ArlQ*, 2 (1969), 83-97.

_____. "Unamuno's Correspondence with North Americans: A Checklist". *Hispania*, 53 (1970), 277-285.

_____. "Unamuno's Reading in American Literature". *Hispania*, 54 (1971), 149-154.

_____. "Unamuno's Moby-Dick". *Extracts*, 16, 3-4.

_____. y Gloria Downing. "Unamuno y Poe". *PN*, 3 (1970), 35-36.

Insúa Rodríguez, Ramón. *Miguel de Unamuno, el hombre y la obra*. Guayaquil: Colección Literatura e Idiomas, 1947, 21 págs. Discurso sobre la vida y la producción de don Miguel de Unamuno.

Insula. "Unamuno hoy". XX, No. 181 (1961).
Contiene estas colaboraciones: "Un drama inédito de Unamuno", por Ricardo Gullón; "La voz de Unamuno y el problema de España", por Julián Marías; "Unamuno y Ortega. Aportación a un tema", por Manuel García Blanco. "Unamuno hoy. Una encuesta de *Insula*" con aportaciones de Alfonso Sastre, Lauro Olmo, Carlos Muñiz, Luis de Pablo, José María de Quinto, Juan G. Hortelano, José María Castellet, y José Agustín Goytisolo; "Unamuno de ayer y hoy", por José Ramón Marra López; "Diálogo con Unamuno", por Javier Bueno el Viejo; "Retrato de Unamuno", por Max Aub; "Un extraordinario presentimiento misterioso", por Aurora de Albornoz; "Una carta de Unamuno a una joven lectora canaria", por Sevastián de la Nuez; "Influencias filosóficas de Unamuno", por José Luis Abellán; "Existencialismo en la poesía de Unamuno", por Angel Martínez Blasco; y un poema de José Angel Valente, titulado "Miguel de Unamuno 1936". Además de las numerosas ilustraciones que animan al número, en la sección titulada "La flecha en el tiempo", hay dos epígrafes: "Unamuno" y "Garcia Lorca y Unamuno".

Iordan, Jorgu. "Miguel de Unamuno si noul spirit spaniol". *VR*, XXVII (1935), 23 págs.

Iriarte, J. "En torno a la filosofía existencial: Heidegger y Unamuno". *RyF*, XXVII (1937), 323-348.

_____. "El biocentrismo de Unamuno". *RyF*, CXX (1940), 260-287.

_____. "La filosofía española y los casticistas del pre-98". *RyF*, CXXXVI (1947). (?)
Se refiere a "Clarín", Ganivet y Unamuno.

_____. *Pensares y pensadores*. Madrid: Razón y Fe, 1958, 410 págs.

Irizarry, Estelle. "Sistemafobia en los relatos novelescos de Unamuno". En *Languages and Linguistics Working Papers*, Richard J. O'Brien (ed.). Washington, D.C.: Georgetown University Press, 1970.

Iturrioz, A. G. "Tras la condenación de Unamuno". RyF, CLV (1957), 317-328.
Una condenación de libros no implica, señala el autor—en sí y directamente la condenación de la persona de su autor. En Unamuno se trata de un caso de numerosas y fundamentales herejías formales insertas con frecuencia en sus escritos; de una permanente y expresa mente profesada rebeldía a la Iglesia en sus doctrinas e instituciones.

Ivie, Edith Jones. "Biblical Characters in the Works of Miguel de Unamuno". Tesis de licenciatura. Duke University, 1951.

Jason, Leo H. "Algunos aspectos interesantes de la filosofía de don Miguel de Unamuno". Tesis de licenciatura. Universidad de Kansas, 1932.

Jiménez, Juan Ramón. "Miguel de Unamuno". En *Españoles de tres mundos*. Buenos Aires: Losada, 1942, págs. 59-60.

Jiménez, María del C. "Poesía y religión en Unamuno". *Abside*, 37 (1973), 58-76.

Jiménez Hernández, Adolfo. "El tema de la lengua en Unamuno". Tesis de licenciatura. Universidad de Puerto Rico, 1952, 202 págs.

_____. "Etica y estética del lenguaje". Tesis doctoral. Universidad de Salamanca, 1958, 476 págs.

_____. "Filosofía del lenguaje en Unamuno". *Pedagogía*, XIV (1960), 45-64.

Jiménez López, Salvador. "Supuesto filosófico de la generación española del 98". Tesis doctoral. Universidad de Madrid, 1948.

Jobit, Pierre. *Les educateurs de l'Espagne contemporaine*. París: Burdeos, 1936.

Joel, H. Th. "Gespräch mit Unamuno. Gerechtigheit, nicht Gnade. Der Kampf um die Monarchie". *BT*, No. 78, febrero 1930.

Johannet, René. "Chose d'Espagne, Le poete Unamuno". *BSRSR*, 18 setiembre 1907.

Johnson, W. D. "Vida y ser en el pensamiento de Unamuno". *CCU*, VI (1955), 9-50.
Concluye que para Unamuno: a) la vida es el fundamento del ser; b) la vida es fuente y origen de todo sentido, esto es, de todo ser; c) comprender la vida, que es la región ontológica primaria, es comprender el ser. La esencia de la vida, la íntima teleología que es el fundamento de su ser, del ser unamuniano, lo es también del Ser.

_____. "La palabra y el origen de la conciencia reflexiva en la filosofía de Miguel de Unamuno". *PHUV*, 47 (1968), 411-423.

_____. "La antropología filosófica de Miguel de Unamuno". *CCU*, XX (1970), 41-56.
Plantea la tesis del primado ontológico de la conciencia, quizá la más fundamental de la filosofía unamuniana,

_____. "¿Salvar el alma de la historia?: La doctrina espiritualista de la historia en Unamuno". *CCU*, XXI (1971), 57-90.

Jones, Geraint V. "Miguel de Unamuno: 1. The Man, II. His Philosophy". *ET*, LV (1943-44), 134-138, 162-166.

Jong, M. de. "Portuguese vrieden von Don Miguel de Unamuno", *Gids*, CXXV (1962), 53-65.

Jordan, W. J. "Miguel de Unamuno: A Study of Integration of a Basque with Castile". Tesis de licenciatura. Southwestern Uriiversity, 1934.

Joyce, Kathleen Mary. "Don Miguel de Unamuno. Poetry of Conflict". Tesis doctoral. Universidad de Wisconsin, *DA*, VIII (1944), 215-217

Juérez Paz, Rigoberto. "La estructura de la filosofía de Unamuno". *USC*, XLVIII (1959), 79-88.

Kassin, Irving. "The Concept of 'the People' as Manifested in the Works of Miguel de Unamuno". Tesis de licenciatura. Columbia University, 1950.

Kegier Svetlana, Lucia, "*Oberman* in the Works of Unamuno". Tesis. Duke University, 1958.
Influencias de esta obra del francés Senancour en las de Unamuno.

Kerrigan, Anthony. "Sorrow of Nothingness". *NMQ*, XXIV (1954), 330-340.
Sobre el "Cristo de Velázquez".

Kessel, Jacob. *Die Grundstimmung in Miguel de Unamunos Lebenphilosphie*. Düsseldorf, 1937, 74 págs. Tesis doctoral publicada. Universidad de Bonn.
Se insiste en la "coherencia no sistemática" del pensamiento de Unamuno.

Keyserling, Hermann. "Unamuno y Alemania". *GLit*, 15 marzo 1930.

Kibrick, León. "Crítica entrevista a Unamuno". *Crítica*, 30 agosto 1924.
Cuando Unamuno huyó de Fuerteventura camino de Francia.

Kinney, Arthur F. "The Multiple Heroes of *Abel Sánchez*". *Studies in Short Fiction*, I (1963-64), 251-257.

Kirby, Kenneth N. *Unamuno and Language*. Austin, 1954. Tesis doctoral publicada. Universidad de Texas.

Kirsner, Robert. "The Spanish Novel. Galdós and Unamuno". Tesis. Universidad de Cincinnati, 1954.

_____. "The Novel of Unamuno: A Study in Creative Determinism", *MLJ*, XXXVII (1953), 128-129.

Klein, L. B. "Ideas de Unamuno sobre temas americanos". *CA*, 184 (1972), 151-156.

Kock, Josse de. "La Castille dans l'oeuvre poétique de Miguel de Unamuno". Tesis de licenciatura. Universidad de Bruselas, 1955, 243 págs.

_____. "Unamuno et Quevedo". *CCU*, IX (1959), 35-59.

_____. "Aspecto formal de las fuentes escritas del *Cancionero* de Unamuno". *RHM*, XXX (1964), 215-244.

_____. "Lengua y poesía en el *Cancionero* de Miguel de Unamuno". *LA*, 1 (1967), 31-104; 2 (1968), 115-176.

_____. *Introducción al Cancionero de Unamuno*. Madrid: Gredos, 1968. Tesis doctoral publicada. Universidad de Gante.
Contenido: Preliminares. "Constitución y primera edición". "La versificación". "Cuadros de versificación". "Procedimientos reiterativos". "Conclusiones provisionales y perspectivas".
Comentario: Análisis de los procedimientos métricos, lingüísticos y retóricos del *Cancionero*. Insiste sobre la vinculación filología-poesía en el *Cancionero*.

Kourim, Zdenek. "Unamuno y checoeslovaquia". *CCU*, XIV-XV (1964-65), 73-76.

Krause, Anna. "Unamuno and Tennyson". *CLO*, VIII (1956), 122-135.

Kress, Frederick. "A Study in Counterpoint: Unamuno and García Lorca". Tesis. Universidad de Princeton, 1947.

Kronik, John W. "Unamuno's *Abel Sánchez* and Alás's *Benedictino*: A Thematic Parallel". *SyU* (1965), 287-297.

Lacy, Allen. *Miguel de Unamuno: The Rhetoric of Existence*. París: Mounton, 1967, 289 págs. Tesis doctoral publicada. Duke University, 1962.

Laín Entralgo, Pedro. *La generación del noventa y ocho*. Madrid: Nacional, 1945, 457 págs.
Es una biografía del grupo finisecular y de los que la integraron. Importante en lo que toca a la interpretación de España.

Laín Milagro. "Aspectos estilísticos y semánticos del vocabulario poético de Unamuno".*CCU*, IX (1959), 77-115.
Analiza los distintos modos en que la personalidad unamuniana se manifestó en su peculiar léxico poético: léxico dialectal y regional, léxico campesino-popular y castizo-tradicional, vulgarismos, creación verbal y, por fin, juegos de palabras y análisis etimológicos. En conclusión el autor ha puesto de relieve el afán unamuniano de escudriñar "los entresijos de la lengua" fue la lengua y muchas veces lo proclamó la "sangre del espíritu".

_____. *La palabra en Unamuno*. Caracas: Universidad Central de Venezuela, 1964, 92 págs.
Contenido: "Introducción". "Palabra y concepto". "Poder creador de la palabra". "Valor religioso de la expresión verbal". "La palabra como son". "Verbo y letras". "Palabra y poesía". "Palabra y pueblo". "Conclusión". Bibliografía.
Comentario: Versa sobre el valor poético del lenguaje unamuniano.

Lam, M. A. "An Interpretation of the Thought of Unamuno Based on His Novels". Tesis. Universidad de Southern California, 1926.

Lamm, Virginia L. Miguel de Unamuno, the Modern Don Quixote". Tesis de Licenciatura. Texas State College for Women, 1938.

Landsberg, Paul Ludwig. "Reflexiones sobre Unamuno". *CyR*, XXXI (1935), 23-48.
Un Unamuno muy pascaliano.

Lasso de la Vega, José. *De Sófocles a Brecht*. Barcelona: Planeta, 1971. Sobre Unamuno págs. 205-248.
Los epígrafes sobre Unamuno son: "El teatro de Unamuno". "Lo dramático y lo escénico". "Pasión rugiente". "Los personajes". "Fedra, carácter y destino. Versa especialmente sobre *Fedra*.

Lavoie, Charles-August. "Dostoyevsky et Unamuno". *CCU*, XXIII (1973), 211-227.

Lázaro, Fernando. "El teatro de Unamuno". *CCU*, VII (1956), 5-29.
Unamuno utiliza un método enteramente personal. Sus dramas se desarrollan en una constante tensión emocional, lo cual supone una considerable dificultad para la elaboración del diálogo. Alusiones de carácter literario, dan también al teatro unamuniano un aspecto libresco.
Lázaro Ros, Amando. "Unamuno, filósofo existencialista". En *El sentimiento trágico de la existencia* de Marjorie Grene. Madrid: Aguilar, 1952, págs. 205-295.
Señala que Unamuno está considerado fuera de España, como filósofo ante todo y observa que "Unamuno es filósofo, un filósofo personalísimo" y "no sabía Unamuno escribir si no era filosofando".

Leal, Luis. "Unamuno americanista". *CA*, XVI (1957), 183-190.
Afirmando su tesis de la igualdad entre España y la América española, nos presenta Unamuno la literatura hispanoamericana como profundamente española.

Lecko, Helena E. "Estudio comparativo de Unamuno, Azorín y Ortega y Gasset". Tesis de licenciatura. Mt. Holyoke College, 1947.

Lederer, Helga. *Miguel de Unamuno und Sein religioses Problem*. Universidad de Maguncia, 1959, 67 págs. Tesis publicada.

Leffler, Dorothy. "The Vital Theory of Life of Unamuno and Ortega y Gasset". Tesis de licenciatura. Universidad de Southern California, 1934.

Legido López, Marcelino. "El hombre de carne y hueso. Estudio sobre la antropología de Miguel de Unamuno". *UCS* (L964), 29-56.

Lemaitre, Arlette. *Unamuno. Années de formation.* Tesis de licenciatura publicada. Universidad de París, 1956, 133 págs.
Contenido: Introducción. Primera parte: "Unamuno en el paisaje nativo". I. "El marco de la niñez de Unamuno". A. "Casas y colegios". B. "La ciudad". C. "El campo". II. "Importancia del paisaje en la formación de Unamuno". Segunda parte: "Unamuno en la sociedad". I. "De los niños". II. "De los mayores". III. "De los libros". Conclusión. Bibliografía. Plano de Bilbao. (Redactada en español.)
Comentario: Se refiere a las peripecias biográficas de Unamuno.

Levi, Albert W. "The Quixotic Quest for Being". *Ethics*, LXVI (1956), 132-136.

Lijeron Alberdi, Hugo. *Unamuno y la novela existencialista.* La Paz: Los Amigos del Libro, 1970, 283 págs.
Contenido: "Unamuno como hombre". "El existencialismo en la literatura". "Análisis de sus obras". "La 'novela existencialista'". Conclusiones. Notas, Bibliografía.
Comentario: El tema que domina en toda la obra de ficción de Unamuno es el de la contingencia de la vida humana. A don Miguel le preocuparon sólo dos preguntas: ¿de dónde venimos y a dónde vamos? Todas sus novelas son intentos de contestar a estas dos preguntas; sin embargo, hay un predominio bien marcado por las respuestas a la segunda. Otros temas tratados por Unamuno y en íntima relación con la contingencia de la vida humana son: la inmortalidad, el erostratismo, la maternidad, la envidia, la voluntad de dominio, la fe, la realidad, la realidad de los entes de ficción, el tiempo, el ser, la nada, y Dios.

Lilli, Furio. *Retornando a Miguel de Unamuno.* Santa Fe: Ministerio de

Educación de la Nación, Universidad Nacional del Litoral, 1952, 24 págs.

Linage Conde, Antonio. "Unamuno y la historia". *CCU*, XXI (1971), 103-156.

_____. "Unamuno y la historiografía". *CCU*, XXII (1972), 149-184.
Expresa el autor que Unamuno es el creador de la literatura historiográfica en su novela *Paz en la guerra*. Esta es la única novela de don Miguel que se adapta a la pragmática clásica del género, concretamente a la ambientación paisajística y temporal.

_____. "Unamuno y la historia española'. *CCU*, XXIII (1973), 149-209.
Don Miguel vivió intensamente la parcela de la historia española que le cupo en suerte, no sólo como espectador, sino como actor, enamorado de su papel de "excitator Hispaniae". Unamuno resulta más coherente en el plano político que en el religioso.

Litvak, Lily. "Ruskin y el sentimiento de la naturaleza en las obras de Unamuno". *CCU*, XXIII (1973), 211-220.
Unamuno revela en sus descripciones paisajísticas la influencia del pensador británico Ruskin, el gran intérprete del culto de la naturaleza. Comparten la creencia de que la naturaleza es una manifestación de la divinidad.

Livingstone, Leon. "Unamuno and the Aesthetic of the Novel". *Hispania*, XXIV (1941), 442-450.
Denso ensayo en que se analizan los dos tipos en que puede ser dividida la producción novelesca de Unamuno: *Paz en la guerra* por un lado, y las demás novelas, o sea las nivolas por otro; los principios de su estética son para el autor una base mística y autobiográfica de la novela, concebida como algo que nace vivo y es expresión espontánea de la voluntad creadora del novelista.

_____. "The Novel as Self-Creation". En *Unamuno: Creator and Creation*, José Rubia Barcia y M. A. Zeitlin (eds.). Berkeley: University of California Press, 1967, págs. 92-115.

La manera de acercarse de Unamuno a ciertos temas, desde distintas perspectivas ha sido interpretada por Livingstone como un proceso continuo de recreación de su propia personalidad.

López-Morillas, Juan. "Unamuno and Pascal: Notes on the Concept of Agony". *PMLA*, LXV (1950), 998-1010.

López Quintás. *Filosofía española contemporánea*. Madrid: Biblioteca de Autores Cristianos, 1970. Sobre Unamuno págs. 22-38.

Lorenzo, Pedro de. "Unamuno estilista". *ABC*, 27 noviembre 1964.

Lorenzo-Rivero, Luis. "La realidad de la sociedad española vista por Larra y Unamuno". *DHR*, IX (1970), 54-72.
Larra y Unamuno veían a España estancada en el pasado.

_____. "El suicidio: Una obsesión de Unamuno". *CA*, 190 (1973), 227-239.

Luby, Barry J. "Unamuno in the Light of Contemporary Logical Empiricism". Tesis doctoral. New York University, *DA*, XXIX (1966), 266-A, 3.42 págs.

Luppoli, Santiago. "Il Santo de Fogazzaro y San Manuel Bueno de Unamuno". *CCU*, XVIII (1968), 49-70.

MacGregor, Joaquín. "Dos precursores del existencialismo: Kierkegaard y Unamuno". *FyL*, XXII (1951), 203-219.

Mackay, John A. *Don Miguel de Unamuno: Su personalidad, obra e influencia*. Tesis doctoral publicada. Universidad de San Marcos, 1918.

_____. "Miguel de Unamuno: I. The Intepreter of Spain: 1. Passionate Individualism. 2. Serene Universalism. 3. The Two Christs. II. The Philosopher of Life: 1. Vocation. 2. Agonic Struggle". En *Christianity and the Existentialism*, Carl Michalson (ed.). Nueva York: Scribner's Sons, 1956, págs. 43-58.

Macrí, Oreste. "Ejemplaridad en el teatro de Unamuno". *SyR* (1965), 309-316.

MacTigue, Thomas M. "Spain's Christian Existentialism: Unamuno, Ortega y Gasset, Buero Vallejo y Sastre". Tesis doctoral. The Louisiana State University, *DA*, 4994-A (1966), 292 págs.
Concluye que Miguel de Unamuno es existencialista de la primera generación en España. Un ferviente cristiano que subrayó la intuición y la emoción, y quien mostró el existencialismo de Cristo y Don Quijote. Con un auténtico individualismo, Unamuno hizo de la vida eterna el tema central de su pasión y acción en la vida.

Madariaga, Salvador de. "Miguel de Unamuno". En *The Genius of Spain and Other Essays on Spanish Contemporary Literature*. Londres: Humphrey Milford, 1930, págs. 87-110.

―――. "Unamuno, the Don Quixote of Salamanca". *AtlM*, 207 (1961), 95-98.

Madrid, Francisco. *Genio e ingenio de don Miguel de Unamuno*. Buenos Aires: A. López, 1943, 253 págs.
Contenido: I. "Recuerdos de Don Miguel". II. "Juventud". "Salamanca". III. "Del destierro". IV. "En el Ateneo de Madrid". V. "Política y políticos". "Pasillos del Parlamento". VI. "El teatro". "Los toros". VII. "Cuentos". "Dialoguillos". VIII. "La raza". "El problema sexual". IX. "Cartas abiertas". "Sobre sus contemporáneos". "Figuras y paisajes". X. "La revolución de Asturias (antes y después)". XI. "La guerra civil". "Fajismo y comunismo". "Su liberalismo religioso". "El último artículo". "Lubricán".
Comentario: De carácter biográfico. Servirá para perfilar las intimidades del maestro.

Malavasi Vargas, J. G. *Presencia de Unamuno en Costa Rica*, San José: Imprenta Nacional, 1959. (?)

Malpique, Manuel da Cruz. *Miguel de Unamuno: Nada menos que todo un hombre*. Porto: Divulgção, 1964, 156 págs.

_____. "Miguel de Unamuno: '¡No soy un intelectual sino un pasional!'". *Labor*, 231 (1964), 21 págs.

Manegat, Julio G. "Barcelona a través del epistolario de Unamuno y Maragall". NU, 3 noviembre 1964.

Manyà, Joan B. *La teología de Unamuno*. Barcelona: Vergara, 1960, 208 págs.
Contenido: Primera parte: "Introducción". "Estilo de Unamuno". "La tragedia teológica de Unamuno". "Inmortalidad del alma". "Existencia de Dios". "Mariología". "El infierno". "El cielo". "Presencia divina y libertad humana". "Paulinismo". Segunda parte: "De malo". "Qué es el mal". "Preámbulos de la cuestión". "El mal físico". "El mal moral". Tercer parte. "Teología de los atributos divinos". Epílogo.
Comentario: Sostiene que la teología de Unamuno representa un fracaso en el campo formal de la ciencia teológica. Señala los desvíos teológicos de don Miguel y establece la conclusión de que su teología es heterodoxa, y que con razón fueron puestos en el *Indice* los dos libros que contienen la teología de Unamuno: *La agonía del Cristianismo* y, principalmente, Del sentimiento trágico de la vida.

_____. "Epileg a la Teologia de Unamuno". *Criterion*, 5 (1960), 43-55.

Marcilly, C. "Unamuno et Tolstoi: De *La guerre et la paix* a *Paz en la guerra*". *BH*, LXVII (1965), 274-313.

Marías, Julián. *Obras selectas de Unamuno*. Madrid: Pléyade, 1946, 1128 págs.

_____. *La filosofía española actual*. Buenos Aires: Espasa-Calpe, 1948. Sobre Unamuno págs. 51-128.
Contenido del ensayo sobre Unamuno: "Genio y figura de don Miguel de Unamuno". "Unamuno en su mundo". "La figura de Unamuno". "La pretensión de Unamuno". "Los géneros literarios de Unamuno". Incluye el texto de la conferencia que su autor pronunció en Bilbao en febrero de 1954, titulada "Lo que ha quedado de Miguel de Unamuno".

_____. *El existencialismo en España: Presencia y ausencia*. Bogotá: Imprenta Nacional, 1953, 113 págs.

Contenido: "La novela como método de conocimiento". "Ortega y la idea de la razón vital". "La obra de Unamuno: Un problema de la filosofía", trabajo que remonta a 1938, ordenada en estos subtítulos. I. "El problema". II. "El tema de Unamuno". III. "La novela existencial". IV. "Unamuno y la filosofía".

Comentario: Julián Marías distingue tres etapas en la evolución y conocimiento de este tipo de novela que él llama "personal o existencial". La primera incluiría autores que sin proponérselo deliberadamente alcanzan en la novela una nueva forma de conocimiento (Dostoyevsky, Proust, Pirandello, Hesse y Kafka). En la segunda etapa la novela "nueva" es una reacción contra la razón y su incapacidad de penetrar en vida. Y en la tercera la novela aparecería como instrumento auxiliar de una filosofía, como método parafilosófico (Sartre, Camus, Simone de Beauvoir). Para Marías Unamuno sería el auténtico inventor de este último género.

_____, *Miguel de Unamuno*. Buenos Aires: Emecé, 1953, 255 págs.

Julián Marías, al esbozar la personalidad filosófica de Unamuno habla de su problema—la inmortalidad—y de su método—la imaginación. Marías dice que Unamuno padeció de "heterodoxia innecesaria". Sostiene que la obra de éste está escrita en un estilo reiteradamente dispero, con absoluta falta de sistema, vertida en géneros rigurosamente literarios y llena sin embargo de preocupación y problematismo filosóficos, de afirmaciones metafísicas, de hondas visiones emparentadas con la filosofía.

_____. "The Novel as a Means of Knowledge". *Confluence*, III (1954), 207-219.

_____. *Filosofía actual y existencialismo en España*. Madrid: Revista de Occidente, 1955, 376 págs. (La integran *La filosofía española actual* [Buenos Aires: Espasa-Calpe, 1948] y *El existencialismo en España* [Bogotá: Universidad de Colombia, 1953].)

_____. "Realidad y ser en la filosofía española". *Insula*, 117, 15 setiembre 1955.

Las palabras de Marías rezan "la historia empieza, por supuesto, con Unamuno. Aunque—y yo he insistido largamente en ello—Unamuno no fue estrictamente un filósofo . . . , hay que partir de él si se habla de filosofía española, porque sin él no se entiende la filosofía estricta que después de él—y a veces contra él, pero con él siempre—apareció en nuestro país".

_____. "La voz de Unamuno y el problema de España". *Insula*, 181 (1961). *Torre*, 35-36 (1961), 147-156.

_____. "España, tema de Unamuno". *EstLit*, 300-301 (1964).

_____. "'La meditatio mortis' tema de nuestro tiempo". *ROcc*, VII (1964), 41-50.

Dice Marías que Unamuno hizo de su filosofía "meditatio mortis". La obra de Unamuno, sobre todo su novela ha sido la más honda y perspicaz presentación de la realidad imaginada de la muerte y de la significación de la pervivencia.

_____. "La originalidad española en el pensamiento actual". *SyR*(1965), 317-330.

_____. "La España vasca de Unamuno: *Paz en 1 guerra*". *UyB* (1967), 191-198.

Unamuno archiespañol, es esencialmente vasco. Es el símbolo mayor de lo que podríamos llamar la dimensión vasca de España. Nada puede ayudar tanto a entender esto como la perspectiva originaria de Unamuno. ¿Cómo podríamos definirla? "El mundo visto desde Bilbao". Sin duda señala Marías, esa interpretación vasca de España no es la única—cómo iba a serlo—pero sí es verdadera e irrenunciable.

Marichal, Juan. "La originalidad de Unamuno en la literatura de confesión". Torre, II (1954), 24-43.

La obra de Unamuno, sus "confesiones" desempeñaron una función necesaria en la literatura y en la vida de España, además fueron la aportación española a la literatura moderna de confesión. Al hacer literatura de confesión, al situarse en la línea de Rousseau, de Senancour y de Amiel, Unamuno abría una nueva vía literaria en España. La confesión era para Unamuno un remedio social y una vía hacia la reforma espiritual de España.

_____. "La melancolía del liberal español: De Larra a Unamuno". *Torre*, 35-36 (1961), 199-210.

_____. "Unamuno y la recuperación liberal (1900-1914)". En *El nuevo pensamiento político español*. México: Finisterre, 1966. PyLE (1965), 330-334.

Marquínez Argote, G. "Don Miguel de Unamuno y su agustinismo desesperado". *UC* (1964), 117-146.

Marrero Suárez, Vicente. El Cristo de Unamuno. Madrid: Rialp, 1960, 276 págs.
Contenido: Introducción. "Unamuno 'Clergyman". "Tres interpretaciones sobre la verdadera fisonomía de Unamuno". I. "El Unamuno de alma inquieta". II. "El Unamuno obstinado en topar con la Iglesia". III. "Hacia una tercera imagen: Unamuno y la Tiefen Psychologie". I. "El Cristo en la poesía de Unamuno". II. "Don Quijote y Cristo" y "El Quijotismo de Unamuno y el de Dostoyevski". III. "Cristo y Mito". "El pensamiento mítico de Unamuno". "Epílogo: ¿Duda o rebeldía?".
Comentario: Este ensayo, dedicado a la imagen de Cristo en la obra de Unamuno trata de exponer la situación existencial de Unamuno ante Cristo, tema central en todos sus libros y épocas de su vida. El otro punto de referencia de este ensayo, lo formuló, el mismo Unamuno: "Dios es el universo concreto, el de mayor extensión y, a la vez, de mayor comprensión. Unamuno quiso hacer de Cristo un mito.

Martel, Emile. "Lecturas franceses de Unamuno: Senancour". CCU, XIX-XV (1964-65), 85-96.
Breve estudio sobre la lectura unamuniana de las obras de Senancour: *Obermann* y Aldomen où le bonheur dans l'obscurité. Sostiene que Unamuno, sin llegar a cambiar fundamentalmente el pensamiento de Obermann, le da más amplitud, una nueva orientación como para que encaje más en su propia concepción del individualismo.

Martín, F. R. "Pascal and Miguel de Unamuno". *MLR*, XXXIX (1944), 138-145.

Martín, Jacqueline. "Affinités de la pensée existentielle chez Unamuno et Camus". Tesis doctoral. Universidad de Oregon, *DA*, XXVIII (1967), 4136-A, 201 págs.

Enfoca solamente las semejanzas, y ha seguido la línea existencialista en la interpretación del acercamiento entre Camus y Unamuno. Concluye que los dos viven en tensión, con una pasión por la vida y una obsesión por la muerte. Los dos se han expresado en todos los géneros. Unamuno defendió la esencia de España, Camus defendió la esencia de la libre Francia. El hombre nace sin saber por qué y sufre y espera la sentencia de la muerte, sin entender el misterio de su existencia o de su esencia.

Martínez Blasco, Angel. "Existencialismo en la poesía de Unamuno". *Insula*, 181 (1961).

Martínez López, Ramón. *Unamuno Centennial Studies*. Edición y introducción de Ramón Martínez-López. Austin: Department of Romance Languages, University of Texas, 1966, 165 págs.
Contenido: Ramón Martínez-López, "In partibus infidelium". C. Blanco-Aguinaga, "Unamuno's 'yoismo' and its Relation to the Traditional Spanish 'individualism". Raymond Cantel, "French Relation to the Work of Unamuno". M. García Blanco, "Unamuno and the United States". Ricardo Gullón, "Unamuno and His 'Cancionero". A. Sánchez Barbudo, "The Faith of Unamuno. *The Unpublished Diary*".

Masia Clavel, Juan. "Cotidianidad y eternidad". *CCU*, 22 (1972), 5-11.

Manila, Henry. "Miguel de Unamuno's *Abel Sánchez*". Tesis de licenciatura. Emory University, 1950. (?)

Massini, Ferruccio. "L'esistenzialismo spagnolo di Unamuno". *CCU*, VI (1955), 51-60.

Maxwell, Anita. "Miguel de Unamuno: Poet". Tesis de licenciatura. Radcliffe College, 1949.

Maya, Rafael. "Unamuno considerado como poeta". *UC* (1964), 13-44.

McBride, Charles. "Afinidades espirituales y estilísticas entre Unamuno y Clarín". CCU, XIX (1960), 5-16.

Señala el autor que tanto Leopoldo Alas como Unamuno, participaban de una misma preocupación ideológica y ética en torno al desequilibrio entre las condiciones de vida y cultura española, y su concepción de lo que España pudiera y debiera ser. Ambos escritores atacaban "esto y aquello", al encontrarse con manifestaciones de la ignorancia, la hipocresía, la chabacanería y el mortífero lugar común.

McErroy, Amanda P. "A Study of Unamuno's Philosophy of Life". Tesis de licenciatura. Universidad de Temple, 1927.

McGaha, Michael D. "*Abel Sánchez* y la envidia de Unamuno". CCU, XXI (1971), 91-102.

El tema de la envidia—el tema de Caín—aparece con una notable insistencia en la obra de Unamuno. La preocupación por la envidia como un vicio característico del pueblo español ha llegado a ser casi un tópico de la literatura española. Pero en el caso de Unamuno, el tema es más que una preocupación, es una verdadera obsesión.

McKeever, Sister Mary Terence. "Echoes of Bécquer in Unamuno, Machado and Juan Ramón Jiménez". Tesis doctoral. New York University, , DA, XXIX (1967), 268-A, 233 págs.

Influencias de Bécquer en *Teresa* de Unamuno, su preferencia por la asonancia, por poemas cortos y cierta vaguedad del tono.

Menéndez Pelayo, M. "Epistolario: Tres cartas inéditas de Unamuno".*EstLit* (1964), 66-69.

Menéndez Pidal, R. "Recuerdos referentes a Unamuno". *CCU*, II (1951), 5-12.

Son recuerdos que dan luz sobre la atrayente personalidad de Unamuno.

Meola, Rosalie. "Unamuno e Italia". Tesis de licenciatura. Columbia University, 1954.

Meregalli, F. "Clarín y Unamuno". En *Unamuno: Creator and Creation*, José Rubia Barcia y M. A. Zeitlin (eds.). Berkeley: University of California Press, 1967, págs. 156-170.
Influencia de Clarín en la obra de Unamuno, Y señala las semejanzas entre estos dos pensadores.

Mesa, Enrique de . "*Fedra* y el drama pseudohistórico". En *Apostillas a la escena*. Madrid, 1929, págs. 240-245.

Metzidakis, Philip. "El poeta nacional griego Kostis Palamás y Unamuno". *CCU*, XI (1961), 67-77.
Influencia de Palamás en la poética unamuniana. Unamuno se inspiró en el "Dedecálogo del gitano" del poeta griego.

Meyer, Francisco. *La ontología de Miguel de Unamuno*. Versión castellana de Cesáreo Goicoechea. Madrid: Gredos, 1962, 193 págs. (Publicado primero en Francia, en 1955.)
Contenido: Introducción. I. "El ser: El conflicto del Todo y de la Nada". II. "El ser: Aspectos del conflicto ontológico". III. "El hombre". IV. "El conocimiento". Conclusión: "Influencias y convergencias". Apéndice: "Algunos textos de Senancour". Bibliografía.
Comentario: Es un análisis profundo y muy completo sobre el tema central unamuniano: el estudio del ser. Este libro se refiere también ampliamente al entusiasmo unamuniano por Senancour.

_____. "Unamuno y el pensamiento francés". *EstLit*, 300-301 (1964).

Meyer, Gerhart. "Unamunos Beziehungen zur deutschen Dichtung". *GRM*, XI (1961), 197-210.
En el que se analizan sus lecturas de Lenau, Kleist, Uhland, Goethe, Nietzsche y Hölderlin.

Miguel, Julio. "El alma en las cartas". *EstLit*, 300-301 (1964).

Moeller, Charles. . "Unamuno et l'espoir désèspéré". En *L'espérance en Dieu Nôtre Padre*, Tomo IV de *Littérature du XXème siècle et Christianisme*. Tournai: Casterman, 1960, págs. 47-146. Trad. al español por Valentín García Yebra (Madrid: Gredos, 1960), págs. 55-175

Como es sabido, el autor hizo un viaje a Salamanca cuando prepara este estudio, y aquí tuvo ocasión de consultar el *Diario* descubierto por Zubizarreta, referente a la crisis religiosa experimentada por el escritor vasco en marzo de 1897, del que utiliza algunos pasajes. Una nota valiosa añade el canónigo belga a las interpretaciones anteriores: la significación de la teología en la génesis y en la resolución de la crisis. "Unamuno"—escribe Moeller en subrayado—"no volvió jamás sobre los fundamentos teológicos de su ateísmo". Esto es lo mismo que reconocer que su razón no hizo escalas en el nuevo camino, sino que permaneció donde estaba. Es decir, que siguió siendo atea.

_____. *Textos inéditos de Unamuno*. Trad. de *Textes inédits de Miguel de Unamuno* por Alberto Colao. Cartagena: Athenas, 1965, 87 págs.
Contenido: "Presentación". "Introducción". "El período madrileño (1880-1882)". "Documentos inéditos de los años 1884-1895". "La crisis de marzo de 1897—y el *Diario inédito*". Correspondencia y Biblioteca de Unamuno. Notas.

_____. "Quelques aspects de l'itinéraire spirituel *UCS* (1967), 71-104.
Ensayo sobre la literatura de Unamuno, en relación a los problemas cristianos. Analiza en esta misma línea la rica y abigarrada personalidad de Unamuno.

Moloney, Raymond L. "Unamuno: Creator and Recreator of Books". Tesis doctoral. Universidad de Colorado, 1945, 121 págs.

Moncy, Agnes. *La creación del personaje en las novelas de Unamuno*. Santander: Isla de los Ratones, 1963, 81 págs.
Contenido: 1I. "Introducción". II. "Los propósitos novelísticos de Unamuno". III. "La técnica novelística-filosófica para crear personajes". "El ensimismamiento". "Las relaciones entre los hombres' "La soledad". "El yo y el otro". "Difusión y concentración". IV. "Las determinaciones de Unamuno". "La autonomía del personaje". V. "Conclusiones". Notas. Apéndice bibliográfico.

Comentario: La autora concluye sobre la genuinidad de la novelística unamuniana. Unamuno consiguió fundir filosofía y novela en una obra singular, novelesca desde luego, pero única en su género, como había de resultar en un escritor que refiriéndose a su producción novelesca advertía que quien dice novelesca ... dice filosófica y teológica. Informados por las creencias del autor y designados para representar sus preocupaciones centrales, los personajes se revelan dentro de un ámbito rigurosamente definido por Unamuno como el mundo auténtico. Y resulta que de este mundo novelesco, arranca una estética muy marcada, cuyos rasgos principales son: importancia del plano espiritual, aislamiento de lo estrictamente humano, expresión por medio de diálogos o mediante soliloquios, situación del yo creativo como centro del proceso novelador. La nivola no será, en última instancia, sino la novela a secas según Unamuno podía escribirla, llenándola de su atormentada sustancia.

Monleón, José. "Unamuno en el teatro español de su tiempo". *CHA*, 202-204 (1966), 715-719.

La crítica teatral unamuniana según el autor, podría resumirse así: a) Repulsa del público teatral, en la medida que no representa a la totalidad. b) Repulsa de un teatro dictado por ese público. c) Repulsa del concepto que de lo "teatral" tiene el público. d) Repulsa de la crítica y de cuantos elementos profesionales les han nacido de ese "teatro de ingenios" o están a su servicio. Unamuno, planteó la necesidad de crear un teatro popular.

Monner Sana, José M. "Unamuno, Pirandello y el personaje autónomo". *Torre*, IX (1961), 387-402.

Considera el autor, de escaso riesgo aseverar que, dentro del repertorio de sus temas—amplio en el vasco y más restricto en el siciliano—, el del personaje autónomo, como desprendido y hasta independizado del autor, les llega a Unamuno y Pirandello de un ilustre predecesor español, lisiado en la izquierda. Con la otra escribió *El ingenioso hidalgo Don Quijote de la Mancha* (Cervantes). Por sendas paralelas, el tema del personaje autónomo y otro conexo, el del proceso elaborativo de la obra de arte, llevan a Unamuno y Pirandello hacia el enfoque del problema de la personalidad, y desde éste, el enfoque del problema de la realidad. La vida para Unamuno y Pirandello, exige mudanza perpetua y el hombre es un ente "con tiempo", cuya esencialidad ontológica consiste en hacerse mientras está en el mundo.

Moore, Sydney H. "Miguel de Unamuno". *HibJ*, XXXV (1936-37), 349-355.

Morales, José Ricardo. "Don Miguel de Unamuno, persona dramática". *UChU* (1964), 39-53.

Morales Galán, Carmen. "El tema maternal en la concepción unamunesca de la mujer". Tesis doctoral. Louisiana State University, *DA*, XXXII (1971), 977-A.

Moracchini, P. "Unamuno pendant son exil en France (1924-1930". Tesis de licenciatura. Universidad de París, 1956, 91 págs.

Morell Gallegos, A. "Trece cartas inéditas de Unamuno a Ganivet". *Insula*, 35 (1948). (?)

Morris, Gwynfryn. *The Plays of Unamuno*. Tesis doctoral publicada. Universidad de Londres, 1964, 360 págs.
Contenido: I. "The Plays". II. "Unamuno's Approach to the Theatre". III. "Ideas Contained in the Plays". Apéndices y bibliografía.
Comentario: Hace un estudio de las obras dramáticas de Unamuno.

Natella, Arthur A., Jr. "Saint Thérèse and Unamuno's *San Manuel Bueno, mártir*". *PLL*, 5 (1972), 458-464.

Navarro González, Alberto. "De las noches de Fray Luis a las noches de Unamuno". *CCU*, XXII (1972), 33-59.

Navascués, Luis J. *De Unamuno a Ortega y Gasset*. Edición con introducción y vocabulario. Nueva York: Harper, 1951.

Ness, Kenneth L. "Selected Novels of Miguel de Unamuno". Tesis de licenciatura. Universidad de Columbia, 1951.

Niedermayer, Franz. *Unamuno hier und heute*. Nürnberg: Glock und Lutz, 1956.

_____. "Miguel de Unamuno. Gottsucher oder Literat?". *Hockland* (1962), 126-143.

_____. "Unamuno und Deutschland: Zum 100. Geburtstag Miguel de Unamunos am 29 September 1964". *LJGG*, V (1961), 177-200.

Nieto Iglesias, José. "Un morir sin morir en carne y hueso" (poema). *Asomante*, XVII (1961). (?)

Noguer, Jaime H. "Comparative Study of the Novel of Galdós and the 'nivola' de Unamuno". Tesis. Universidad de Southern California, 1954.

Nora, Eugenio G. de "La novela agónica de Unamuno". En *La novela española contemporánea (1898-1927)*. Madrid: Gredos, 1958, págs. 13-48.

Norton, Richard W. "The Concepts of the Tragic of S. Kierkegaard and Unamuno". Tesis de licenciatura. Universidad de Illinois, 1952.

Nozick, Martín. "Unamuno, Ortega y Don Juan". *RR*, XL (1949), 268-274.

_____. "Unamuno and His God". *SAQ*, (1950), 332-244.

_____. "Unamuno and *La Peau de Chagrin*". *MLN*, LXV (1950), 255-256.
Influencia del libro *La Peau de Chagrin* de Balzac en algunos pasajes de *Nada menos que todo un hombre*, de Unamuno.

_____. "Unamuno, Gallophobe". *RR*, LIV (1963), 30-48.

_____. "Unamuno and the Second Spanish Republic". *PyLE* (1965), 379–393.

_____. Miguel de Unamuno. Nueva York: Twayne, 1971, 200 págs.
Contenido: I. "Religión e inmortalidad". II. "Historia y eternidad".
III. "La filosofía y la poesía". IV. "La política de Unamuno".
Comentario: Estudio de la vida y de la obra de don Miguel de Unamuno. Biografía cronológica, densa pero sucínta. Estudia también la evolución política de Unamuno tenía de España, y el lugar que España ocupa en el mundo, sobre todo como pueblo eminentemente religioso, en el sentido especifíco de la fe en el destino trascendental del individuo. Para Unamuno, símboliza la figura de don Quijote, lo más granado de la religión española. Don Quijote es el "Cristo español".

Nuez Caballero, Sebastián de la. "Unamuno en Fuerteventura". *AEAtl*, 15 (1959), 133-236.
Este trabajo es una contribución más al tema "Unamuno y Canarias". Versa sobre la estancia de don Miguel en aquella isla atlántica a la que fue confinado por el gobierno del general Primo de Rivera en febrero de 1924, y en la que residió cuatro meses.

_____. "Una carta de Unamuno a una joven lectora canaria". *Insula*, XVI (1962), 10.

_____. "Unamuno y Galdós en unas cartas", *Insula*, 216-217 (1964). , CX (1965), 145-178.

_____. *Unamuno y Canarias. Las islas, el mar y el destierro*. Tesis doctoral publicada. Universidad de La Laguna, 1964, 298 págs.
Contenido: "Primer viaje, 1910". "Los Juegos Florales de Las Palmas": I. "El hombre y la isla". II. "El viaje". III. "La ciudad de los Juegos Florales". IV. "Los paisajes de Gran Canaria". V. "Crónica de Las Palmas". "Segundo viaje, 1924". "El destierro en Fuerteventura": I. "El destierro". II. "Unamuno en Fuerteventura". III. "Creación y descubrimiento de Fuerteventura". IV. "El descubrimiento de la mar". y. "Sublimación de la isla quijotesca". Como apéndices de ambas partes, reproduce los dos discursos que don Miguel de Unamuno pronunció en la primera visita, y el epistolario mantenido con sus amigos de aquellas islas.
Comentario: Hace una crónica puntual de los dos viajes que don

Miguel realizó a las islas, las huellas que éstas dejaron—paisaje, clima y sentimiento—en el ánimo de Unamuno,

Nürnberg, Magda. "Don Miguel de Unamuno als Romanschriftsteller". Tesis. Universidad de Maguncia, 1951.

Olazo, Ezequiel de. *Los nombres de Unamuno*. Buenos Aires: Sudamericana, 1963, 113 págs.
Contenido: I. "La razón de la sinrazón", II. "Los nombres". "El idioclasta". "El opinante y otros nombres", III. "Los símbolos de la lucha". "Todo y nada". "Plenitud y vanidad". "Historia e intrahistoria". "Quietud e inquietud". "Masculino y femenino". "Sueño y Vigilia".
Comentario: Este libro lo hizo acreedor al premio del diario *La Nación*. Intento de penetrar en la filosofía del lenguaje unamuniano. El epígrafe titulado "El idioclasta". adjetivo que don Miguel reclamó para él en su conocido ensayo "La idiocracia", y la lucha contra ella, nos dice ahora el autor "es todo un programa de alta política para intelectuales, ya que precisa lo eterno y siempre nuevo, el programa de la inteligencia, reobrar energicamente sobre todo lo recibido y sostener cada palabra con el pensamiento, sea este filosófico, literario, poético, etc. Otros nombres examinados son "opinante", "paradogista", "creyente", "eternamente inquieto", "demente quijotesco", "educador", "suscitador".

"Unamuno y el Martín Fierro". *Asomante*, XXI (1965), 39-49.
Unamuno destaca las cualidades del *Martín Fierro*, libro en que se prologó el eterno destierro de la civilización que padecía su héroe.

Olson, Paul. "The Novelistic Logos in Unamuno's *Amor y pedagogía*". *MLN*, LXXXIV (1969), 248-268.

Olteanu, Tudora S. "Unamuno en Rumania". *CCU*, XX (1972), 13-21

Onís, Federico de. *Unamuno: Cancionero. Diario poético*. Edición y prólogo de Federico de Onís. Publicaciones del Hispanic Institute in the United States. Buenos Aires: Losada, 1953.
Señala que el *Cancionero*, es la clave del pensamiento, del arte y de la personalidad de Unamuno. Esta obra no es un montón de

poesías inéditas recogidas después de su muerte, sino una obra con perfecta unidad e intención en la mente de Unamuno, la útima, que compuso sin prisa y descanso durante los años de su vejez.

_____. "Bibibliografía unamuniana", *Torre*, 35-36 (1961), 601-636.
Constituye un excelente homenaje a su antiguo maestro. He aquí el plan de ella. I. "Ediciones (libros, colecciones y selecciones cartas)", II. "Traducciones (alemanas, francesas, griegas, holandesas, húngaras, inglesas, italianas, letonas, portuguesas y turcas)". III. "Estudios (por orden alfabético de revistas y autores)". Una relación de abreviaturas de las revistas incluídas, facilita su manejo.

_____. "Tres cartas de Unamuno". *Torre*, IX (1961), 57-62.

_____. "El Unamuno censurado". *Torre*, 35-36 (1961), 25-54.

_____. "Una carta de Don Miguel". *Asomante*, XVIII (1962), 16-17.

Oromí, Miguel. *El pensamiento filosófico de Miguel de Unamuno*. Madrid: Espasa-Calpe, 1943, 221 págs.
Contenido: Introducción. I. "Origen psicológico del pensamiento de Unamuno". II. "Origen y analogías del pensamiento filosófico". "Pascal y Unamuno". "Ibsen y Kierkegaard". "El pragmatismo". "Filosofía española". III. "El hombre concreto, existente, piedra fundamental de la filosofía de Unamuno". IV. "Esencia del individuo concreto, existente y su doble instinto fundamental". V. "La razón y la fe como facultades e instrumentos de la vida". VI. "El mundo de la razón y la fe". VIII. "Actividad ético-religiosa del hombre concreto, existente". IX. "Verdad, realidad, objetividad". X. "Filosofía existencial y tragicismo". "Unamuno y sus discípulos". Epílogo.
Comentario: Filosofía existencial de la inmortalidad, reza el subtítulo. Crítica a la filosofía de Unamuno desde el punto de vista de la ortodoxia católica. Interesante en lo que toca a la formación filosófica de Unamuno.

Oostendorp, H. Th. "Los puntos de semejanza entre *La guerra y la paz* de Tolstoi y *Paz en la guerra* de Unamuno". *BH*, 69 (1965), 85-105.

Ortega, Juan B. "Quixotism in the Spanish Revolution: Don Miguel de Unamuno". *Colosseum*, III (1937), 130-142.

Ortega y Gasset, Eduardo. *Monodiálogos de don Miguel de Unamuno*. Nueva York: Ibérica, 1958, 264 págs.
Contenido: Introducción: "Miguel de Unamuno, José Ortega y Gasset, binóculos de la España actual". "De Fuerteventura a El Havre". "Don Miguel de Unamuno en París". "Diálogo de la grandeza de lo finito". "En los senderos de la inmortalidad". "Diálogo sobre el amor". "El ámbito hispanoamericano". "Historia de un poeam: Las pajaritas hablan". "Tradicionalismo, cruzadas y encrucijadas sin cruz". "Muchedumbres y multitudes". "Unamuno y Pierre Loti". "El alma de Remo". "Monodiálogo de la Utopía de Hipodamus". "Pasión y muerte de don Miguel de Unamuno". Ilustraciones.
Comentario: De interés biográfico. A los años del destierro (1924-1920) está dedicado este libro. Ofrece una exposición clara del ideario unamunesco, un retrato parcial pero bien esbozado y datos valiosos para el mejor conocimiento de la vida y de la personalidad de Unamuno.

José Ortega y Gasset. "Unamuno y Europa", fábula. *L'I*, 27 setiembre, 1909.

_____. "La destitución de Unamuno". *País*, 17 setiembre 1914.

_____. "A la muerte de Unamuno" (1937). *Obras cop1etas*, V (1947), 261-263.
Expresa que "la voz de Unamuno sonaba sin parar en los ámbitos de España desde hace un cuarto de siglo. Al cesar para siempre, temo que padezca nuestro país una era de atroz silencio".

_____. "En defensa de Unamuno". *CCU*. XIV-XV (1964-65), 5-10
Sobre la destitución de Unamuno del cargo de Rector de la Universidad de Salamanca.

Otero, C. P.. "Unamuno y Cavafy: 'Il gran rifiuto". *PSA*, XXXVI (1965), 253-294.

_____. "Unamuno y Cervantes". En *Unamuno: Creator and Creation*, José Rubia Barcia y M. A. Zeitlin (eds.). Berkeley: University of California Press, 1967, págs. 171-187.

Es una exaltación de Cervantes y una crítica asidua y sistemática de Unamuno, el "gran comediante". Cervantes exaltó la vida. Unamuno fue obsesionado con la muerte, consumió sus horas mortales especulando sobre la muerte. La imagen ideal a la que debe de ajustarse España, la encontró Unamuno en el *Quijote*. Unamuno distorsiona el *Quijote* para ponerlo al servicio de su tesis, en su romanticismo y misticismo frente al realismo cervantino, en su espiritualismo pesimista, paulino, frente la humanismo de Cervantes, en su culto a la muerte, y en su casticismo, frente al culto a la vida, la ironía y el europeísmo cervantinos.

_____. "Lingüística y literatura" (*La palabra en Unamuno* de Milagros Laín). *RPh*, XXIV (1970), 301-328.

_____. *Letras* I. Barcelona: S. Barral, 1972. Sobre Unamuno, págs. 171–221.

Contenido del ensayo sobre Unamuno: II'. "Cultura e historia: Unamuno y Cervantes". "Unamuno y Cavafy: Il gran Rifiuto". I. "Vidas sincrónicas". II. "Sol y sombra". III. "Il gran Rifiuto". IV. "Per vittà". V. "Per semplicità". VI. "Por convicción". VII. "Por confusión?". VIII. "Rosario de sonetos". IX. "*Del sentimiento trágico*". X. "Misticismo 'romántico'".

Ouimette, Víctor. "The Concept of Heroism in the Prose Works of Miguel de Unamuno". Tesis doctoral. Yale Univesity, *DA*, XXIX (1968), 4015-A, 348 págs.

Esta tesis pretende mostrar la lógica interna del pensamiento de Unamuno, centrada en su concepción del individuo como héroe. Este estudio se concentra en *La vida de Don Quijote y Sancho*, y en el *Sentimiento trágico de la vida*. Unamuno ve en el *Quijote* su héroe ejemplar. La fe en el valor del heroísmo como un ideal, el cual todos los individuos deben perseguir, lo lleva a Unamuno a establecer un paralelismo entre el "héroe" y el "santo", y a la exaltación de la doctrina del quijotismo. La última parte de esta tesis doctoral hace un estudio del héroe como entidad ficcional, y concluye que estos no son héroes reales, porque Unamuno no quiso que sus caracteres ficcionales sean más inmortales que él.

Pacheco, León. "Miguel de Unamuno y la agonía". *CA*, 154 (1967), 120-140.

El dilema que plantea don Miguel de Unamuno, en toda su obra, es la lucha entre la razón y la no-razón. El sentido de su angustia, de lo que él llama su "agonía" tiene sus raíces en ese sentimiento de lo irracional. Pero su tendencia ya tenía un antecedente directo en la filosofía de Bergson: El élan vital. En Unamuno esta corriente de la intuición como dato inmediato del conocimiento es más angustiosa por el sustento profundamente español que nutre su conciencia. Ambos atemperan su misticismo racional, valga la paradoja, en la noción del tiempo.

Padín, J. "El concepto de lo real en las últimas novelas de Unamuno". *Hispania*, XI (1928), 418-423.

Lo más real de un hombre según Unamuno, es lo que ese hombre quiere ser. "Por el que hayamos querido ser, no por el que hayamos sido, nos salvaremos o perderemos". Los personajes de todas las últimas novelas de Unamuno (*Tres novelas ejemplares y un Dos madres, El Marquéz de Lumbria, y Nada menos que todo un hombre*) se salvan o se pierden a fuerza de querer ser o de querer no ser; unos se baten contra el destino y vencen su sino realizando proezas volitivas; otros se acoquinan y acaban por suicidarse o morirse gota a gota. Estos últimos son los abúlicos, las víctimas de la "noluntad".

Paoli, Roberto. *La poesía de Miguel de Unamuno*. Valecchi, 1968. (?)

Importante interpretación de conjunto dedicada a la lírica unamuniana.

París, Carlos. Unamuno: *Estructura de su mundo intelectual*. Barcelona: Ediciones Península, 1968, 396 págs.

Este libro que partiendo del intento de estudiar la antropología de Unamuno, aspira finalmente a un planteamiento total de Unamuno en cuanto pensador. Planteamiento formal del universo representado por la obra de Unamuno. Entre los temas que aborda: "El problema de la palabra" y "de la creación literaria", el "significado de los géneros" en que convencionalmente se estructura la cultura.

_____. *Hombre Y naturaleza*. Madrid: Tecnos, 1970. Sobre Unamuno, págs, 141-142.

_____. "Actitud de Unamuno frente a la filosofía". *CHA*, XXIX (1952), 175-182.

Manifiesta el autor, que el sistema unamuniano, no es formalmente filosofía, al menos, con arreglo a los cánones formales. Pero la índole rigurosamente filosófica del ámbito en que Miguel de Unamuno se mueve parece casi asegurada: La preocupación por los temas humanos, o mejor aún, por el hombre mismo real de carne y hueso, con su amor a lo concreto, a la intuición viva, y a su repercusión en el ropaje poético de su producción, el anhelo agónico de inmortalidad, motor de su pensamiento, son trasunto de esta actitud espiritual.

Parker, A. A. "On the Interpretation of *Niebla*". En *Unamuno: Creator and Creation*, José Rubia Barcia y M. A. Zeitlin (eds.). Berkeley: University of California Press, 1967, págs. 116-138.

Niebla en este estudio se nos revela con una extraordinaria "consistencia estructural y temática", en un autor que se jactó de despreciar toda consistencia.

Pascual Rodríguez, Carmen. "La rebeldía en la psicología de Unamuno". Tesis. Universidad de Madrid, 1955.

Paucker, Eleanor K. . . *Los cuentos de Unamuno, clave de su obra*. Madrid: Minotauro, 1955, 239 págs. Tesis doctoral publicada. Universidad de Pennsylvania.

Contenido: Propósito. I. "Los cuentos y las crisis de Unamuno". II. "Los temas en los cuentos". III. "Los géneros de la obra unamuniana". IV. "El cuento como forma primaria e intermedia". V. "El estilo y la forma de los cuentos de Unamuno". VI. "¿Por qué son los cuentos la clave de la obra unamenesca?". Cronología de los cuentos de Unamuno. Bibliografía. Indice temático.

Comentario: Estudio temático de los cuentos ofrece otra clave a la obra de Unamuno que los críticos han subrayado—la unidad de su pensamiento, Discute la actitud unamuniana con relación a su idea de los géneros y examina en lo que respecta a temas y forma la prioridad cronológica de los cuentos, punto de arranque de su "nivola", que nunca rompe por completo el cordón umbilical que a ellos la une, y que ambos, "nivola" y cuentos, son la creación más original y universal del escritor vasco.

_____. "Unamuno's: *La venda*: Short Story and Drama". *Hispania*, XXXIX (1956), 209-312.

_____. "Unamuno y la poesía hispanoamericana". *CCU*, VII (1956), 39-67.

_____. "Kierkegaardian Dread and Despair in Unamuno's 'El que se enterró", *CCU*, XVI-XVII (1966-67), 75-91.

Payne, S. "Unamuno Politics". En *Unamuno: Creator and Creation*, José Rubia Barcia y M. A. Zeitlin (eds.). Berkeley: University of California Press, 1967, págs. 203-220.

Pemán, José María. "Soliloquio y diálogo". *ABC*, 27 setiembre 1964.

Peniche Vallado, L. "Unamuno anticervantista". *CA*, CXLI (1965), 238-256.

En *La vida de don Quijote y Sancho* está contenido algo de lo más medular y concreto del ideario filosófico unamunesco. Unamuno niega a Cervantes el derecho de juzgar o de interpretar a su héroe, más aún,para él, *Don Quijote* no merece el empleo del posesivo aplicado a Cervantes. Y lo desmerece por exceso, que no por defecto. No es su héroe, porque éste resultó mayor que el presunto creador.

Pepperdine, Warren H. "On *lucha por la vida*: The Struggle for Life in Three Plays of Miguel de Unamuno". Tesis doctoral. Universidad de Minnesota, *DA*, XXVI (1965), 6238, 405 págs.

Analiza tres dramas de Unamuno: *El otro, El hermano Juan* y *Sombras de sueño*. Las ideas de Unamuno referentes a la lucha por la vida son estudiadas y analizadas en sus concepciones opuestas: amor y muerte; emoción e intelecto; auténtico e inauténtico. La lucha es esencial para la existencia. Es necesaria para encontrar la propia identidad. Cuando el ser encuentra su identidad, lucha por alcanzar inmortalidad. Que el individuo dándose cuenta que un día ha de morir, lucha por "recrearse" así mismo porque sabe que es el único modo de hacerse inmortal.

Pereira Rodríguez. "Cartas inéditas entre Unamuno y Zorrilla". *RNH*, LX (1953), 15 págs.

Pérez, Dionisio. *Don Miguel de Unamuno: Ensayo acerca de su iconografía y relación con las bellas artes*. San Sebastián: Artes Gráficas, 58 págs.
Testimonio pictográfico—acerca de su iconografía y relación con las bellas artes; consta de 4 ilustraciones y 71 ports.

Pérez, Modesto. *Los hombres del 98: Unamuno*. Madrid: Raggio, 1917, 158 págs.

Pérez de Ayala, Ramón. "Sobre los escritores universales. Tabla rasa" *NM*, 3 y 17 julio 1915.
Se refiere a Unamuno y a Valle Inclán.

_____. "Ideas de Unamuno sobre el teatro". *Sol*, 3 y 10 marzo 1918.
Las ideas contenidas en el ensayo de Unamuno "La regeneración del teatro español" de 1896.

Pérez de la Dehesa, R. *Política y sociedad en el primer Unamuno (1894-1904)*. Madrid: Ciencia Nueva, 1966, 207 págs. Tesis doctoral publicada. Universidad de Madrid.

Pérez Montero, C. "El pensamiento estético de la generación del 98". Tesis doctoral. Universidad de Madrid, 1949.

Pérez Quintín. *El pensamiento religioso de Unamuno frente al de la Iglesia*. Valladolid: Casa Martín, 1946, 256 págs.
Contenido: Al lector. I. "Concepto de la filosofía y su método en Unamuno". II. "Verdad". III. "Religión y moral". IV. "Alma". V. "Dios". VI. "Sagrada Escritura". VII. "Fe". VIII. "La razón y la fe". IX. "Jesucristo". X. "La Virgen María". XI. "Catolicismo y herejía". XII. "Cristianismo". XIII. "Protestantismo". "Santos de la devoción de Unamuno".

Comentario: Es una confrontación de Unamuno y los textos de la Iglesia. Página a página van desfilando, en la izquierda las afirmaciones de Unamuno y en la derecha los textos, declaraciones, cánones y definiciones de la Santa Sede. El autor del Sentimiento trágico de la vida desprecia la razón, la Escolástica, la filosofía, el dogma, la mística española; niega la otra vida, la resurrección, la existencia del alma o duda de ella, el infierno, la moral monástica, el mundo sobrenatural; niega la inspiración de las Santas Escrituras, afirma que el dogma trinitario feneció hace tiempo, sostiene la pugna entre la filosofía y la religión, habla con suma irreverencia de la Virgen Santísima y del Sagrado Corazón, juzga a nuestro Señor Jesucristo con un criterio modernista, crudo por demás y trasnochado, O la Iglesia Católica, fundada por nuestro Señor Jesucristo y asistida por el Espíritu Santo, se equivoca en redondo en las materias más altas y delicadas de fe y costumbres—lo cual sólo pensarlo equivale a blasfemia y herejía—o Unamuno se despeña frecuentemente, y con mayor o menor inconsciencia por el abismo de las afirmaciones impías y heréticas.

Pickett, Frank. "Miguel de Unamuno's Theology of Encounter". Tesis doctoral. Vanderbilt University Divinity School, *DA*, XXXI (1969), 1882-A, 142 págs.

Esfuerzo por entender el significado y autenticidad del problema de la inmortalidad. Se ha estudiado en efecto la totalidad de la obra de Unamuno, prioridad se ha dado al *Sentimiento trágico de la vida*, en lo que respecta a la confrontación entre los conceptos de "todo y nada", e "inmortalidad y muerte". La Cristología de Unamuno está también estudiada y relacionada íntimamente con el concepto de la inmortalidad. La fe es radical e evolucionaria y transforma el Cristo histórico a un Cristo simbólico, cuyo propósito es mantener la fe del hombre en la vida eterna.

Pieczara, Stefan. "La difusión de la obra de Unamuno en Polonia *CCU*, XIV-XV (1964-65), 104-118.

Enssayo de bibliografía unamuniana en Polonia.

Pinillos, Manuel. "A don Miguel de Unamuno que ya no tiene que luchar" (poema). *Asomante*, XVII (1961).

Pitollet, Camille. "Notas unamunescas por el decano de los hispanistas franceses". *CCU*, IV (1953), 9-42.
Comentario sobre la obra y la personalidad de Unamuno

_____. "En relisant quelques oeuvres de Miguel de Unamuno". *LanM*, LI (1957), 256-2(8.

_____. "De mis memorias: Cartas de Unamuno", *BBMP*, XXXIII (1964), 5 0-98.

Pizán, Manuel. El joven Unamuno (Influencia hegeliana y marxista). Madrid: Ayuso, 1970. (?)

Plevich, Mary. "Unamuno y Arguedas". *CHA* 70 (1965), 140-147.

PMLA. "Bibliografía de Unamuno (1928-1973)". En *PMLA International Bibliography of Books and Articles on the Modern Languages and Literatures*. Modern Language Association of America, 1973.

Pomés, Mathilde. "Mi primera entrevista con Unamuno". *Cuadernos*, 92 (1965).

Ponce de León, Luis. "Centenario: Cuatro libros y otros cuatro", *EstLit*, 300-301 (1964).

Predmore, Richard L. "Flesh and Spirit in the Works of Unamuno". *PMLA*, LXX (1955), 587-605.

_____. "Tres cartas inéditas de Unamuno". *CCU*, XIV-XV (1964-65), 63-67.

_____. "Unamuno and Thoreau". *CLSI*, VI (1973), 33-44.

Properzi, Letizia. "Il problema della fede nel pensiero di Miguel de Unamuno". *CCU*, XXI (1971), 35-55.

Rabassa, Gregory. "The Poetry of Miguel de Unamuno". Tesis de licenciatura. Universidad de Columbia, 1951. (?)

Raditsa, Bogdan. "Un inédito de Unamuno" (carta). *Glit*, 15 junio 1930.
Carta que da una idea de la tragedia de España, tal como "la vivió y sufrió Unamuno".

_____. "Mis encuentros con Unamuno". *Cuadernos*, 34-39 (1959), 45-50.
Expresa que Miguel de Unamuno se sentía vivamente atraído por la perspectiva espiritual y moral de los pueblos eslavos, por su destino y su misión en el mundo.

Ramis Alonao, Miguel. *Don Miguel de Unamuno, crisis y crítica.* Murcia: Aula, 1953, 314 págs.

Ramírez-López, Ramón. "A Comparative Study of Plato and Unamuno". Tesis de licenciatura. New York University, 1936.

Ranch, E. "Sobre una carta de Miguel de Unamuno". *BSCC*, XXVII (1951), 230-233.
Carta a Eugenio F. de la Pumariega.

Real de la Riva, César. "Unamuno a la busca de sí mismo". *UyB* (1967), 233-255.

Regalado García, Antonio. *El siervo y el señor; la dialéctica agónica de Miguel de Unamuno.* Madrid: Gredos, 1968, 218 págs.
Contenido: Preliminares. I. "El pensamiento de *En torno al casticismo*". II. "*Paz en la guerra*". III. "El comienzo de la lucha". IV. "La ideología de los ensayos". V. "El mundo como voluntad y representación". VI. "Las ficciones novelescas desrealizadas". VII. "Poesía y filosofía". VIII. "El pensamiento unamuniano". "El siervo y el señor". Indice de nombres propios.
Comentario: Pretende en este ensayo, seguir la evolución de los aspectos esenciales del pensamiento de Unamuno en las sucesivas etapas ideológicas de su vida, cual aparece en sus obras literarias y filosóficas.

Revista de Occidente. Madrid. XIX (1964), 140 págs.
Contenido: "Miguel de Unamuno y Josa Ortega y Gasset:

Epistolario". José Ferrater Mora, "Unamuno, 1964". Julián Marías, "La 'meditatjo mortis'. Temas de nuestro tiempo". C. Blanco-Aguinaga, "Aspectos dialécticos de las *Tres novelas ejemplares*". J. Rof Carballo, "El erotismo en Unamuno". Manuel García Blanco, "Unamuno traductor y amigo de José Lázaro". P. Gargorri, "El vasco Unamuno". P. F. Sopeña, "Las músicas de don Miguel de Unamuno". Emilio Salcedo, "Cuando las Pajaritas tienen alas".

Comentario: Número extraordinario de homenaje a Miguel de Unamuno, en el primer centenario de su nacimiento.

Reyes, Alfonso. "Recuerdos de Unamuno, I y II". En *Grata compañía*. México: Tezontle, 1948, págs. 178-192.
Reproduce nueve dibujos y una tarjeta autógrafa de Unamuno.

_____. "Mis relaciones con Unamuno". *CCU*, VI (1955), 5-8.

Ribas, Pedro. "El Volksgeist de Hegel y la Intrahistoria de Unamuno". *CCU*, XXI (1971).

Ribbans, Geoffrey. "Unamuno and Antonio Machado". *BHS*, XXXIV (1957), 10-28.

_____. "Unamuno and the Younger Writers in 1904". *BHS*, XXXV (1958), 83-100.

_____. "The Development of Unamuno's Novels *Amor y pedagogía* and *Niebla*". En Hispanic Studies in *Honour of I. González Llubera*. Oxford, 1959, págs. 269-285.

_____. "Unamuno en 1899. Su separación definitiva de la ideología progresista". *CCU*, XII (1962), 15-30.

_____. "The Structure of Unamuno's *Niebla*". *SyU* (1965), 395-406.

_____. *Niebla y Soledad: Aspectos de Unamuno y Machado*. Madrid: Credos, 1971, 332 págs.

Contenido: Prólogo. I. "Unamuno en 1899: El proceso de Montjuich y los anarquistas". II. "Unamuno y 'Los jóvenes en 1904". III. "La evolución de la novelística unamuníana. *Amor y pedagogía* y

Niebla". IV. "Estructura y significado de *Niebla*". V. "La poesía temprana de Antonio Machado: Primera etapa: *Soledades* (1903)". VI. "La poesía temprana de Antonio Machado: Segunda etapa: *Soledades, Galerías. Otros poemas* (1907)". VII. "La influencia de Verlaine en Antonio Machado". VIII. "Unamuno y Antonio Machado". Indice de nombres.

Comentario: Análisis que demuestra que *Niebla*, pese a pretender ser "novela a lo que salga", está concebida con un conjunto cuidadosamente delineado. Las relaciones de ambos escritores se limita al período de 1902-1903 y profundiza en la trascendencia de dichas relaciones. Las convergencias ideológicas son apreciables en ese momento de abierta amistad, en que Unamuno es, en cierta medida, confidente y maestro para el joven Machado en cuya evolución pudo ejercer influencia.

Rigol, Negre. "La oración de Unamuno a Jesús crucificado". *CCU*, XVI-XVII (1966-1967), 135-181.

Unamuno publicó el "Cristo de Velázquez" a sus 56 años. En este poema trabajó Unamuno más de siete años. El "Cristo de Velázquez" es la esencia de toda su obra—indispensable para conocer a Unamuno. Se trata de una oración; Unamuno supo hacer oración de su drama íntimo.

Río, Angel del. "Miguel de Unamuno. Vida y obra". *RHM*, I (1934), 12-19.

_____. "*Las novelas ejemplares* de Unamuno". *RUBA*, V (1960), 22-34.

Rivera de Ventosa, E. "La crisis religiosa de Unamuno". *CCU*, 16-17 (1965), 107-133.

_____. "Henri Bergson y Miguel de Unamuno: Dos filósofos de la vida". *CCU*, XXII (1972), 99-125.

Para Bergson, la realidad es un esfuerzo cósmico cuya fuerza propulsora es "l'álan vital". Para Miguel de Unamuno, la raíz de la existencia humana es el "sentimiento trágico de la vida". La vida es el tema central para los dos pensadores. Y dentro del tema de la vida, el problema de la vida humana. Como problema de la conciencia para Bergson, o como problema del yo para Unamuno. *L' évolution créatrice* es la obra más sintética y mejor pensada de H. Bergson. También hay que reconocer que la obra de Unamuno, *El sentimiento trágico de la vida*, expresa la plena madurez de su pensamiento.

Rivera Vega, Herminia. "Unamuno, novelista". Tesis de licenciatura. Universidad de Puerto Rico, 1946. (?)

Roberts, Gemma. "El *Quijote*, clave ardiente de la fe de Unamuno". *RHM*, 32 (1966), 17-34.

Rocamora, Pedro. *De Góngora a Unamuno*. Madrid: Consejo Superior de Investigaciones científicas, 1965, 180 págs.
Contenido del ensayo sobre Unamuno: "Unamuno o El sueño de Dios:El hombre". "Algunos aspectos de su obra". "El espejo de Portugal". "La envidia, tema literario". "Ensayista, agnóstico y poeta teologal".

Rodríguez, Gladys S. "Unamuno crítico de Cervantes". Tesis doctoral. Columbia University, *DA*, XXIX (1968), 1880-A, 304 págs.
Unamuno serio crítico de Cervantes y de su obra.

Rodríguez-Alcalá, Hugo. "El escenario de *San Manuel Bueno, mártir*, como incantatio poética". *SyU* (1965), 407-428. *HR*, XXXIV (1966), 338-341.

Rodríguez Huéscar. "Unamuno y la muerte colectiva". *Torre*, 35-36 (1961), 305-325.

Rodríguez Morales, Roberto. "Lo novelístico de Unamuno a Miró". Tesis doctoral. Universidad de Madrid, 1952.

Rodríguez Puértolas, J. "La generación de 1898 frente a la juventud española de hoy". PyLE, (1965), 429-449.

Rof Carballo, Juan. "El erotismo en Unamuno". *RO*, XIX (1964), 71-96. Versa sobre el amor, y la esencia de lo femenino.

Romera-Navarro, Miguel. *Miguel de Unamuno novelista, poeta, ensayista.* Madrid: Imprenta Clásica Española, 1928, 328 págs. Tesis doctoral publicada. Universidad de Pennsylvania, 1927.

Contenido: I. "Introducción". II. "El novelista: *Paz en la guerra, Amor y pedagogía, Niebla, Abel Sánchez, La tía Tula, Tres novelas ejemplares y un prólogo*". III. "El poeta". IV. "El ensayista". "*Vida de Don Quijote y Sancho*". "*Del sentimiento trágico de la vida*". "El problema nacional: Visión espiritual de España". Bibliografía.

Comentario: Unamuno, espíritu atormentado por el problema del destino individual y de la inmortalidad de la conciencia personal.

Romero Flores, Hipólito. *Unamuno; notas sobre la vida y la obra de un máximo español.* Madrid: Hesperia, 1941, 202 págs.

Contenido: Presentación. I. "El Don Miguel de todos los días". II. "La fe". III. "Españolidad". IV. "Don Quijote, Cervantes y Unamuno". V. "Contradicción y paradoja". VI. "Contra ésto y aquéllo". VII. "*Nada menos que todo un hombre*". VIII. "El paisaje y la tierra".

Rosenbaum, S. C. "Bibliografía de Unamuno". *RHM*, I (1934), 19-25.

Rossi, Giuseppe Carlo. "Apuntes sobre bibliografía unamuniana en Italia y Alemania". *CCU*, III (1952), 13-18.

Roussillion de Araya Proromant, Esther. "Dos luchadores: Unamuno y Sarmiento". Tesis de licenciatura. Columbia University, 1959.

Rubia Barcia, José. "La Pardo Bazán y Unamuno". *CA*, CXIII (1960), 240-263.

Establece las posibles coincidencias ideológicas y estructurales en la novela, entre Unamuno y doña Emilia Pardo Bazán, Señala el autor, que una de las canteras predilectas de Unamuno ha sido doña Emilia, en todos los géneros literarios y señala la posibilidad de haberse incluso beneficiado de sus orientaciones críticas.

_____. "Unamuno the Man". En *Unamuno: Creator and Creation*, José Rubia Barcia y M. A. Zeitlin (eds.). Berkeley: IJniversity of California Press, 1967, págs. 218-237.

_____. "Unamuno, el hombre y sus máscaras". *CA*, CXLV (1966), 218-237. (Traducción del ensayo anterior.)

Señala la preferencia de Unamuno por el actor, máscara que oculta su verdadero rostro.

_____. y M. A. Zeitlin (eds.). *Unamuno: Creator and Creation*. Berkeley: University of California Press, 1967, 253 págs.
Contenido: A. Castro, "In Lieu of Prologue". J. Rubia Barcia, "Unamuno the Man". A. Stern, "Unamuno: Pioneer of Existentialism". C. Blanco-Aguinaga, "Authenticity and the Image". P. Ilie, "Moral Psychology in Unamuno". L. Livingstone, "The Novel as Self-Creation". A. A. Parker, "On the Interpretation of *Niebla*". R. Gullón, "The Soul on the Stage". F. Meregalli, "Clarín and Unamuno". C. P. Otero, "Unamuno and Cervantes". A. Sánchez-Reulet, "Unamuno's Other Spain". S. Payne, "Unamuno's Politics", J. Ferrater Mora, "Unamuno Today". W. Starkie, "Epilogue". Incluye referencias bibliográficas.
Comentario: Reproduce las conferencias presentadas en un homenaje a Miguel de Unamuno, en el primer centenario de su nacimiento, celebrado del 22 de octubre al 6 de noviembre de 1964 en la Universidad de California, Los Angeles.

Rubio Latorre, Rafael. "Unamuno, educador". *CCU*, XXIII (1973), 24-27.

Rudd, Margaret T. *The Lone Heretic: A Biography of Miguel de Unamuno y Jugo*. Introducción de Federico de Onís. Austin: University of Texas Press, 1963, 349 págs. Tesis doctoral publicada.

_____. "Unamuno's Hunger for Inmortality". *ChC*, LXXXI (1964), 1589-1592.

Ruiz, Mario E. "An Inquiry into the Metaphorical Process of Miguel de Unamuno". Tesis doctoral. Stanford University, *DA*, XXVIII (1967), 4645-A, 260 págs.
Esta tesis doctoral enfoca fundamentalmente la estructura de sus obras, el papel del lenguaje figurado en el proceso creativo, y la relación entre su lenguaje metafórico, su pensamiento y su idea de la realidad. Y concluye que el lenguaje metafísico de Unamuno es un proceso vital con el que expresa y vive su realidad. El lenguaje de Unamuno y su vida son esfuerzos superimpuestos los cuales unifican en su continua corriente de vitalidad los elementos humanos y universales de tiempo y espacio.

Ruiz de Conde, Justina. "El presunto apoliticismo de Miguel de Unamuno". (1965), 439-449.

Runcini, Romolo. "Idealità e realità nel pensiero di Miguel de Unamuno". Tesis doctoral. Universidad de Nápoles, 1953, 81 págs.

Sabater, Jean Baptiste. "L'amour et la morte chez Miguel de Unamuno". Tesis de licenciatura. Universidad de Toulouse, 1957.

Sáinz Rodríguez, P. "Unamuno poeta". *ABC*, 27 setiembre 1964.

Salaverría, José María. *Retratos*. Madrid: "Enciclopedia", 1926. Sobre Unamuno, págs. 111-170.

Salazar Chapela, E. "Mis encuentros con Unamuno". *Torre*, 35-36 (1961), 129-197.

Salcedo, Emilio. "Casi al final". *Insula*, 15 abril 1952.

_____. "Unamuno y Ortega y Gasset: Diálogo entre dos españoles". *CCU*, VII (1956), 97-130.
El autor establece las líneas fundamentales de la filiación intelectual de Unamuno con Ortega.

_____. "El primer asedio de Unamuno al *Quijote*". *ACer*, VI (1958), 227-250.
Versa sobre la esencia de España en conexión con la realidad histórica del *Quijote*.

_____. "Cuando las pajaritas tienen alas". *RO*, VII (1964), 134-140.
Versa sobre el tratado de cocotología y la terapéutica de papel.

_____. "Los dibujos de don Miguel de Unamuno". *EstLit*, 300-301 (1964).

_____. *Vida de don Miguel de Unamuno*. Salamanca: Anaya, 1964, 437 págs.
Perfil de la vida unamuniana. Biografía exhaustiva. Salcedo sigue las conversiones religiosas de Unamuno, comenta las páginas del

"Diario" inédito. Precisa fechas y actitudes respecto de la importante crisis de 1897.

_____. *Bibliografía completa de Miguel de Unamuno*. Madrid: Ibero Europea, 1970, 28 págs.

Saldaña, Quintiliano. *Miguel de Unamuno*. Madrid: Librería de Rubiños, 1910, 158 págs.
Contenido: I. "El hombre de letras". II. "El pensador". "La cultura". "Matemático". "Un poco de física". "Können Sie Deutsch?" "Oh, mon Larousse el médico a palas". "Naturalista, sí, naturalista no". "Unamuno de Don Quijote". "La ciencia". "La ideología". "Elogio de la paradoja". "Elogio de la herejía". "Dómines y maestros". Epílogo. Indice.

_____. Mentalidades españolas. *Vol. I: Miguel de Unamuno*. Madrid: López del Horno, 1919, 160 págs.

Salinas, Pedro. "El Palimpsesto poético de Miguel de Unamuno". En *Ensayos de literatura hispánica*. Madrid: Aguilar, 1958.

_____. *Literatura española del siglo XX*. Madrid: Alianza, 1970.
Contenido del ensayo sobre Unamuno: "Tres aspectos de Unamuno": 1. "Autor dramático!'. 2. "Don Juan Tenorio frente a Unamuno'. 3."Las novelas cortas".

Sánchez, Rita. "A Critical Study of Unamuno's Philosophy as Gleaned from his Novels and Essays". Tesis de licenciatura. Universidad de New Mexico, 1935.

Sánchez Arjona, Antonio. *La idea de pecado en los filósofos españoles contemporáneos.* Tesis doctoral publicada. Universidad de Madrid, 1958, 240 págs.
Contenido: Introducción. I. "Sentido y propósito del tema". "Método". Capítulo I. "Pecado y lenguaje". II. "Pecado y ley". III. "Pecado e historia". IV. "Alcance del pecado". V. "Pecado y fe". VI. "Pecado y sociedad". VII. "El pecado y la carne". VIII. "Escándalo del pecado". IX. "La verdad salvadora". X. "Oración". "El pecado de las poesías". Epílogo. Bibliografía. Fuentes para una bibliografía de Unamuno. Bibliografía esencial. Notas.

Sánchez-Barbudo, A. "La formación del pensamiento de Unamuno: La crisis de 1897". *HR*, XVIII (1950), 217-243.

Aportación permanente del descubrimiento de la crisis religiosa de 1897 a la que atribuyó, con acierto, un carácter decisivo. Una nueva etapa en los estudios sobre Unamuno.

_____. "Los útimos años de Unamuno: *San Manuel Bueno* y *El Vicario Saboyano* de Rousseau". *HR*, XIX (1951), 281-322. Reproducido en *Estudios sobre Unamuno y Machado* (Madrid, 1959), 83–198.

_____. *Estudios sobre Unamuno y Machado*. Madrid: Guadarrama, 1959, 326 págs.

Contenido de los ensayos sobre Unamuno: "La formación del pensamiento de Unamuno". "Una conversión 'chateaubrianesca' a los veinte años: Primera crisis en Ceberio". "La pérdida de la fe". "La conversión en Bilbao en 1884". "Sobre la concepción de *Paz en la guerra*: Una maravillosa revelación natural". "La nada y la paz". "De súbito le sobrevino un llanto inconsolable". "Hizo literatura de su dolor". "La fama 'sombra de la inmortalidad". "Unamuno y Kierkegaard". II. "Los últimos años". "El misterio de la personalidad en Unamuno". "*Cómo se hace una novela*". "Un 'Yo' profundo y otro 'yo' superficial". "El fondo de la cuestión". "El Unamuno de la lucha y el de la calma". "Unamuno en el destierro". "Católico?, ¿protestante?, ¿ateo?". "El pensamiento de Antonio Machado en relación con su poesía".

Comentario: Estos estudios abarcan dos épocas: La que precede y la que sigue al año 1897. A la primera se dedican los ensayos titulados "Una conversión chateaubrianesca a los veinte años", "Sobre la concepción de *Paz en la guerra*" y "Una experiencia decisiva: la crisis de 1897. A la segunda que abarca toda la obra posterior a *Paz en la guerra*.

_____. "The Faith of Unamuno (The Unpublished Diary). *UCST* (1966), 130-155.

Sánchez-Reulet, A. "Unamuno's Other Spain". En *Unamuno: Creator and Creation*, José Rubia Barcia y M. A. Zeitlin (eds.). Berkeley: University of California Press, 1967, págs. 189-202.

Señala el entusiasmo que Unamuno sintió desde muy temprana

edad por Hispanoamérica, cuyo sueño de ir a ella nunca se materializó. Fue el europeo más interesado en Hispanoamérica. Activo y constante cultivador del género epistolario. Su conocimiento de Hispanoamérica, sin embargo, no fue sistemático ni bien organizado.

Sánchez Ruiz, José María. "La estructura trágica y problemática del ser según Miguel de Unamuno". *Salesianum*, XXII (1960), 570-627.
Sobre la ontología unamuniana, la dimensión temporal y eterna del Ser, y la angustia metafísica.

_____. "Dimensión mundanal y social del ser según Unamuno". *CCU*, XII (1962), 31-74.

_____. "La teoría del conocimiento en el irracionalsmo unamuniano". *Salesianum*, XXIV (1962), 32-85.

_____. *Razón mito y tragedia. Ensayo sobre la filosofía de don Miguel de Unamuno*. Zurich: Pas-Verlag, 1964, 322 págs.
Contenido: Introducción. I. "El ser como conciencia y sus dimensiones". II. "Estructura trágica y problemática del ser". III. "Actitudes del hombre ante el único problema: la inmortalidad". IV. "Vida y conocimiento". V. "De la vida a la razón". VI. "Dialéctica del genuino conocimiento vital". VII. "En el fondo del abismo: La agonía humana". VIII. "Unamuno ante la crítica: 'Lo reciente de su aparición, ya que el 'Imprematur' de la Curia romana lleva fecha de noviembre de 1964, ha impedido la publicación de reseñas de esta obra".
Comentario: De carácter biográfico, abarcando lo referente a la llamada generación del 98, a la vida de don Miguel, a sus obras e influencias.

Sarmiento, E. "Considerations Towards a Revaluation of Unamuno: I. *El sentimiento trágico de la vida*. II. The Poetry. III. The Novels and Plays". *BSS*, XIX (1942), 201-209; XX (1943), 35-48, 84-105

Scheneider Graziosi, R. *Umanesimo e esistenzialismo di Miguel de Unamuno*. Milano: Gestaldi, 1965, 99 págs.

Schraibman, José. "Galdós y Unamuno". *SyU* (1965), 451-482. Incluye cartas de Unamuno.

Schürr, Friedrich. "El Quijotismo en el pensamiento de Menéndez y Pelayo y de Unamuno". *CCU*, VIII (1957), 9-26.

El Quijote según Unamuno debería ser "la Biblia nacional de la religión patriótica de España". Cervantes no fue más que un mero pretexto para que la España del siglo XVI pariese a don Quijote. Cervantes sacó al don Quijote del alma de su pueblo y del alma de la humanidad toda, y en su inmortal libro se lo devolvió a su pueblo y a toda la humanidad.

_____. Miguel de Unamuno; der Dichterphilosoph des tragischen Lebensgefühls. Bern: Francke, 1962, 177 págs.

Toma conciencia de la escisión que sigue a la crisis de 1897, estudiada desde el punto de vista antropológico.

Sciacca, Federico M. *Il Chisciottismo tragico di Unamuno e altre pagine spagnole*. Milano: Marzorati, 1971, 271 págs.
Versa sobre el quijotismo trágico de Unamuno.

Scivoletto, Angelo. "Miguel de Unamuno e la vita trágica". Tesis doctoral de carácter teológico. Firenze, 1957.

Scoles, Emma. "Miguel de Unamuno e la sua poesia". Tesis. Universidad de Roma, 1956.

Versa sobre la tarea lírica de Unamuno, el hombre frente a Dios, el ansia de supervivencia y su credo poético.

Scuderi, María. "Unamuno y Ortega: Aquende o allende los Pirineos". *CA*, CXLII (1965), 129-146.

Seda-Rodríguez, G. . "Unamuno, Critic of Cervantes". Tesis doctoral. Columbia University, *DA*, XXIX (1968), 1880-A.

Sedwick, Frank. "Maxims, Aphorisms, Epigrama and Paradoxes of Unamuno". *Hispania*, XXXVIII (1955), 462-464.

_____. "Theses on Miguel de Unamuno at North American Universities (to February, 1955)". *KFLQ*, III (1956), 192-196; *CCU*, VIII (1958), 57-7 3.

Son en total sesenta y dos tesis las señaladas y Sedwick expresa las razones por las cuales esta bibliografía ha sido emprendida: Primero: "Para asegurar la más amplia difusión de los materiales no publicados útiles para un estudio preliminar sobre el tema unamuniano". Segundo: "Para incrementar desde América, la creciente bibliografía que el profesor Manuel García Blanco viene publicando en los *CCU*, que la Universidad de Salamanca edita desde 1948". Tercero: "Para informar lo más exactamente posible a los estudiantes que se dispongan a redactar una tesis sobre Unamuno acerca de lo que en tal respecto se ha hecho ya en las universidades y colegios de los Estados Unidos".

_____. "Unamuno, the Third Self and Lucha". *SP*, LIV (1957), 464-479.

_____. "Unamuno and Womanhood: His Theater". *Hispania*, XLIII (1960), 309-313.

Seiderman, Morris. "Miguel de Unamuno: A Study of *Paz en la guerra*". Tesis de licenciatura. Universidad de Columbia, 1952.

Senabre Sempere, Ricardo. "Unamuno y la 'visión taurina' de la historia". *PSA*, XXXV (1964), 249-260.

Sender, Ramón J. *Unamuno, Valle Inclán, Baroja y Santayana; ensayos críticos*. México: Ediciones de Andrea, 1955, 170 págs. Contiene "Unamuno, sombra fingida", 5-44.

Sequeros, Antonio. "Sobre Unamuno el ideólogo de la generación (1864-1936)". En *Con el 98 y su proyección literaria*. Prólogo de Mariano Baquero Goyanes. Talleres Edijar de Almoradi, 1972, págs. 93-105.

Serrano Poncela, Segundo. *El pensamiento de Unamuno*. México: Fondo de la Cultura Económica, 1953, 265 págs.
Contenido: I. "El hombre y su mundo". II. "Formas de expresión y método de pensamiento". III. "Caracteres e influencia de su pensamiento filosófico". IV. "La filosofía de la existencia". V. "La 'medi-

tatio mortis' y la inmortalidad del alma". VI. "El tema de Dios: El Dios creado y creído". VII. "El tema del otro. La condición humana". VIII. "Historia e intrahistoria". "La patria". "El hombre hispánico". IX. "Castilla: La casta castellana". X. "El quijotismo como filosofía de la vida".

Comentario: Tendencia a "existencializar" a Unamuno. Se inicia con un bosquejo biográfico, situándolo en su medio ambiente, y trazando las diferentes etapas de la formación espiritual de Unamuno, para luego enfrentarse con los temas mayores unamunianos que forman su filosofía de la existencia: "el sentimiento agónico de la temporalidad", "la 'meditatio mortis", "la inmortalidad del alma", "el tema de Dios" y "la condición humana".

_____. "Unamuno y los clásicos". *Torre*, 35-36 (1961), 505-535.

Unamuno tuvo visión clara de lo que significa un clásico, Un propósito de caminar en esta dirección ya se transparenta en los ensayos contenidos en *En torno al casticismo*. Ensayo incluido en *Del Romancero a Machado* (Caracas: Imprenta Universitaria, 1962), págs. 125-158.

_____. "Apología de Unamuno". *CA*, XXIV (1965), 248-299. —*RNC*, 166 (1964), 80-97.

Se adentra en los recovecos mentales de esta singular personalidad. Silueta humana, formas de vida, método de razonar y obra escrita.

Sevilla, Benito F. "La idea de Dios en don Miguel de Unamuno". *RFüM*, XII (1952), 473-495. Extracto de la tesis doctoral. Universidad de Madrid, 1951.

_____. "La conducta humana según don Miguel de Unamuno". *RCM*, y (1955), 53-64.

Trata de las afirmaciones éticas del hombre y del modelo de la acción.

_____. "La gnoseología de Unamuno y el descubrimiento de Dios". *Augustinus*, V (1957), 57-76.

Versa sobre la teoría del conocimiento, y la del Ser, y el descubrimiento de Dios por la razón y el sentimiento.

_____. "La inmortalidad del alma según Miguel de Unamuno". *CCU*, VIII (1958), 43-56.

Cuando se plantea el problema de la inmortalidad del alma don Miguel de Unamuno, lo hace con una delectación morosa de quien se halla ocupado en la tarea más importante y trascendental. El valor probatorio que le concede a la razón es nulo y por ello su antiintelectualismo es resuelto. Sobre su ideología se sustentan las más dispares opiniones apoyadas con toda seguridad en la antinomia vida-razón que él preconiza.

Sheldon, Christopher B. "El teatro de Unamuno". Tesis doctoral. Universidad de Madrid, 1954.

Simón Díaz, José. *Manual de bibliografía de la literatura española*. Barcelona: Gustavo Gili, 1963. Sobre Unamuno págs. 477-481.

Sinnige, Theo G. "Unamuno ala roman schrijver en religieus denker". *AvT*, 3 (1961), 311-339.
Se refiere a la obra novelesca y a la poesía religiosa de Miguel de Unamuno. Reproduce algunos fragmentos de "El Cristo de Velázquez", en versión holandesa.

_____. *Miguel de Unamuno*. Desclee de Brouwer, Serie Ontmoetingen, 1962, 68 págs.

Smither, William J. "Realismo and Realidad in the Novels of Miguel de Unamuno". Tesis de licenciatura. Universidad de Kansas, 1940.

Smith, T "Unamuno. A Study in Strife". Tesis. Universidad de Princeton, 1943.

Soiza Reilly, J. J. de. "El Rector de la Universidad de Salamanca". En *Cien hombres célebres*. Buenos Aires, 1909, pgs. 33-40.

Solórzano, Carlos. *Del sentimiento de lo plástico en la obra de Unamuno*. México, 1944, 98 págs.

Sopeña, Federico. "Las músicas de don Miguel de Unamuno". *ROcc*, XIX (1964), 130-133. *UyB* (1967), 125-135.

_____. *Música y antimúsica en Unamuno*. Madrid: Taurus, 1965, 48 págs.
Contenido: "El tema". "La música en el noventa y ocho". "La 'sordera' como constante heredera". "El 'talante' contrarreformista de Unamuno". "El tema de la música". "Romanticismo". "La tentación música y sueño". "La música como tentación". "La música de su niñez". "Los conciertos". "La música que pudo querer". "Los músicos y Unamuno".
Comentario: Papel que desempeña la música en las obras unamunianas.

Spurlock, J. "The Will-to-be as a Theme in the Words of Unamuno". Tesis doctoral. Universidad de Florida, *DA*, XXVIII (1966), 1829-A, 293 págs.

Sosa López, Emilio. "Unamuno o la pasión agónica del novelista". *CA*, 163 (1969), 128-136.
En ningún otro escritor se ha dado de manera tan viva y directa la pasión o el drama íntimo del novelista como en Miguel de Unamuno. La novelística unamuniana es una suerte de investigación acerca de la esencia misma del hombre, cuya sola condición de agonista le confiere autonomía frente a toda contingencia, así en su realidad concreta como en sus propios mundos imaginarios.

Stanley, William. "The Role of Tradition in the Works of Unamuno". Tesis de licenciatura. Universidad de Princeton, 1939.

Starkie, Walter. "Modern Spain and Its Literature". *The Rice Institute Pamphlet*, XVI (1929), 87-110.
Unamuno, un moderno don Quijote.

_____. "Epilogue". En *Unamuno: Creator and Creation*, José Rubia Barcia y M. A. Zeitlin (eds.). Berkeley: University of California Press, 1967, págs. 234-248.

Stern, Alfred. "Unamuno and Ortega: The Revival of Philosophy in Spain". *PS*, VIII (1954),. 310-324.

_____. "Unamuno: Pioneer of Existentialism". En *Unamuno: Creator and Creation*, José Rubia Barcia y M. A. Zeitlin (eds,). Berkeley: University of California Press, 1967, págs.

Unamuno, pionero del existencialismo en España. También Unamuno da primacía a la existencia frente a la esencia. Con ello toda su filosofía se apoya en una base subjetiva, humana, concreta, y se orienta hacia los problemas existenciales y espirituales de la persona. También expone las diferencias básicas entre Unamuno y su existencialista predecesor Kierkegaard.

Stevens, Rosemary H. "Unamuno and the Cain and Abel Theme". Tesis. Radcliffe College, 1953.

Sugiyama, Takeru. "La búsqueda del ser en *Niebla*" *RUA*, XII (1972), 89-95.

Suprema Saera Congreg. S. "Officii Decretum. Proscriptis librorum [a Michaele de Unamuno)". *MEc*, LXXXII (1957), 567-570.

_____. "Decretum. Proscriptio librorum [duorum a Michaele de Unamuno conscriptorum. 30. I. 1957]". *PMCL*, XLVI (1957), 118-119.

Tarín-Iglesias, José. *Unamuno y sus amigos catalanes; historia de una amistad*. Barcelona: Peñíscola, 1966, 193 págs.
Contenido: Prólogo. I. "Cómo aparecieron las cartas". II. "Genio y figura de don Santiago Valentí y Camp". III. "Unamuno y Barcelona". IV. "Pequeña historia de *Amor y pedaogía*". Epistolario.
Comentario: El vasco Unamuno le dice a Valentí Camp que no conoce prosodia más elegante que la del catalán, que es una lengua mil veces más rica en fonética que la castellana.

Thezewant, Fred H. "El tema de la maternidad en Unamuno, Valle Inclán y García Lorca". Tesis de licenciatura. Universidad de México, 1952, 133 págs.

Thomas, Arcel P. "Tragic Heroes in the Works of Miguel de Unamuno: Studies in Pathologic Desintegration". Tesis doctoral. Universidad de Virginia, *DA*, XXIX (1968), 4024-A, 296 págs.

Tommaso, Vicenzo de. *Il pensiero e l'opera di Miguel de Unamuno*. Bologna: Capelli, 1967.

_____. "Nuovi studi su Unamuno". *CeS*, 25 (1968), 81-89.

Tornos, Andrés M., S.J. "Angst un d Subjektivitat in Unamuno Philosophie". Tesis doctoral. Universidad de Munich, 1960, 99 págs.

_____. "Sobre Unamuno y Kierkegaard". *Pensamiento*, 18 (1962), 131-146.

_____. "El hombre y la vida en Unamuno". *Pensamiento*, 19 (1963), 93-103.

Torre, Guillermo de. "The Agony of Unamuno". *NMQR*, XVIII (1948), 141-151.

_____. "El *Cancionero* póstumo de Unamuno". *Sur*, 222 (1953), 48-64.
Versa sobre las vicisitudes del *Cancionero*. Unamuno frente al arte y a la estética y como gran poeta lírico.

_____. "Unamuno y la literatura hispanoamericana". *Cuadernos*, XXX (1958), 3-12. *CCU*, IX (1961), 5-25. *Torre*, 35-36 (1961), 537-561.
El autor nos presenta a Unamuno bajo una luz nueva: como crítico literario, no ya ocasional sino sistemático y especializado. Supera un centenar, los artículos—de varia extensión, algunos lindantes con el ensayo, otras breves reseñas—que ahora resucita en la nueva compilación, consagrados por Unamuno a libros, temas y figuras de América.

_____. "Unamuno y su teatro". *PSA*, XXXVI (1965), 13-44.

_____. *Del 98 al barroco*. Madrid: Gredos, 1969. Sobre Unamuno págs. 170-173 y 273-274.
"Unamuno sobre Galdós" y "Clarín y Unamuno. Espiritualismo".

Toretti, Roberto. "Unamuno, pensador cristiano". *UChU* (1964), 95-112.

Torrente Ballester, G. "La generación del 98 e Hispanoamérica". *Arbor*, XI (1948), 505-515.

———. "Don Juan, tratado y maltratado. III. Un prólogo y un drama de Unamuno. Unamuno y su obra. Estructura del drama unamunesco. *El hermano Juan*". En *Teatro español contemporáneo*. Madrid: Cuadarrama, 1957, págs. 174-179.

Tovar Llorente, Antonio. "Su lengua castellana". *EstLit*, 300-301 (1964).

———. "El sentimiento trágico de Unamuno y la actual situación del mundo de nuestra lengua". *CCU*, XXIII (1973), 139-147.

El trágico conflicto personal de Unamuno tiene una resonancia amplia, también trágica, en las inarmonías y en las direcciones contrapuestas de los países de lengua y cultura española, donde se expresa en dictaduras, revoluciones e impotencia.

Trapnell, Emily A. "Unamuno's Theory artd Practice of the Novel". Tesis de licenciatura. Duke University, 1953.

Trend, John B. *Unamuno*. Oxford: Dolphin, 1952, 20 págs.

Trías Mercant, Sebastián. "Encuentros filosóficos de la teoría del lenguaje de Unamuno". *PSA*, 70 (1973), 37-59.

Sitúa a Unamuno dentro de una corriente de la teoría del lenguaje. La más original de Unamuno, está en aplicar tales teorías lingüísticas a la constitución de la filosofía. Al desentrañar este segundo aspecto, encuentra su clave en dos afirmaciones unamunianas: 1) la que en España literatura y filosofía son una misma cosa, y 2) la de que la filosofía es filología. Para concluir a través de ellas la originalidad unamuniana en una ecuación de filosofía y lenguaje. Señala que la preocupación por el lenguaje lleva a Unamuno a formular la tesis del carácter terapéutico del análisis linguístico.

Turiel, Pedro. *Unamuno: El pensador, el creyente, el hombre.* Madrid: Compañía Bibliográfica Española, 1970, 353 págs.
   Contenido: "El hombre: Rasgos de su personalidad". "Inadaptabilidad". "Don Miguel director de conciencias". "Concepto del profesorado". "Los estudiantes". "Del 'Diario íntimo'". "El pensador". "La filosofía de Unamuno". "El existencialismo". "Más allá sobre el tema". "La filosofía y la teología escolástica en Unamuno". "La inmortalidad". "El creyente". "Idea de Dios". "Jesucristo". "El infierno". "La moral unamuniana". "La libertad". "Unamuno y los místicos". "Unamuno y la iglesia".

_____. "Luz in Tenebris". *CCU*, XXI (1971), 19-22.
   Sobre la pérdida de la fe en Unamuno, al tratar de racionalizar los misterios, el dogma.

Turin, Yvonne. *Miguel de Unamuno universitaire.* París: Servicio d'édition et de yente des Publications de L'Education Nationale, 1962, 145 págs.

_____. "Cartas de Unamuno a Giner de los Ríos". *BH*, LXV (1963).

Unamuno a los cien años. Universidad de Salamanca, 1967, 154 págs.
   Contenido: Ricardo Gullón, "Unamuno y su *Cancionero*". Marcelino Legido López, "El hombre de carne y hueso (estudio sobre la antropología de don Miguel de Unamuno". Miguel Cruz Hernández, "El valor permanente del pensamiento filosófico de Miguel de Unamuno". Charles Moeller, "Quelques aspects de l'itineraire spirituel d'Unamuno". Discursos. César Real de la Riva, "Fidelidad centenaria a Unamuno". Manuel García Blanco, "Aspectos biográficos de Unamuno". Joaquín de Zuazagoitia, "Unamuno y Bilbao. Gastón Baquero, "Unamuno en América". Jaime Benítez, "Homenaje puertorriqueño a Unamuno". Discurso del Excmo. Sr. Ministro de Educación y Ciencia, Prof. Manuel Lora Tamayo.
   Comentario: Estudios y discursos salmantinos en su primer centenario.

Unamuno en Colombia. Bogotá: Instituto Colombiano de Cultura Hispánica, 1964, 187 págs.
Contenido: Pedro Gómez Valderrama, "Palabras inaugurales". Rafael Maya, "Unamuno considerado como poeta". Jean Camp, "El Unamuno que conocí". Cayetano Betancour, "Lenguaje y verdad en Unamuno". Cecilia Hernández de Mendoza, "La palabra viva de Unamuno". R. P. Germán Marquínez Argote, "Don Miguel de Unamuno y su agustinismo desesperado". Andrés Holguín, "Unamuno y América". Fernando Gómez Martínez, "Bolívar visto por Unamuno".
Comentario: Conferencias en homenaje a Unamuno, en su centenario.

Unamuno y Bilbao. El centenario del nacimiento de Unamuno. Bilbao: Gráficas Nore (Publicaciones de la Junta de Cultura de Vizcaya), 1967, 254 págs.
Contenido: "Discurso pronunciado por el Excmo. señor don Joaquín Zuazagoitia". "Unamuno, vasco y castellano, filósofo y poeta", por el R. P. González Caminero. "La música en la vida y en la obra de Miguel de Unamuno", por Federico Sopeña. "Bilbao y el mar en la vida y en la obra de Unamuno", por Miguel de Azaola. "La España vasca de Unamuno, *Paz en la guerra*", por Julián Marías. "Unamuno, poeta", por Manuel García Blanco. "Unamuno a la busca de sí mismo", por César Real de la Riva.
Comentario: Recoge las conferencias pronunciadas en Bilbao para conmemorar el primer centenario.

Universidad de Chile a Unamuno. Santiago: Departamento de Extensión Universitaria, Universidad de Chile, 1964, 173 págs.
Contenido: "Soñando a Unamuno", por Mario Cuidad. "Don Miguel de Unamuno, persona dramática", por José Ricardo Morales. "Lo prefilosófico en Unamuno", por Fernando Uriarte. "En el cantar de Unamuno", por Alfredo Lefebre. "Unamuno, pensador, cristiano", por Roberto Torretti. "Unamuno novelista", por Eleazar Huerta. "Unamuno como método", por Cedomil Goié. "Para la genealogía de Augusto Pérez", por Ricardo Benavides Lillo.
Comentario: En homenaje al centenario de Unamuno.

Uriarte, Fernando. "Lo prefilosófico en Unamuno". *UChU* (1964), 76-94.

Urrutia, Louis. *Desde el Mirador de la Guerra.* Colaboración al periódico *La Nación* de Buenos Aires. Textos nuevos recogidos y presentados por Louis Urrutia. París: Centre de Recherces Hispaniques, Institut d'Études Hispaniquez, 1970, 489 págs.

Contenido: Prefacio. Introducción. I. "Pórtico". II. "Las colaboraciones de Unamuno ya recogidas". III. "Breve presentación de los 'Textos Nuevos'". Textos. Apéndices: 1. "L'unité morale de l'Europe". 2. "Indice de los textos de Unamuno en *La Nación* entre agosto 1914 y diciembre 1919".

Comentario: Unamuno durante la Gran Guerra, y sus textos recogidos en *La Nación* de Buenos Aires.

Vaisman, Gladys O. *Un ensayo sobre Miguel de Unamuno.* Santa Fe, Argentina: Castellví, 1965, 59 págs.

Valbuena Briones, A. "El teatro clásico en Unamuno". (1965)*SyU*, 533-541.

Valbuena Prat, Angel. "Las cien obras educadoras". En *La poesía española contemporánea*, tomo I. Madrid: Compañía Ibero Americana de Publicaciones, 1930, págs. 56-59.

_____. "La poesía de ideas de Unamuno". En *Historia de la literatura española*, tomo II. Barcelona: G. Gili, 1937, págs. 837-853.

Valdés, Mario J. "*Amor y pedagogía* y lo grotesco". *CCU*, XIII (1963 53-62.

Unamuno escribió *Amor y pedagogía* (1902) con la expresión más fecunda de lo grotesco. La realidad superficial de esta novela no es más que una burla desenfrenada de la pedagogía positivista en la cual encontramos el primer aspecto de la incongruencia con la realidad: una discordia entre el mundo caleidoscópico de la novela y nuestra realidad. En esta novela lo grotesco crea sutilmente un sentido filosófico de la enorme tragedia que oprime al yo en aislamiento radical de su mundo.

_____. *Death in the Literature of Unamuno.* Urbana: Universidad de Illinois, 1964, 173 págs. Tesis doctoral publicada.

Concebido en torno al tema de la muerte, que es una de las constantes del pensamiento unamuniano,

_____. "La filosofía agónica de Miguel de Unamuno". *PyLE* (1965), 534-543.

Valentín Gamazo-Fernández, F., S.J. "El estilo como filosofía del lenguaje de Unamuno". Tesis. Universidad de Madrid, 1957.

_____. *El pensamiento estético de Unamuno*. Universidad de Madrid, 1960, 495 págs.

Contenido: Primera parte. 1. "Trayectoria de la ideología". 2. "Metodología Unamuniana". 3. "Estética y esteticismo, según entendía esos términos don Miguel". Parte segunda: "Antropomorfismo ontológico". 4. "El hombre y la conciencia personal". 5. "La persona y la sociedad". 6. "Panteísmo antropomórfico". Tercera parte: "Vitalismo gnoseológico". 7. "Conocimiento: Creación". 8. "Conocimiento: Integración". Cuarta parte: "Como de la ontología y gnoseología unamunianas se desprende una filosofía poética". 9. "Verdad, sueño y visión", 10. "La filosofía española". 11. "Filosofía: Poesía". Quinta parte: "La estética creadora del pensamiento unamuniano", 12. "Inmortalismo". 13. "La creación fictiva". 14. "Realidad de la ficción". 15. "Recreación". 16. "Teoría del estilo". 17. "Eternidad y universalidad". 18. "El paisaje. Conceptos generales de la estética". Bibliografía: Obras de Unamuno. Bibliografía crítica y bibliografía general.

Comentario: Versa sobre la teoría de lo bello, en todos los ámbitos de la obra unamuniana,

Van der Grijp, R. "Ensueños". *CCU*, XIII (1963), 75-93.

Persistencia del motivo del sueño en la poesía, novela y ensayo unamunianos. Don Miguel de Unamuno, "un sueño perdurable".

Varela Jácome, Benito. *Renovación de la novela en el siglo XX*. Barcelona: Destino, 1967, 440 págs.

Contenido: "La agónica dimensión de los personajes de Unamuno". "La novela testimonio de conocimiento". "*Cómo se hace una novela*". "*Paz en la guerra*". "*Amor y pedagogía*". "Estructura de *Niebla*". "Obsesión amorosa". "Rebelión del personaje". "El tema cainita de

Abel Sánchez". "La dimensión dramática del odio". "Dilema existencialista". "*La tía Tula*". "Esperanza desperanzada". "Tensiones de la novela corta".
Comentario: Unamuno como renovador e innovador de la novela.

Vásquez Dodero, José L. "Unamuno novelista". *ABC*, 27 setiembre 1964.

Vaz Ferreira, Carlos. *Tres filósofos de la vida: Nietzsche, James, Unamuno*. Buenos Aires: Losada, 1965.

Vento, Arnold C. "Hacia una interpretación onírico-estructural de *Niebla*". *CCU*, 14-15 (1964-65), 41-48.
La estructura en *Niebla* está intencionalmente trazada a través de la teoría de los sueños. Forja Unamuno, mediante ésta, el desarrollo del hombre preocupado por la primordial formulación de su alma, que en conjunción con la personalidad cimenta el cauce propicio para la inmortalidad.

_____. "*Niebla*. Laberinto intencionado a través de la estructura". *CHA*, 202-204 (1966), 427-434.
Niebla, presenta al campo literario, debido a su tema y estructura, uno de los problemas más discutidos: el de la creación artística. Concluye el autor que la estructura de *Niebla* ha sido bien pensada, premeditada; que Unamuno ha aprovechado en forma conceptista su idea del alma inmortal y la ha empleado cabalmente en sus personajes.

Viqueira, Vicente J. "La filosofía de Unamuno". *BILE*, XLIV (1925), 47-49. Alfar, IV (1924), 4-5.

Villalobos, Pisano D. "La soledad en la poesía de Unamuno". Tesis, Universidad de Madrid, 1960, 217 págs.
Contenido: I, "Tradición y originalidad del tema de la soledad en España". II. "Concepto de la soledad". III. "Cualidades trágicas de la soledad". Conclusiones. Bibliografía.
Comentario: La soledad tema clave de su obra lírica.

Villamor, Manuel. *El fácil Unamuno, difícil*. Madrid: España, 1970, 195 págs.

Contenido: "El fácil Unamuno, difícil". "Desde el mirador de la Cruz". "Un bilbaíno en la Corte". "Dorada Salamanca". "Sus contemporáneos". "De Fuerteventura a Hendaya, pasando por París". "Sentimiento trágico de la muerte". "Su agonía del cristianismo". "Andanzas y visiones españolas". "Armando guerra a la ramplonería". "*Cómo se hace una novela*". "Densos, densos". "Sombras de sueño". "*Sentimiento trágico de la vida*". "Retemblaré en vuestras manos". "Cronología". "Iconografía". Bibliografía. Obras de Unamuno. Obras sobre Unamuno.

Comentario: Original versión de la vida y la obra del escritor. Señala las constantes temáticas de la obra unamuniana: obsesión por la inmortalidad, personalidad, contradicción, agonía o sentimiento trágico de la vida. Siendo esta problemática esencialmente filosófica.

Villamañan, Cásar. "El poeta grande Miguel de Unamuno". *EstLit*, 300-301 (1964), 42-44.

Su objetivo poético es "derretir" el espanto de la muerte.

Villarrazo, Bernardo. *Miguel de Unamuno: Glosa de una vida.* Prólogo de Josá María de Cossío. Barcelona: Aedos, 1959, 289 págs.

Contenido: I. "El hombre de carne y hueso". III. "La desintegración de las discordias: *Paz en la guerra*" (1897). IV. "La sátira sociológica: *Amor y pedagogía*" (1902). V. "La angustia existencial: *Niebla*" (1914). VI. "El pecado cainita: *Abel Sanchez*" (1917). VII. "El hambre de maternidad: *La tía Tula*" (1921). "Las novelas ejemplares". VIII. "El Quijotismo, señal de vida". IX. "El fin del sueño". Apéndices. Indices.

Comentario: Glosa de una vida extraordinaria en sentimientos y pensamientos. Una vida de la que dan fe sus obras.

Villegas, Juan. "El '¡Muera Don Quijote!' de Miguel de Unamuno". BHS, 44 (1965), 49-53.

_____. "*Niebla*: Una ruta para autentificar la existencia". *SyU* (1965), 573-584.

Vintila, Horia. *Viaje a los centros de la tierra.* Madrid: Plaza y Janás, 1971. Sobre Unamuno págs. 67-99.

Contenido del ensayo sobre Unamuno: "Miguel de Unamuno en carne y espíritu". I. "Reconstrucción de un hombre con atributos". II. "Con Julián Marías sobre el pensador y el novelista". III. "Con Pedro

Laín sobre Unamuno en su generación". IV. "Con el doctor Rof Carballo sobre el erotismo de Unamuno".
Comentario: Sobre el hombre, Unamuno, y sus obras.

Vinuesa y Angulo, José M. *Unamuno: Persona y sociedad.* Madrid: Gráficas E. Casado, 1970, 105 págs.
Contenido: Prólogo. I. "Breve biografía de don Miguel de Unamuno". II. "La contradicción y su significado en Unamuno". III. "La dualidad humana y su desarrollo". IV. "El hombre". V. "Consecuencias de la concepción del hombre". VI. "Etica y sociología". Bibliografía.
Comentario: La vida de don Miguel y las teorías que, desde ella, levantó para explicarla son los temas del presente estudio. Pretende el autor proseguir los análisis en torno a la ontología de Unamuno, iniciados por François Meyer, en su libro *L'ontologie de Miguel de Unamuno*, derivándolos, por un lado hacia las ideas antropológicas de Unamuno, fundadas en esa ontología, y, por otro, hacia el examen de las relaciones que Unamuno cree descubrir—a la luz de esas ideas-—entre el individuo y la sociedad.

Visca, A. S. *Correspondencia de Zorrilla de San Martín y Unamuno.* Prólogo y notas. Montevideo: Instituto Nacional de Investigaciones y Archivos Literarios, 1955, 65 págs.

Vivanco, Luis Felipe. *Introducción a la poesía española contemporánea.* Madrid: Colección Guadarrama de Crítica y Ensayo, 1957 Sobre Unamuno págs. 18-32.

_____. "El mundo hecho hombre en el *Cancionero* de Unamuno". *Torre*, 35-36 (1961), 361-386.
En el *Cancionero*, no hay un sólo mundo lírico, sino varios, cada uno con su métrica propia. Por eso, toda posible antología de sus poemas tendría que hacerse a través de la forma métrica, y no de la temática, ya que ésta no tiene existencia poética concreta más que dentro de aquélla.

Walker, Leslie J. "A Spanish Humanist". *DubR*, CLXXII (1922), 32-43.

Wardropper, Bruce W. "Unamuno's Struggle with Words". *HR*, XII (1944), 183-195.

Señala los usos y valores semánticos de vocablos como "agonía", "realismo", "conocer", "nivola", "sentimiento" e "intimidad".

Weber, Frances W. "Unamuno's *Niebla*: From Novel to Dream". *PMLA*, 88 (1973), 209-218.

Niebla muestra tanto al protagonista emergiendo a la existencia consciente, y al autor tratando de crearse a sí mismo dentro de la novela. Con el fin de perpetuar esta ilusión de sí mismo, el convierte la realidad en ficción. *Niebla* anticipa esta técnica.

Webber, Ruth H. "Kierkegaard and the Elaboration of Unamuno's *Niebla*". *HR*, XXXII (1964), 118-134.

Williard, F. King. "Unamuno, Cervantes y *Niebla*". *RO*, 44 (1967), 219-231.

Demuestra que la nívola surge directamnete del *Quijote*. Representa una descripción fiel y completa de la estructura, la forma y el tono del *Quijote*.

Williard, Ruth F. "Unamuno: His Ideas". Tesis de licenciatura. Universidad de Indiana, 1926.

Wills, Arthur. *España y Unamuno: Un ensayo de apreciación*. Nueva York: Instituto de las Españas en los Estados Unidos, 1938, 375 págs.

Ynduraín, Francisco. "Unamuno y Oliver Wendell Holmes". *Atlántico*, IV (1957), 5-28.

_____. "Afinidades electivas: Unamuno y Holmes". *RJ*, XV (1964), 335-354.

_____. "Unamuno en su poética y como poeta". *SyU* (1965), 574-585. *PyLE*, 574-585.

Young, Claudio D. "Los fundamentos irracionales de la existencia de Dios en Don Miguel de Unamuno". *RBF*, XIII (1963), 334-344.

Young, Howard T. "Miguel de Unamuno". En *The Victorious Expression: A Study of Four ContemporarySpanish Poets: Miguel de*

Unamuno, Antonio Machado, Juan Ramón Jiménez, Federico García Lorca. Madison: University of Wisconsin Press, 1964 págs. 1-31. Tesis doctoral publicada.

Zardoya, Concha. Poesía española contemporánea: Estudios temáticos y estilísticos. Colección Guadarrama de Crítica y Ensayo, 1961. Sobre Unamuno págs. 91-178.

Contenido del ensayo sobre Unamuno: "La humanización en la poesía de Unamuno". I. "El cuerpo del hombre". II. "El interior del hombre". III. "Formas de expresión". IV. "El contorno del hombre". A. "El contacto doméstico y peninsular". B. "El universo, la naturaleza". "El paisaje cósmico. Flora y fauna". V. "Los grandes temas". "Recapitulación".

Comentario: La poesía de Unamuno es humanísima. Humana los campos, el mar, el cielo, el mundo todo, Y a todo transfiere sus problemas íntimos, su hambre de inmortalidad.

Zamora Vicente, A. "Un recuerdo de don Miguel de Unamuno". *CCU*, VIII (1957), 5-8.

Zanete, E. "Michel de Unamuno". Convivium, XIII (1941), 87-95.

Zavala, Iris M. . *Unamuno y su teatro de conciencia*. Salamanca: Universidad de Salamanca, 1923, 222 págs.

Contenido: "El teatro de Unamuno: Obras". I. "*La esfinge*". II. "*La venda*". III. "*La princesa doña Lambra*". IV. "*La difunta*". V. "*El pecado que vuelve*". Capítulo II. "Obras de madurez". VI. "*Fedra*, tragedia desnuda". "*Soledad*". VIII. "*Raquel encadenada*". IX. "Sombras de sueño". X, "*El otro*". XI. "*El hermano Juan o El mundo es teatro*". Capítulo III. "Traducciones, escenificaciones y obras proyectadas". Capítulo IV. "Teoría dramática unamuniana: Un teatro en función del hombre". Capítulo V. "Teatro en función de una ontología". Capítulo VI. "El escenario de la conciencia y el teatro de la conciencia". Apéndice. "Un símbolo importante: El espejo". Conclusiones. Bibliografía.

Comentario: Unamuno creó un teatro metafísico con intereses estra-escénicos. Es un teatro en que la filosofía del autor está íntimamente unida a la del drama. Glorifica su propia ontología, Es un teatro utilizado como medio de búsqueda del hombre, Ontología basada en la autocreación: el hombre como autor, actor y espectador de sí mismo. Por ello sus personajes son máscaras de las distintas categorías del ser, Esto condiciona su teatro a una ausencia de acción ya que sus dramas son dramas internos: los personajes son estados de conciencia del propio autor, Plantea Unamuno el teatro de la conciencia. Tener conciencia es representarse, hacer espectáculo de uno mismo. En esta representación de sí mismo, en la del "otro", y en la representación de la sociedad desea Unamuno aprehender la última realidad: Dios.

———. "Hacia una teoría de Hispanoamérica en Unamuno: ¿Realidad o ficción?". *RIB*, XV (1965), 347-354.

Zeitlin, M. A. See Rubia Barcia, José

Zernickow, Oscar Hans. "The *Cancionero* of Unamuno: A Thematic Study". Tesis doctoral. Tulane University, *DA*, XXVII (1966), 3475-A, 246 págs.

Zimic, Lesley L. "The Collective Protagonist in the Historical Novels of Unamuno, Baroja, y Valle Inclán". Tesis doctoral. Duke University, *DA*, XXVII (1966), 1799-A, 366 págs.

Zubizarreta, Armando F. "Aparece un 'Diario inédito' de Unamuno". *MP*, XXVIII (1952), 182-189.
Sobre la crisis de 1897, de la que brota el "Diario", "como culminación de un largo proceso por recuperar la fe, un climax que tiene una larga preparación".

———. "Una desconocida filosofía lógica de Unamuno". *BISDP*, 20-23 (1958), 241-252.
Unamuno comenzó a redactar este trabajo filosófico a los 21 años, en 1886. Cubren noventa y cuatro páginas. La obra quedó incompleta. "Encierran una problemática filosófica elaborada". Versa sobre la "filosofía lógica"; el punto de partida de ésta; y la naturaleza, origen y clasificación de las ideas.

———. "La inserción de Unamuno en el cristianismo, 1897". *CHA*, 103-106 (1958), 7-35.
Señala las personas y factores que intervienen en la crisis religiosa que sufrió Unamuno: El "Diario" de 1897; Raimundo Jenaro,

su hijo hidrocéfalo; la neurosis cardíaca; Concepción: esposa y madre; el padre Juan José de Lecanda,

_____. "Miguel de Unamuno y Pedro Corominas: Una interpretación de la crisis de 1897". *CCU*, IX (1959), 5-34.
Algunos hechos resultan deformados en la exposición que Corominas hace del problema religioso de Unamuno.

_____. *Tras las huellas de Unamuno*. Madrid: Taurus, 1960, 197 págs.
Contenido: Prólogo. "Una desconocida filosofía lógica de Unamuno". "Desconocida antesala de la crisis de Unamuno: 1895-1896". "Desconocida novela de Unamuno: Nuevo mundo". "La inserción de Unamuno en el cristianismo: 1897". "Miguel de Unamuno y Pedro Corominas".
Comentario: Zubizarreta descubridor del "Diario", no se ha detenido en el análisis de dicho "Diario", sino que a partir del mismo, ha estudiado con penetración la génesis de la crisis, tormentoso itinerario que recorre el alma de Unamuno desde su prematura pérdida de fe (1882), hasta su inserción en el cristianismo (1897).

_____. *Unamuno en su nivola. Estudio de Cómo se hace una novela*. Madrid: Taurus, 1960, 420 págs. Tesis doctoral publicada. Universidad de Salamanca.
Contenido: Capítulo I. "Génesis de *Cómo se hace una novela*". II. "Las estructuras y los géneros literarios". III. "Construcciones metafóricas y empleo consciente de la lengua". IV. "Estructuras dinámicas". y. "Los temas". VI. "Crisis de 1897 y crisis de 1924-25". VII. "La peculiaridad hispánica". Apéndices: 1. "La agonía del cristianismo". 2. "El problema del otro". 3. "El hermano Juan o el mundo es teatro". Conclusiones. Notas. Bibliografía.
Comentario: *Cómo se hace una novela* es una original autobiografía novelesca en la que se integran memorias y novela. Posee una estructura completa en sí misma. Esta novela es la clave de la vida, pensamiento y expresión de Unamuno. Construcciones metafóricas, motivos, temas y técnica de su vida y obra entera, en sus múltiples facetas, aparecen en ella claramente estructuradas. El hombre, cómo hacerse, con todos sus supuestos: autocrítica permanente, absoluta

disponibilidad —y sus consecuencias, aparece en Unamuno. Interesa reiterar que este hacerse está concebido en un hacerse en Dios.

Zulen, P. S. "Hombres e ideas, Don Quijote en Salamanca". *BBL*, I (1923), 1-10.

Zulueta, Carmen de. *Cartas entre Miguel de Unamuno y Luis de Zulueta*. Madrid: Aguilar, 1972, 373 págs.

Apéndice I

INDICE DE LOS CUADERNOS DE LA CATEDRA DE UNAMUNO (1948-1973)

Tomos I-XXIII. Salamanca: Universidad de Salamanca, Facultad de Filosofía y Letras, 1948-1973

I (1948)

Portada. "Una carta de G. Duhamel. Jacques Chevalier, "Hommage a Unamuno". Maurice Legendre, "Miguel de Unamuno: Hombre de carne y hueso". Mathilde Pomes, "Unamuno et Valéry". J. J. A. Bertrand, "Seconde morte de Don Quichotte". Alain Guy, "Miguel de Unamuno, pélerin de l'Asolu". M. García Blanco, "Crónica unamuniana (1937-47)".

II (1951)

R. Menéndez Pidal, "Recuerdos referentes a Unamuno". M. José Miguel de Azaola, "El Unamuno de 1901 a 1903"; "Las cinco batallas de Unamuno contra la muerte". Miguel de Ferdiandy, "Unamuno y Portugal". M. García Blanco, "Crónica unamuniana (1948-49)".

III (1952)

M. G. B., "Tres cartas inéditas de Maragall a Unamuno". Giuseppe Carlo Rossi, "Apuntes sobre bibliografía unamuniana en Italia y Alemania". Manuel Alvar, "Motivos de unidad y evolución en la lírica de Unamuno". Miguel Cruz Hernández, "La misión socrática de don

Miguel de Unamuno". Jerónimo de la Calzada, "Unamuno paisajista".M. García Blanco, "Crónica unamuniana (1950-51)".

IV (1953)

Gilberto Beccari, "Unamuno e l'europeizzacione. Camille Pitollet, "Notas unamunescas por el decano de los hispanistas franceses". Diego Catalán, "Aldebarán' de Unamuno". Marianne Cardis, "El paisaje en la vida y en la obra de Miguel de Unamuno". M. García Blanco, "Crónica unamuniana (1952-53)".

V (1954)

Fernando Huarte Morton, "El ideario lingüístico de Miguel de Unamuno" (Introducción, Filosofía del lenguaje, Lingüística y filosofía, La lengua española, El vocabulario, La obra literaria). M. García Blanco, "Crónica unamuniana (1953-54)".

VI (1955)

Alfonso Reyes, "Mis relaciones con Unamuno". W. D. Johnson, "Vida y ser en el pensamiento de Unamuno". Ferruccio Masini, "L'esistenzialismo spagnolo di Unamuno". Rafael Ferreres, "Un retrato desconocido de Unamuno y una anécdota". M. García Blanco, "Viviendas salmantinas de don Miguel de Unamuno: Del mirador del Campo de San Francisco al museo de la Casa rectoral"; "Crónica unamuniana (1954-55)". Robert Ricard, "Necrología: Maurice Legendre (1878-1955)".

VII (1956)

Fernando Lázaro, "El teatro de Unamuno". Camille Pitollet, "Breves divagaciones unamunianas". Elanor Paucker, "Unamuno y la poesía hispanoamericana". Carlos Blanco Aguinaga, "La madre, su regazo y el 'sueño de dormir' en la obra de Unamuno". Romolo Runcini, "Realtà e idealità nel pensiero di Unamuno". Emilio Salcedo, "Unamuno y Ortega y Gasset: Diálogo entre dos españoles". M. García Blanco, "Crónica unamuniana (1955-56)".

VIII (1958)

A. Zamora Vicente, "Una recuerdo de don Miguel de Unamuno". Friedrich Schuerr, "El 'quijotismo en el pensamiento de Menéndez Pelayo y de Unamuno". Ferruccio Masini, "Filosofia della morte in Miguel de Unamuno". Frank Sedwick, "Tesis sobre don Miguel de Unamuno y sus obras leídas en las universidades norteamericanas hasta febrero de 1955". M. García Blanco, "Addenda: Tesis sobre Unamuno en otras universidades". Renato Fauroni, "Ricordo di Estremadura (Cáceres), versión italiana de una poesía de Unamuno". M. García Blanco, "Crónica unamuniana (1956-1957)".

IX (1959)

Armando Zubizarreta, "Miguel de Unamuno y Pedro Corominas (Una interpretación de la crisis de 1897)". Josse de Kock, "Unamuno et Quevedo". Milagro Laín, "Aspectos estilísticos y semánticos del vocabulario poético de Unamuno". M. García Blanco, "Crónica unamuniana (1957-58)". Manuel García Blanco, Robert Ricard y Charles V. Aubrun, "En memoria de Aurelio Viñas (1892-1958)".

X (1960)

Armando Zubizarreta, "Unamuno en su nivola (Estudio de *Cómo se hace una novela*)". J. Chícharro de León, "El arte de Unamuno en el 'Rosario de sonetos líricos". Alfonso Armas Ayala, "Unamuno y Canarias (capítulo de un libro)". Manuel García Blanco, "Crónica unamuniana (1958-1959)". M. G. B., "Necrológica: Gilberto Beccari".

XI (1961)

Guillermo de Torre, "Unamuno y la literatura hispanoamericana". Julio García Morejón, "Unamuno y el sentimiento trágico de Antero de Quental". Philip Metzidakis, "El poeta nacional griego Kostís Palamás y Unamuno, Birute Ciplijauskaite, "El amor y el hogar: Dos fuentes de fortaleza en Unamuno". Manuel García Blanco, "Crónica unamuniana (1959-1960)".

XII (1962)

Pilar Lago de Lapesa, "Una narración rítmica de Unamuno". Geofrey Ribbans, "Unamuno en 1899: Su separación definitiva de la ideólogía progresista". José María Sánchez-Ruiz, "Dimensión mundanal y social del ser, según Unamuno". Manuel García Blanco, "Crónica unamuniana (1961-1962): El XXV aniversario de la muerte de Unamuno".

XIII (1963)

Miguel Cruz Hernández, "La significación del pensamiento de Unamuno (A los veinticinco años de su muerte)". Manuel García Blanco, "Don Miguel y la Universidad". Ricardo Senabre Sempere, "En torno a un soneto de Unamuno". Francisco Sevilla Benito, "Dos artículos sobre don Miguel de Unamuno". Mario J. Valdés, "Amor y pedagogía' y lo grotesco". Antonio Lázaro de Almeida Prado, "O processo de ficção da 'nivola' unamuniana e das 'Favole intellettuali' de Cesare Pavese". R. M. K. Van der Grijp, "En sueños. Un motivo en el pensamiento de Unamuno". Manuel García Blanco, "Crónica unamuniana (1962-1963)".

XIV-XV (1964-1965)

José Ortega y Gasset, "En defensa de Unamúno. Texto inédito para una conferencia". José Luis Abellán, "Aportaciones de Unamuno y Ortega y Gasset para una filosofía española". Peter G. Earle, "El evolucionismo en el pensamiento de Unamuno". Gabriele Boschiero, "Alcuni aspetti del chisciottismo di Miguel de Unamuno: La morte". Arnold C. Vento, "Hacia una interpretación onírico-estructural de 'Niebla". Julio García Morejón, "Génesis y elaboración de un soneto unamuniano". Richard L. Predmore, "Tres cartas inéditas de Unamuno". Agacir, "Releyendo a Unamuno. El fratricidio de Monegro". Zdenek Kourim, "Unamuno y Checoeslovaquia". Clifford J. Gallant, "Miguel de Unamuno y François Mauriac". Emile Martel, "Lecturas franceses de Unamuno: Sénancour". Ubaldo Bardi, "Fortuna di Don Miguel de Unamuno in Italia'. Stefan Pieczara, "La difusión de la obra de Unamuno en Polonia". Manuel García Blanco, "Crónica unamuníana (1963-1965): I. Los actos conmemorativos del Centenario; II. Bibliografía".

XVI-XVII (1966-1967)

Francisco Yndurain, "Nuestro Gracía Blanco". Rafael Lapesa, "Manuel García Blanco". Dámaso Alonso, "Manuel García Blanco y la obra de Unamuno". Fernando Lázaro Cerreter, "García Blanco, profesor". Diego Catalán, "Tres Unamunos ante un capítulo de don Quijote". Eleanor Krane Paucker, "Kierkegaardian Dread and Despair: 'El que se enterró", Luis Cortés, "Unamuno y Machado". E. Rivera de Ventosa, "La crisis religiosa de Unamuno". J. Negre Rigol, "La oración de Unamuno a Jesús crucificado".

XVIII (1968)

Carlos Blanco Aguinaga, "El nuevo: El socialismo de Unamuno (1894-1897)." Santiago Luppoli, "'Il Santo' de Fogazzaro y 'San Manuel Bueno', de Unamuno". Antonio Castro Castro, "La paradoja unamuniana, 'El modo más vivo y más eficaz de trasmitir la verdad a los torpes". Luciano Mastcobuono, "Miguel de Unamuno e il suo Dio. Monumento a don Miguel de Unamuno en Salamanca. Bibliografía unamuniana".

XIX (1969)

Charles A. McBride, "Afinidades espirituales y estilísticas entre Unamuno y 'Clarín". Antonio Gómez-Moriana, "Unamuno en su congoja". José María E. Olarra, "Guipuzcoanía de Unamuno". F. Lázaro Carreter, R. Senabre y S. de los Mozos, Reseñas de libros. Leo Ibáñez de García Blanco, "Bibliografía unamuniana".

XX (1970)

José Antonio Gabriel y Galán y Enrique Rodríguez Cepeda, "Más sobre Unamuno y Gabriel y Galán". Antonio Gallego Morell,

"Unamuno y el deporte". Gustavo Godoy, "Dos mártires de la fe según Dostoyevsky y Unamuno". William D. Johnson, "La antropología filosófica de Miguel de Unamuno: La conciencia y el sentimiento trágico de la vida". Antonio Gómez Moriana, "Unamuno y su congoja". M. Cruz Hernández, E. Rivera de Ventosa y Lamberto de Echeverría, Reseñas de libros. Leo Ibáñez de García Blanco, "Bibliografía unamuniana".

XXI (1971)

Gaetano Foresta, "Miguel de Unamuno: Comentario sobre Mazzini". Pedro Turiel, "Sch. P: Lux in tenebris". Pedro Rivas, "El Volksgeist de Hegel y la intrahistoria de Unamuno". Letizia Properzi, "Il problema della Fede nel pensiero di Miguel de Unamuno". W. D. Johnson, "Salvar el alma de la historia (La doctrina espiritualista de la historia en Unamuno)". Michael D. McGaha, "'Abel Sánchez' y la envidia de Unamuno". Antonio Linage Conde, "Unamuno y la historia". Juan Masia, William D. Johnson, Enrique Rodríguez Cepeda, E. Rivera de Ventosa y Antonio Rodríguez de las Heras, Reseñas de libros. Leo Ibáñez de García Blanco, "Bibliografía unamuniana".

XXII (1972)

Juan Masía Clavel, S.J., "Cotidianidad y eternidad (Releyendo a Unamuno en Japón)". Tudora Sandru Olteanu, "Unamuno en Rumania". Moraima de Semprun Dunahue, "El amor como tema de la eternidad en las rimas de 'Teresa' de Unamuno". Alberto Navarro González, "De las noches serenas y melancólicas de Fran Luis a las noches angustiosas y esperanzadoras de Unamuno". Marcia C. Cháves, "Unamuno existencialista cristiano". Manuel Fernández de la Cera, "El epistolario Unamuno-Ortega". Enrique Rivera de Ventosa, "Henry Bergson y Miguel de Unamuno (Dos filósofos de la vida)". Christopher H. Cobb, "Sobre la elaboración de 'Abel Sánchez'". Antonio Linage Conde, "Unamuno y la historiografía". E. Rodríguez Cepeda, E. Rivera de Ventosa, W. D. Johnson, Geofrey Ribbans, John Butt, Manuel M. Pérez López y Pedro Ribas, Reseñas de libros. Leo Ibáñez de García Blanco, "Bibliografía unamuniana".

XXIII (1973)

Thomas R. Franz, "El sentido de humor y adquisición de autoconciencia en 'Niebla'". Rafael Rubio Latorre, "Unamuno, educador". Manuel Alvar, "Símbolo y mito en la oda 'Salamanca'". Eugenio de Bustos Tovar, Miguel de Unamuno, 'poeta de dentro a fuera'. Análisis sémico del poema 'Castilla'". Antonio Tovar Llorente, "El sentimiento trágico de Unamuno y la actual situación del mundo de nuestra lengua". Antonio Linaje Conde, "Unamuno y la historia española". Lily Litvak, "Ruskin y el sentimiento de la naturaleza en las obras de Unamuno". Charles Auguste Lavoie, "Dostoyevski et Unamuno". C. H. Cobb, R. E. Matthews, W. D. Johnson y Thomas Inge, Reseñas de libros. Leo Ibáñez de García Blanco, "Bibliografía unamuniana".

Apéndice II

INDICE TEMATICO DE LOS CUENTOS (1886-1934)

El amor

Ver con los ojos, 1886.
El poema vivo del amor, 1889.
El espejo de la muerte, 1911.
En manos de la cocinera, 1912.
El amor que asalta, 1912.
Al correr de los años, 1913.
Juan María (sin fecha).
La promesa (sin fecha).
Principio y fin (sin fecha).
La carta del difunto (sin fecha).
Querer vivir (sin fecha).
El fin de unos amores (sin fecha).

La paternidad

Abuelo y nieto, 1902.
El sencillo don Rafael, 1912.
Cruce de caminos, 1912.
Historia de V. Goti, 1914.
El padrino Antonio, 1915.
Los hijos espirituales, 1916.
Un cuentecillo sin argumento (sin fecha).

La fama

Una visita al viejo poeta, 1899.
Don Martín, o de la gloria, 1900.
Al pie de una encina, 1934.

La pedagogía

El diamante de Villasola, 1898.
El maestro de Carrasqueda, 1903.
La beca, 1913.
La razón de ser (sin fecha).

Razón y pasión

Caridad bien ordenada, 1898.
La venda, 1900.
La rendición del suicidio, 1901.
La manchita de la uña, 1923.

La mansedumbre

Nerón tiple o el calvario de un inglés, 1890.
Juan Manso, 1892.
¿Por qué ser así?, 1898.
El lego Juan, 1898.

Costumbrismo

Solitaña, 1889.
Las tribulaciones de Susín, 1892.
La sangre de Aitor, 1891.
Chimbos y chimberos, 1892.
San Miguel de Basauri, 1892.
Redondo, el conterrulio, 1912.

El secreto de la personalidad

Las tijeras, 1889.
El dios Pavor, 1892.
El semejante, 1895.
Sueño, 1897.
El abejorro, 1900.
La locura del doctor Montarco, 1917.
El que se enterró, 1908.
El secreto de un sino, 1913.
Bonifacio, 1913.
Soledad, 1913.
Del odio a la piedad, 1913.
Ramón Nonnato, suicida, 1913.
Artemino, heautontimoroumenos, 1918.
Robleda, actor, 1900.
La sombra sin cuerpo, 1921.

Fábulas, sátiras, fantasías, cuentos humorísticos, caricaturas

El desquite, 1891.
¡Cosas de franceses!, 1893.
El gran Duque-Pastor, 1892.
De águila a pato, 1900.
El derecho del primer ocupante, 1904.
El canto de las aguas eternas, 1909.
El misterio de iniquidad, 1913.
¡Viva la introyección!, 1913.
Mecanópolis, 1913.
Una rectificación de honor, 1913.
El redondismo, 1914.
Don Catalino, hombre sabio, 1915.
Don Bernardino y doña Etelvina, 1916.
Don Silvestre Carrasco, hombre efectivo, 1917.
Un caso de longevidad, 1917.
Batracófilos y batracófogos, 1917.
La revolución de la biblioteca de Ciudá-Muerta, 1917.

Tumicoba, gupimboda y fafiloria, 1919.
El alcalde de Orbajosa, 1921.
Las peregrinaciones de Turismundo, 1921.
García, mártir de la ortografía fonética, 1923.
¡Carbón! ¡Carbón! (sin fecha).

Crítica literaria

El canto adánico, 1906.
Y va de cuento, 1913.
Una tragedia, 1923.

Apéndice III

INDICE TEMATICO DE AUTORES

I. <u>Obras Generales</u>
   Abellán, José Luis, 77
   Barja, César, 99
   Bernárdez, Francisco Luis, 104
   Blanco Aguinaga, Carlos, 105
   Borja de Arrquer, 109
   Brennan, Gerald, 109
   Correa Calderón, E., 116
   De Freitas, María Carmelita, 121
   Descola, Jean, 121
   Descouzis, Paul, 122
   Díaz, Elías, 122
   Díaz, Plaja, Guillermo, 123
   Fernándex de la Mora, Gonzalo, 129
   Frutos Cortés, Eugenio, 132
   García Blanco, Manuel, 135
   Jobit, Pierre, 153
   Laín Entralgo, Pedro, 156
   López, Quintás, 160
   Marías, Julián, 163, 164
   Marichal, Juan, 165
   Michalson, Carl, 161 (see Mackay, John A.)
   Moeller, Charles, 169
   Salinas, Pedro, 191
   Sequeros, Antonio, 196
   Torre, Guillermo de, 201
   Valbuena Prat, Angel, 205

II. Libros
   a) Novela

*Amorós, Andrés, 89
Batchelor, R. E., 101
Cabaleiro Goás, M., 111
Esclansans y Folch, Agustín, 126
Gullón, Ricardo, 147
*Kinney, Arthur F., 155
Lijeron Alberdi, Hugo, 159
Malpique, Manuel da Cruz, 162
Money, Agnes, 170
*Nora, Eugenio G. de, 172
Ribbans, Geoffrey, 186
Romera-Navarro, Miguel, 188
Unamuno, Miguel de, 31, 32, 37, 40, 41, 42, 44, 46, 50, 57
Varela Jácome, Benito, 206
Zubizarreta, Armando, 21

   b) Teatro
*Agustín, F., 81
Esclansans y Folch, Agustín, 126
Franco, Andrés, 131
García Blanco, Manuel, 138, 140
*Lasso de la Vega, José, 157
*Mesa, Enrique de, 168
Morris, Gwynfryn, 172
*Torrente Ballester, 201
Unamuno, Miguel de, 32, 34, 35, 39, 43, 46, 48, 50, 55, 57
Zavala, Iris, M., 211

   c) Poesía
*Allue y Morer, F., 86
*Alonso, Dámaso, 87
Alvar, Manuel, 88
*Cernuda, Luis, 114
*Cano, José Luis, 112

Nota: Las obras que llevan asterisco no versan exclusivamente sobre Unamuno

*Díaz-Plaja, Guillermo, 123
Esclansans y Folch, Agustín, 126
García Blanco, Manuel, 136, 139, 135
García Morejón, Julio, 143
Guillén, Nicolás, 60
Kock, Josse de, 155
Marrero Suárez, Vicente, 165
Onís, Federico de, 175
Paoli, Roberto, 179
*Rodríguez, Pinilla, Cándido (véase Aguirre Ibáñez, Rufino), 81
Romera-Navarro, Miguel, 188
Scoles, Emma, 195
Unamuno, Miguel de, 33, 37, 43, 45, 47, 50, 53, 54, 56, 57
*Valbuena Prat, Angel, 205
*Vivanco, Luis Felipe, 209
*Young, Howard T., 210
*Zardoya, Concha, 210

   d) Ensayo
Abellán, José, 77
Agüero, Eduardo de, 80
*Alcalá, Galiano A., 85
Alonso, Salvio, 88
*Alonso Fueyo, Sabino, 88
*Aranguren, José Luis, 91
*Balseiro, José A., 97
Barry, J. Luby, 99
Bazán, Armando, 101
Benlliure y Tuero, Mariano, 104
Benítez, Hernán, 103
Benito y Durán, Angel, 103
Besave, Agustín, 99
*Blanco Aguinaga, Carlos, 105
Bleiberg, German, 108
Brenes, E., 109
Calvetti, Carla, 111
Cancela, Gilberto, 111
Carrión, Benjamín, 113

Cela, Camilo José, 114
*Colín, E., 115
Collado, Jesús, 116
*Cossío del Pomar, 116
Chicharro de León, J., 119
*De Freitas, María Carmelita, 121
Díaz, Elías, 122
*Díaz-Plaja, Guillermo, 123
*Ehrembourg, Ilya, 125
Esclansans y Folch, Agustín, 126
*Esplá, Carlos, 126
Fernández Pelayo, H., 128
Fernández-Turienzo, F., 129
Ferrater Mora, José, 130
Flitch, J. E. C., 131
*Franco, Andrés, 131
*García Blanco, Manuel, 136, 139
Gautrand, Marcel, 144
González Caminero, N., R. P., 146
*Gómez de la Serna, R., 145
*Grene, Marjorie, 147
Guy, Alain, 148
Huertas-Jourda, José, 150
Ilie, Paul, 151
*Indurán, Francisco, 151
*Iriarte, J., 152
Kessel, Jacob, 155
Lederer, Helga, 158
*Madariaga, Salvador de, 161
Manyá, Joan B., 162
Marías, Julián, 163
Marrero Suárez, Vicente, 165
Martínez, López, Ramón, 166
Meyer, Francisco, 168
*Navascués, Luis J., 172
Oromi, Miguel, 175
*Otero, C. P., 177
París, Carlos, 179

Pérez, Quintín, 182
Pizán, Manuel, 183
*Rocamora, Pedro, 187
Romera-Navarro, Miguel, 188
Rubia Barcia, José, 189
*Salaverría, José María, 190
Salinas, Pedro, 191
*Sánchez Arjona, Antonio, 192
Sánchez Ruiz, José María, 193
Scheneider Graziosi, R., 194
Schürr, Friedrich, 194
Sciacca, Federico H., 194
*Sender, Ramón José, 196
Serrano Poncela, S., 196
*Soiza Reilly, J. J. de, 198
Unamuno, Miguel de, 31, 32, 33, 36, 37, 40, 42, 44, 47, 52, 53, 54, 55, 56, 57
Vaisman, Gladys O., 204
Valentín Gamaz-Fernández, F., S.J., 205
Valdéz, Mario J., 205
*Vaz Ferreira, Carlos, 206
Wills, Arthur, 210
Zeitlin, M., 189 (véase Rubia Barcia, José)

    e) Varia

*Abellán, José Luis, 77
*Alas, Adolfo, 82
Albérès, René Maril, 82
*Alberti, Rafael, 84
Albornoz, Aurora de, 84
Allen, Lacy, 86
*Alonso, Dámaso, 87
Arana Goiri, Gabino, 90
*Aranguren, José Luis, 91
Ariztimuno, José de, 92
Armas, Gabriel de, 93
Azaola, José Miguel de, 95
*"Azorín", 96

Badanelli, Pedro, 97
Barea, Arturo, 98
Balseiro, José, 97
Basdekis, Demetrios, 100
Becarud, Jean, 102
Blanco Aguinaga, Carlos, 105, 106, 107, 108
*Bo, Carlo, 108
*Bousoño, Carlos (véase Alonso, Dámaso), 87
*Boyd, Ernest, 109
*Castro, Américo, 114
*Cirarda, José María, 115
*Correa Calderón, E., 116
Clavería, Carlos, 115
Castagnin, Danie, 113
Cullen del Castillo, P., 117
Cúneo, Dardo, 117
Chávez, Julio César, 118, 119
*Darío, Rubén, 120
*Díaz-Plaja, Gullermo, 123
*Dos Passos, John, 124
Earle, Peter G., 124
*Ehrembourg, Ilya, 125
*Englekirk, John E., 125
*Erro, Carlos Alberto, 126
Esclansans y Folch, Agustín, 126
Esplá, Carlos, 126
Estrella, Gutiérrez, Fermín, 128
Fernández de la Mora, 129
Fuster, Joan, 132
Gamazo Fernández, V. F., 133
Garagorri, Paulino, 133
García Blanco, Manuel, 135, 136, 137, 139, 140, 141, 144
García Morejón, Julio, 143
González-Ruano, César, 146
Granjel, Luis, 146
Grau, Jacinto, 147
Gullón, Ricardo, 189
*Guy, Alain, 148

Hoyos, Antonio de, 149
Insúa Rodríguez, Ramón, 151
*Jiménez, Juan Ramón, 153
*Jobit, Pierre, 153
Kassel, Jacob, 155
Kirby, Kenneth N., 155
Lacy, Allen, 156
Laín, Milagro, 156
Lemaitre, Arlette, 158
Lilli, Furio, 159
Mackay, John A., 161
Madrid, Francisco, 161
Malavasi Vargas, J. G., 162
Moeller, Charles, 169
*Marías, Julián, 163
Navascués, Luis, J., 172
Niedermayer, Franz, 172
Nozick, Martín, 173
Nuez Caballero, Sebastián de la, 173
Olazo, Ezequiel de, 174
Ortega y Gasset, Eduardo, 177
Otero, C. P., 177
*París, Carlos, 179
Paucker, Eleonor, 180
Pérez, Dionisio, 181
Pérez, Modesto (pseud—Julián Sorel), 181
Pérez de la Dehesa, R., 182
Ramis, Alonao Miguel, 184
Regalado García, Antonio, 185
*Reyes, Alfonso, 185
Rocamora, Pedro, 187
Romera-Navarro, Miguel, 188
Romero Flores, Hipólito, 188
Rubia Barcia, José, 189
Rudd, Margaret T., 190
*Salaverría, José María, 10-
Salcedo, Emilio, 190
*Saldaña, Quintiliano, 191

Sánchez-Barbudo, A., 192
Sequeros, Antonio, 196
Simón Díaz, 197
Sinnige, Theo G.,198
Solórzano, Carlos, 198
Sopeña, Federico, 198
Tarín-Iglesias, José, 200
Tommaso, Vicenzo de, 200
Torre, Guillermo de, 201
Trend, John B., 202
Turiel, Pedro, 202
Turin, Yvonne, 203
Unamuno, Miguel de, 36, 37, 38, 39, 44, 48, 54, 55, 56, 57
Urrutia, Luis, 204
Valentín Gomazo-Fernández, F., S.J., 205
Villamor, Manuel, 207
Villarrazo, Bernardo, 208
*Vintila, Horia, 208
Vinueza y Angulo, J. M., 208
Visca, A. S., 209
Wills, Arthur, 210
Zeitlin, M. A., 189 (véase Rubia Barcia, José)
Zulueta, Carmen de, 212
Zubizarreta, Armando, 213

III. Ensayos
    a) Novela
Agacir, 79
Aguilera, César, 81
Alazraki, Jaime, 82
Alberich, José, 82, 83
Altamira, R., 88
Alvarez Junco, José, 89
Amorós, Andrés, 89
"Aristaroc", 92
Ayala, Francisco, 94
Azar, Inés, 96
Barja, César, 99

Basdekis, Demetrios, 100
Batchelor, R. E., 101
Benavides Lillo, R., 102
Berns, Gabriel, 105
Blanco Aguinaga, Carlos, 105, 107
Carr, Duane R., 113
Catalán, Diego, 114
Cobb, Christopher, H., 115
Chavous, Quentin, 119
Dobson, A., 123
Durand, Frank, 124
Fernández González, A. Raimundo, 129
Ferrater Mora, J., 130
Francoli, Eduardo, 132
Filer, Malva Esther, 130
Frank, Rachel, 132
Franz, Thomas R., 132
García Blanco, Manuel, 135–136, 141, 142
Godoy, Gustavo J., 145
González, Emilio José, 145
Gullón, Ricardo, 147
Hannan, Dennis G., 148
Huerta, Eleazar, 149
Inge, M. Thomas, 151
Irizarry, Estelle, 152
Kinney, Arthur F., 155
Kirsner, Robert, 155
Kronik, John W., 156
Lavoie, Charles-August, 157
Linage Conde, Antonio, 159
Livingstone, Leon, 160
Luppoli, Santiago, 161
Marcilly, C., 163
Marías, Julián, 163, 164
Martel, Emile, 166
McGaha, Michael D., 167
Monner Sans, José M., 171
Natella, Arthur A., Jr., 172

Nora, Eugenio G. de, 172
Nozick, Martin, 173
Olson, Paul, 175
Oostendorp, H. Th., 176
Padín, J., 178
Parker, A. A., 179
Ribbans, Geoffrey, 186
Río, Angel del, 187
Rubia Barcia, J., 189
Rodríguez-Alcalá, Hugo, 188
Sánchez-Barbudo, A., 192
Sarmiento, E., 194
Sinnige, Theo G., 198
Sosa López, Emilio, 199
Sugiyama, Takeru, 199
Valdés, Mario J., 205
Vásquez Dodero, José L., 206
Vento, Arnold C., 206
Villegas, Juan, 208
Weber, Francis W., 209
Webber, Ruth House, 209
Williard, F. King, 209

b) <u>Teatro</u>
Agustín, F., 81
Alvarez Junco, José, 89
Antón, Andrés, Angel, 90
Ayllón, Cándido, 94
Blecua, José Manuel, 108
Brummer, Rudolf, 110
Franco, Andrés, 131
García-Luengo, E., 143
Gullón, Ricardo, 147
Lasso de la Vega, José, 157
Lázaro, Fernando, 157
Macrí, Oreste, 161
Mesa, Enrique de, 168
Monleón, José, 170

Morales, José Ricardo, 171
Paucker, Eleonor K., 180
Pérez de Ayala, Ramón, 181
Salinas, Pedro, 191
Sarmiento, E., 194
Sedgwick, Frank, 195
Torre, Guillermo de, 201
Torrente Ballester, G., 201
Valbuena Briones, A., 205

c) <u>Poesía</u>

Abellán, José Luis, 77
Aguirre Ibáñez, Rufino, 81
Alarcos Llorach, Emilio, 81
Alberti, Rafael, 84
Albornoz, Aurora de, 84
Almeida, José, 87
Allison Peers, E., 86
Allue y Morer, F., 86
Alonso, Dámaso, 87
Alvar, Manuel, 88
Anderson Imbert, Enrique, 89
Antón, Francisco, 90
Aramburo, M., 90
Armas Ayala, Alfonso, 92
Ayala, Juan Antonio, 94
Azaola, José Miguel de, 95
Babín, María Teresa, 97
Barja, César, 99
Beardsley, W. A., 101
Bergamín, José, 104
Bernárdez, Francisco Luis, 104
Bo, Carlo, 108
Borges, Jorge Luis, 109
Bousoño, Carlos, 87 (véase Alonso, Dámaso)
Bustos Tovar, E. de, 111
Cano, José Luis, 112
Cannon, Calvin, 112

Catalán, Diego, 114
Cernuda, Luis, 114
Cortes, Luis, 116
Cúneo, Dardo, 117
Chicarro de León, J., 119
De Semprum Donahue, Moraima, 121
Díaz-Plaja, Guillermo, 123
Enguídenos, Miguel, 125
Feal-Deibe, Carlos, 128
Fernández Gonzez, A. Raimundo, 129
Flores, Ramiro, 131
Foster, David William, 131
García Blanco, Manuel, 135, 136, 137, 138, 140, 143
Gullón, Ricardo, 148
Hammit, Gene M., 148
Henríquez-Ureña, Pedro, 149
Indurán, Francisco, 151
Inge, M. Thomas, 151
Jiménez, María del Carmen, 153
Johannet, René, 153
Kerrigan, Anthony, 155
Kock, Josse de, 155
Laín, Milagro, 156
Martínez Blasco, Angel, 166
Maya, Rafael, 167
Metzidakis, Philip, 168
Olazo, Ezequiel de, 174
Otero, C. P., 177
Paucker, Elonor, 180
Rigol, Negre, 186
Sáinz Rodríguez, P., 190
Salinas, Pedro, 191
Sánchez-Barbudo, A., 192
Sarmiento, E., 194
Senabre Sempere, Ricardo, 196
Sinnige, Theo G., 198
Torre, Guillermo de, 201
Valbuena Prat, Angel, 205

Villamañan, César, 207
Vivanco, Luis Felipe, 209
Yndurain, Francisco, 210
Young, Howard T., 210
Zardoya, Concha, 210
Zubizarreta, Armando, 212

   d) <u>Ensayo</u>
Abellán, José Luis, 77, 78, 79
Abrams, Fred, 79
Adams, M., 79
Aguado, Emiliano, 80
Aja, Pedro V., 81
Alarco, Luis Felipe, 81
Alarcos Llorach, Emilio, 81
Alba, Pedro de, 82
Alberich, José, 82, 83
Alcalá, Angel, 85
Alcalá, Galiano, A., 85
Alluntis, Féliz, O.F.M., 86
Alonso Castillo, Alvaro, 86
Alonso Fuego, Sabino, 88
Alvar, Manuel, 88
Alvarez, Carlos Luis, 89
Alvarez Dictino, S.J., 89
Aranguren, José Luis, 91
Arístides, Julio, 92
Arnou, R., 93
Artero, José, 93
Ayres, C. E., 95
Azaola, José Miguel de, 95, 96
Balbontín, José Antonio, 98
Balseiro, José A., 97
Barja, César, 99
Basdekis, Demetrios, 100
Baquero, Gaston, 98
Beardsley, W. A., 101
Bellincioni, Gino, 102

Benítez, Hernán, 103
Besave, Agustín, 99, 100
Blanco Aguinaga, Carlos, 105, 107
Boschiero, Gabriele, 109
Brenes, Víctor, 109
Brion, Marcel, 109, 110
Cambón Suárez, Segundo, 111
Caponiori, A. Robert, 112
Carpio P., Adolfo, 112
Casalduero, Joaquín, 113
Castro, Américo, 114
Castro y Castro, Antonio, 114
Catalán, Diego, 114
Colomer, Eusebio, 116
Cortés, Luis, 116
Cossío del Pomar, Felipe, 116
Cruz Herández, Miguel, 117
Chávez, Marcia C., 119
D'Arcangelo, Lucio, 120
De Freitas, María Carmelita, 121
Del Hoyo, Arturo, 121
Descouzis, Paul, 122
D'Ors, Eugenio, 124
Donoso, Antón, 123
Earle, Peter G., 124
Elliot, Spencer H., 125
Elmore, Edwin, 125
Enjuto, Jorge, 126
Farinelli, A., 128
Farré, Luis, 128
Fasel, Oscar A., 128
Febres, Elodoro J., 128
Ferrán, Jaime, 129
Ferrater Mora, J., 130
Flitch, J. E. C., 131
Francovich, Guillermo, 132
Frutos Cortés, Eugenio, 132
Gaetano, Forresta, 132–133

Garagorri, Paulino, 134
García Bacca, Juan David, 134
García Blanco, Manuel, 135, 137, 139, 141, 142
Grene, Marjorie, 147
Gómez Moriana, Antonio, 145
González, Antonio, R.P., 145
González Caminero, N., 146
Hammit, Gene M., 148
Hannan, Dennis, G., 148
Hommel, H., 149
Hyslop, R., 150
Ibérico, Mariano, 150
Ilie, Paul, 151
Iordan, Jorgu, 152
Iriarte, J., 152
Iturrioz, A. G., 152–153
Johnson, W. D., 154
Jones, Geraint V., 154
Juárez Paz, Rigoberto, 154
Landsberg, Paul Ludwig, 157
Lázaro Ros, Amando, 158
Legido López, Marcelino, 158
Levi, Albert W., 158
Linage Conde, Antonio, 159
López-Morrillas, Juan, 160
López, Quintás, 160
Lorenzo Rivero, Luis, 160
MacGregor, Joaquín, 161
Mackay, John A., 161
Madariaga, Salvador de, 161
Manyá, Joan B., 162
Marías, Julián, 163, 165
Marichal, Juan, 165
Marquíniz Argote, G., 165
Martel, Emile, 166
Martín, F. R., 166
Martínez López, Ramón, 166–167
McBride, Charles, 167

Masia Clavel, Juan, 167
Massini, Ferruccio, 167
Meregalli, F., 168
Moeller, Charles, 169, 170
Meyer, Francisco, 168, 169
Nozick, Martín, 173
Otero, C. P., 177–178
Pacheco, León, 178
París, Carlos, 179
Peniche Vallado, L., 181
Properzi, Letizia, 184
Ribas, Pedro, 185
Rivera de Ventosa, E., 187
Roberts, Gemma, 187
Rodríguez Huéscar, 188
Rudd, Margaret T., 190
Salcedo, Emilio, 191
Sánchez-Ruiz, José María, 193
Sarmiento, E., 194
Schürr, Friedrich, 194
Scuderi, María, 195
Sedgwick, Frank, 195
Senabre Sempere, Ricardo, 196
Sequeros, Antonio, 196
Serrano Poncela, Segundo, 196, 197
Sevilla, Benito F., 197
Stern, Alfred, 199
Tornos, Andrés M., S.J., 200
Torre, Guillermo de, 201
Torretti, Roberto, 201
Turiel, Pedro, 202
Uriarte, Fernando, 204
Valdés, Mario J., 205
Vaz Ferreira, Carlos, 206
Villegas, Juan, 208
Viqueira, Vicente J., 207
Young, Claudio D., 210
Zubizarretta, Armando, 212

Zulen, P. S.,213

e) Varia

Abeledo Amaranto, A., 77
Abellán, José Luis, 77, 78, 79
Agramonte, Roberto, 80
Agostini de Del Río, Amelia, 80
Agorio, Adolfo, 79
Aguirre Ibáñez, Rufino, 81
Alazraki, Jaime, 82
Alberich, José, 83
Alberti, Rafael, 84
Albornoz, Aurora de, 84
Alegría, Ciro, 85
Aleixandre, Vicente, 85
Alemán, G., J. M., 85
Alemán, Sáinz, Francisco, 86
Alfonso Castrillo, Alvaro, 86
Alfonso, José, 86
Allue y Morer, F., 86
Alonso, Dámaso, 87
Alvarez de Miranda, Angel, 89
Altolaguirre, Manuel, 88
Amorós, Andrés, 89
Anderson Imbert, Enrique, 89, 90
Anido-Meulener, Gastón, 90
Antuña, J. G., 90
Apráiz, Angel de, 90
Aragonés, Juan Emilio, 90
Aranguren, José Luis, 91
Arciniegas, Rosa, 91
Arias, Agusuto, 92
Arístides, Julio, 92
Arjona, David K., 92
Armas Ayala, Alfonso, 92, 93
Armistead, Samuel, G., 93
Armengold Ortiz, Pedro, 93
Aub, Max, 93

Aubrun, Charles V., 94
Ayala, Francisco, 94
Ayala, Juan Antonio, 94
Azaña, Manuel, 95
Azaola, José Miguel de, 95, 96
"Azorín", 96
Balbontín, José Antonio, 98
Balseiro, José A., 97
Baquero, Gastón, 98
Baráibar, Carlos de, 98
Bardi, Ubaldo, 98
Barga, Corpus, 98, 99
Barja, César, 99
Basdekis, Demetrios, 100, 101
Bataillon, Marcel, 101
Batistessa, Angel J., 101
Bayón, Damián Carlos, 101
Beals, C., 102
Beardsley, W. A., 102
Bercerro de Bengoa, R., 102
Beccari, Gilberto, 102
Bell, A. F. G., 102
Bellini, Giuseppe, 102
Benardete, M. J., 102
Benítez, Hernán, 103
Benítez, Jaime, 103
Berkowitz, H. Chonon, 104
Bertrand de Muñoz, Maryse, 105
Bertrand, J. J. A., 105
Bilbao, J., 105
Betancur, Cayetano, 105
Blanco Aguinaga, Carlos, 105, 106, 107
Botín, Polanco, Antonio, 109
Boyd, Ernest, 109
Brión, Marcel, 109, 110
Brouwer, Johan, 110
Bugella, José María, 110
Butt, J. W., 111

Caeiro, Oscar, 111
Calzada, J. de la, 111
Camón Aznar, José, 111
Campoy, Antonio Manuel, 111
Cándamo, Bernardo, 112
Cantel, Raymond, 112
Carayon, Marcel, 112
Carballo, Juan Rof, 113
Carvalho, Marginalia, J. de, 113
Casalduero, Joaquín, 113
Casanova, Francisco, 113
Cassou, Jean, 113
Castro Américo, 114
Castro y Castro, Antonio, 114
Cepeda Calzada, P., 114
Ciplijauskaite, Birute, 115
Clocchiati, Emilio, 115
Clyne, Anthony, 115
Colín, E., 115
Conde Gargallo, E., 116
Corominas, Joan, 116
Corredor, J. M., 116
Cro, Stelio, 116
Cruz Hernández, Miguel, 117
Cruz Pompeyo, 117
Cuidad, Mario, 117
Cúneo, Dardo, 117
Curtius, Ernst Robert, 117
Chávez, Julio César, 118
Chevalier, Jacques, 119
Chicarro de León, J., 119, 120
De la Calzada, Jerónimo, 121
Della Corte, E., 121
Demerson, Georges, 121
Descola, Jean, 121–122
Díaz-Plaja, Guillermo, 123
Domingo, José, 123
Donoso, Antón, 123

Dos Passos, John, 124
Downing Gloria, 151 (véase Inge, M. Thomas)
Doyuga, Emilia, 124
Dumas, Claude, 124
Earle, Peter G., 124
Ehrembourg, Ilya, 125
Englekirk, John E., 125
Enguídenos, Miguel, 125
Espino, Gabriel, 126
Esplá, Carlos, 126
Fasel, Oscar A., 128
Ferdinandy, Miguel de, 128
Fernández de la Cera, Manuel, 129
Fernández de la Mora, Gonzalo, 129
Fernández González, A. Raimundo, 129
Fernández Shaw, Carlos, 129
Ferrater Mora, J., 130
Filer, Malva E., 130
Franz, Thomas R., 132
Gabriel y Galán, José Antonio, 132
Gaetano, Foresta, 132–133
Gallant, Clifford J., 133
Gallego Morell, Antonio, 133
Garagorri, Paulino, 134
García Araez, J., 134
García Blanco, Manuel, 135–143
García Morejón, Julio, 143
Gil Casado, Pablo, 144
Goié, Cedomil, 145
Gómez de la Serna, R., 145
Gómez Martínez, Fernando, 145
González-Caminero, N., R.P., 146
González-Ruano, César, 146
Guinard, Paul, 147
Gullón, Ricardo, 147, 148
Hernández de Mendoza, Cecilia, 149
Hilton, Ronald, 149
Holguín, Andrés, 149

Horst, K. G., 149
Housman, John E., 149
Huarte Mortón, Fernando, 149
Ibarra, Luis, 150
Iglesias Laguna, Antonio, 151
Ilie, Paul, 150
Indurán, Francisco, 151
Inge, M. Thomas, 151
Iriarte, J., 152
Iturrioz, Estelle, 152–153
Jiménez, Juan Ramón, 153
Jiménez Hernández, Adolfo, 153
Joel, H. Th., 153
Johnson, W. D., 154
Jones, Geraint V., 154
Jong, M. de, 154
Keyserling, Hermann, 155
Klein, L. B., 155
Kock, Josee de, 155, 156
Kourim, Zolenek, 156
Krause, Anna, 156
Laín, Milagro, 156
Lavoie, Charles August, 157
Leal, Luis, 158
Legido López, Marcelino, 158
Linage Conde, Antonio, 159
Litvak, Lily, 159–160
Lorenzo, Pedro de, 160
Lorenzo-Rivero, Luis, 160
Malpique, Manuel da Cruz, 162
Madariaga, Salvador de, 161
Marías, Julián, 164
Marichal, Juan, 165
Martínez-Lopez, Ramón, 166–167
McBride, Charles, 167
Menéndez y Pelayo, M., 168
Menéndez Pidal, R., 168
Meyer, Gerhart, 169

Miguel, Julio, 169
Moeller, Charles, 169
Moore, Sydner H., 171
Morales, José Ricardo, 171
Morell Gallegos, A., 171
Navarro González, Alberto, 172
Niedermayer, Franz, 172
Nozick, Martín, 173
Nuez Caballero, Sebastián de la, 173, 174
Olteanu, Tudora S., 175
Onís, Federico de, 175
Ortega, Juan B., 176
Ortega y Gasset, José, 177
Otero, C. P., 177
Paucker Krane, E., 180
Payne, S., 180
Pemán, José María, 180
Pereira Rodríguez, 181
Pérez de Ayala, Ramón, 181
Pieczara, Stefan, 183
Pitollet, Camille, 183
Plevich, Mary, 183
Pomés, Mathilde, 184
Ponce de León, Luis, 184
Predmore, Richard L., 184
Raditsa, Bogdan, 184
Ranch, E., 184
Real de la Riva, César, 185
Reyes, Alfonso, 185
Ribbans, Geoffrey, 186
Río, Angel del, 187
Rivera de Ventosa, E., 187
Rodríguez Cepeda, E., 132 (véase Gabriel y Galán, José Antonio
Rodríguez-Puértolas, J., 188
Rossi, Giuseppe Carlo, 188
Rubio Latorre, Rafael, 189
Ruiz de Conde, Justine, 190
Salavería, José María, 190

Salazar Chapela, E., 190
Salcedo, Emilio, 191
Salinas, Pedro, 191, 192
Sánchez-Barbudo, A., 192
Sánchez-Reulet, A., 193
Sarmiento, E., 194
Schraibman, José, 194
Sedgwick, Frank, 195
Sender, Ramón J., 196
Serrano Poncela, S., 196, 197
Silverman, Joseph H., 93 (véase Armistead, Samuel G.)
Sinnige, Theo G., 198
Soiza Reilly, J. J. de, 198
Sopeña, Federico, 198
Starkie, Walter, 199
Tommaso, Vicenzo de, 200
Torre, Guillermo de, 201
Torrente Ballester, G., 201
Tovar Llorente, A., 201
Trías Mercant, Sebastián, 202
Turín, Ivonne, 203
Van der Grijp, R., 206
Vintila, Horia, 208
Walker, Leslie J., 209
Wardropper, Bruce W., 209
Ynduraín, Francisco, 210
Zamora, Vicente, A., 211
Zanete, E., 211
Zavala, Iris M., 211
Zubizarretta, Armando, 212-213

IV. Artículos
    a) Novela
Azaola, José Miguel de, 95
Besave, Agustín, 99-100
Carballo, Juan Rof, 113
Unamuno, Miguel de, 67, 68, 70, 71, 73

b) Teatro
Pérez de Ayala, Ramón, 181
Unamuno, Miguel de, 67, 68, 69, 70, 71

c) Poesía
Aguilar, Mario, 80
Arciniegas, Germán, 91
Azaola, José Miguel de, 95
Beardsley, W. A., 101
Bergamín, José, 104
Bernárdez, Luis, 104
Bo, Carlo, 108
Darío, Rubén, 120
Díaz-Plaja, Guillermo, 123
Unamuno, Miguel de, 67, 68, 69, 70, 71-73

d) Ensayo
Beardsley, W. A., 101
Blanco Torres, Roberto, 108
Cenal, Ramón, P., S.J., 114
D'Ors, Eugenio, 124
Unamuno, Miguel de, 67, 68, 69, 70, 72, 73

e) Varia
Alas, Leopoldo, 82
Almagro San Martín, M. de, 87
Alvarez de Miranda, Angel, 89
Araquistain, Luis, 91
Ardao, Arturo, 91
Argente, Baldonero, 92
Arguedas, Alcides, 92
Ayala, Juan Antonio, 94
Azaola, José Miguel de, 95
"Azorín", 96
Barga, Corpus, 98
Baroja, Pío, 99
Beals, C., 102
Bergamín, José, 104

Bernárdez, Francisco Luis, 104
Blanco-Fombona, R., 108
Boehm, A., 109
Boyd, Ernest, 109
Brower, J., 110
Bueno, Manuel, 110
Casanoba, Francisco, 113
Castro, Américo, 114
Cruz, Pompeyo, 117
Della Corte, E., 121
Fernández de la Mora, Gonzalo, 129
García Blanco, Manuel, 135, 136, 137
Kibrick, León, 155
Manegat, Julio G., 162
Marías, Julián, 163
Ortega y Gasset, José, 177
Unamuno, Miguel de, 67-73
Urrutia, Luis, 204

V. Tesis

    a) Novela
*Ahrcel, Paul Thomas, 81
*Anderson, Reed, 89
*Benbow, Jerry Lee, 102
Berry, Francis L., 105
Bieghler, Edward Wilson, 105
*Boudreau, Cléophas W., 109
*Burrows, Herb J., 110
*Bush, Carolyn Lipshy, 110
*Combé Henrick A., 116
*De Carlo, Andrew, 121
*Fox, Arturo, 131
*Franz, Thomas R., 132
Gallant, Clifford J., 133
Gallo, J. P., 133
*Glascock, Janice Donnell, 144
Haggard-Villasana, Juan, 148

Nota: Los tesis con asterisco son doctorales; los que no lo llevan son de licenciatura.

Harris, Mary Therese, 149
Kegler Svetlana, Lucia, 155
Kirsner, Robert, 155
Lam, M. A., 157
Manila, Henry, 167
Ness, Kenneth L., 172
Noguer, Jaime H., 172
Rivera Vega, Herminia, 187
*Rodríguez Morales, Roberto, 188
Sánchez, Rita, 192
Seiderman, Morris, 196
Smither, William J., 198
Stevens, Rosemary H., 199
Trapnell, Emily Annette, 202
*Zimic, Lesley Lee, 212
*Zubizarretta, Armando, 212

   b) <u>Teatro</u>
*Anderson, Robert Floyd, 89
*Barnett, P., 99
*Boudreau, Cléophas W., 109
*Canfield, Rose Aileen, 112
Cantore, Liliana, 112
Filer, Malva Esther, 130
*Fox, Arturo, 131
*Franco, Andrew, 131
*González del Valle, Luis, 146
Kress, Frederick, 156
Morris Gwynfryn, 172
*Pepperdine, Warren Howard, 181
*Sheldon, Christopher B., 197
*Thomas, Arcel P., 200

   c) <u>Poesía</u>
*Cannon, Calvin, 112
Ellicot Iglesias, Luis, 125
*Garófolo, silvano Benito, 144
*Joyce, Kathleen Mary, 154

*Kock, Josse de, 155
Kress, Frederick, 156
Maxwell, Anita, 167
*McKeever, Sister Mary Terence, 168
Rebassa, Gregory, 184
Scoles, Emma, 195
Villalobos, Pisano D., 217
*Young, Howard T., 210
*Zernickow, Oscar Hans, 211

   d) Ensayo
Abrial, Geneviéve, 79
*Alpern, Ralph, 88
*Arduengo Valderrama, C., 92
Arratia, Alejandro, 93
*Baker, Clifford Henry, 97
Basdekis, Demetrio, 100
Bernabeau, E. Paz, 104
*Brenes, E., 109
Clendenin, Martha J., 115
Collado, Jesús, 116
*Day, Robert A., 120
*Fasel, Oscar Adolf, 128
Fernández Pelayo, Hipólito, 128
Gray Richard, W., 147
Hodgson, J. R., 149
Huertas-Jourda, José, 150
*Jiménez López, Salvador, 153
*Kessel, Jacob, 155
Lamm, Virginia, 157
Lecko, Helena Elizabeth, 158
Lederer, Helga, 158
Leffler, Dorothy, 158
*Luby, Barry Jay, 160
*MacTigue, Thomas Mark, 161
*Martin, Jacqueline, 166
McErroy, Amando, 167
Norton, Richard W., 172

Ouimette, Víctor, 178
Pascual Rodríguez, Carmen, 180
*Pickett, Frank, 182
Ramírez-López, Ramón, 184
*Rodríguez, Gladys S., 187
*Runcini, Romolo, 190
Sabater, Jean B., 190
Sánchez, Rita, 192
*Sánchez Arjona, Antonio, 192
*Scivoletto, Angelo, 195
*Seda-Rodríguez, G., 195
*Sevilla, Benito F., 197
*Tornos, M. Andrés, 200
*Valdés, Mario J., 205
Willard, Ruth Frances, 210

e) <u>Varia</u>
*Alberich, José, 82
*Albornoz, Aurora de, 84
Alfonso dos Reis, María Margarita, 86
Alig, Wallace B., 86
*Badeskis, Demetrios, 100
Berg, Melvin Leonard, 104
*Blanco Aguinaga, Carlos, 105
Brooks, Barbara, 110
Buckner, James R., 110
Caillois, Barmen, 111
Cardis, Marianne, 113
Cline, Audrey Ruth, 115
Codina, Madelene Teresa, 115
Damarau, Norman G., 120
Deckers, Denise, 121
*D'Entremont, Elaine Mary, 121
Dokhlar, B., 123
*Earle, Peter G., 124
Ferris, Muriel, 130
Gallant, Clifford J., 133
*Gamazo Fernández, V. F., 133

González, Beatrice Elisabeth, 145
Ivie, Edith Jones, 153
*Jiménez Hernández, A., 153
Jordan, W. J., 154
Kassin, Irving, 154
*Kirby, Kenneth Newman, 155
*Lacy, Allen, 156
Lemaitre, Arlette, 158
*Mackay, John, 161
Meola, Rosalie, 168
*Moloney, Raymond L., 170
Moracchini, P., 171
*Morales Galán, Carmen, 171
Nuez Caballero, Sebastián de la, 173
Nürnberg, Magda, 174
Pascual Rodríguez, Carmen, 180
*Paucker, Eleanor K., 180
*Pérez de la Dehesa, R., 182
*Pérez Montero, C., 182
Roussillion de Araya Proromant, Esther, 189
*Rudd, Margaret T., 190
*Ruiz, Mario E., 190
*Seda-Rodríguez, G., 195
*Smith, T., 198
Spurlock, J. C., 198
Stanley, William, 199
Thezewant, Fred H., 200
Valentín Gamazo-Fernández, F., S.J., 205

VI. Cartas
   Abelardo Amaranto, A., 59
   Agramonte, Roberto, 60, 80
   Aguilar, Mario, 80
   Alas, Adolfo, 59, 82
   Alegría, Ciro, 85
   Alonso, Dámaso, 87
   Amoros, Andrés, 89
   Armas Ayala, Alfonso, 92, 93

Arriaga, Emiliano de, 93
Badanelli, Pedro, 69, 97
Bataillon, Marcel, 61, 101
Benítez, Hernán, 60, 61, 103
Bilbao, J., 59, 105
Blecua, José Manuel, 61
Cándamo, Bernardo, 59, 112
Carvalho, Marginalia J. de, 62, 113
Clocchiati, Emilio, 59, 115
Corredor, J. M., 116
Corominas, Joan, 59, 116
Cruz, Pompeyo, 62, 117
Darío, Rubén, 59, 120
Della Corte, E., 60, 121
Demerson, Georges, 62, 121
Díaz-Plaja, Guillermo, 59
Fernández de la Cera, Manuel, 61, 129
Fernández Larraín, Sergio, 61
Fernández Shaw, C., 60, 129
Gabriel y Galán, J. A., 60
Gallego Morell, A., 60, 133
Ganivet, Angel, 60
García Blanco Manuel, 60, 61, 136, 138–143
Grillo, M., 60
Guillén, Nicolás, 60
Inge, M. Thomas, 151
Laranjeira, Manuel, 61
Manegat, Julio G., 61, 162
Menéndez y Pelayo, M., 168
Menéndez Pidal, Ramón, 61
Miguel, Julio, 169
Morell Gallegos, A., 171
Mota, F., 62
Nuez Caballero, Sebastián de la, 60, 173
Onís, Federico, 61, 175
Pereira Rodríguez, 63, 181
Pitollet, Camille, 183
Pomes, Mathilde, 62

Predmore, Richard L., 184
Raditsa, Bogdan, 62, 184
Ranch, E., 62, 184
Rodríguez Cepeda, E., 60 (véase Gabriel y Galán)
Ruiz Contreras, L., 62
Salcedo, Emilio, 61
Schraibman, José, 194
Turin, Ivonne, 60
Unamuno, Miguel de, 60, 61
Urales, Federico, 62
Utrillo, M., 62
Visca, A. S., 209
Zulueta, Carmen de, 213

VII. <u>Varia</u>
Adeli, Alberto, 79
Babín, María Teresa, 97
Bleiberg, Germán, 108
Bueno el Viejo, Javier, 152
Casanoba, Francisco, 113
Castellet, José María, 152
Castro, Américo, 114
Englekirk, John E., 125
Foster, David William, 131
García Blanco, Manuel, 144
Goytisolo, José Agustín, 152
Haggard-Villasana, Juan, 148
Hortelano, Juan G., 152
Ibáñez de García Blanco, Leo, 150
Martínez López, Ramón, 166
Muñiz, Carlos, 152
Nieto Iglesias, José, 172
Olmo, Lauro, 152
Onís, Federico de 175,
Pablo, Luis de, 152
Pemán, José María de, 77
Pinillos, Manuel, 183
Ponce de León, Luis, 127
Quinto, José María de, 152

Rosenbaum, S. C., 188
Rossi, Guiseppe Carlo, 188
Salcedo, Emilio, 190
Sastre, Alfonso, 152
Sedgwick, Frank, 143, 195
Simón Díaz, José, 197
Unamuno, Miguel de, 64–73
Valente, José A., 152

Miguel de Unamuno
Distribuídos ya en las diferentes categorías:
Capítulo I, "La obra mayor por orden de aparición", 31–51
Capítulo II, "Colecciones y selecciones", 52–58
Capítulo III, "Cartas", 59–63
Capítulo IV "Cuentos", 64–66
Capítulo V, "Artículos de La Nación", 67–73

Homenajes varios
ABC, 77
Estafeta Literaria, 126
"Crónicas unamunianas", 134–135
"Iconografía", 150
Insula, 152
PMLA, 183
Revista de Occidente, 185

www.ingramcontent.com/pod-product-compliance
Lightning Source LLC
Chambersburg PA
CBHW032105090426
42743CB00007B/241